汽车维修技能与技巧点拨丛书

汽车维修
技能与技巧点拨

刘春晖　王学军　主编

机械工业出版社

本书结合一线汽车维修工作实践，以汽车维修实践操作及检测维修技能为核心，以解决实际问题为主线，详细解答了汽车维修工作中经常遇到的技能操作与检测维修方面的问题，重点介绍了汽车维修中常见的新技术、新诊断设备、新诊断方法以及新维修理念。全书内容包括汽车电气系统维修技能与技巧点拨、汽车发动机控制系统维修技能与技巧点拨、汽车车身控制系统维修技能与技巧点拨、中控门锁与防盗系统维修技能与技巧点拨、车载网络系统维修技能与技巧点拨、汽车底盘控制系统维修技能与技巧点拨以及新能源汽车维修技能与技巧点拨。书中内容涉及面广，基本涵盖了汽车维修工作的方方面面。

本书简明扼要、通俗易懂、易学实用，内容涵盖汽车维修所必须掌握的技能和故障检测、诊断的基本技巧。

本书主要供汽车维修工、汽车机电维修人员、汽车维修电工、汽车维修一线管理人员使用，也可供职业院校、技工学校汽车运用与维修、汽车检测与维修技术、汽车电子技术、汽车维修专业的师生学习和参考。

图书在版编目(CIP)数据

汽车维修技能与技巧点拨/刘春晖，王学军主编. —北京：机械工业出版社，2021.4

（汽车维修技能与技巧点拨丛书）

ISBN 978-7-111-68051-2

Ⅰ.①汽⋯ Ⅱ.①刘⋯②王⋯ Ⅲ.①汽车-车辆修理 Ⅳ.①U472.4

中国版本图书馆 CIP 数据核字（2021）第 073373 号

机械工业出版社（北京市百万庄大街 22 号　邮政编码 100037）
策划编辑：连景岩　责任编辑：连景岩
责任校对：陈　越　封面设计：马精明
责任印制：单爱军
北京虎彩文化传播有限公司印刷
2021 年 8 月第 1 版第 1 次印刷
184mm×260mm·17.25 印张·426 千字
0 001—1 900 册
标准书号：ISBN 978-7-111-68051-2
定价：79.90 元

电话服务　　　　　　　　网络服务
客服电话：010 – 88361066　机　工　官　网：www.cmpbook.com
　　　　　010 – 88379833　机　工　官　博：weibo.com/cmp1952
　　　　　010 – 68326294　金　书　网：www.golden-book.com
封底无防伪标均为盗版　　　机工教育服务网：www.cmpedu.com

前言

随着汽车电子控制技术的快速发展，汽车各个系统均已采用电子控制技术，使得汽车各个系统的功能更加强大，智能化的趋势凸显，同时也使得汽车电子控制系统的结构变得越来越复杂，新技术不断被应用以及新车型的不断推出，使其故障变得更加隐蔽难排。

广大维修人员在实际汽车维修过程中，特别是汽车电子控制系统的维修中，渴望掌握相关的维修技能与技巧，以便能更加快捷地诊断故障部位，更换相应配件，达到修复的目的。本书编者正是基于这样的出发点，结合多年汽车维修工作经验和汽车维修教学经验，密切结合汽车维修一线的工作实际，以使汽车维修人员快速入门为切入点，将汽车维修中的常用技能、技巧以典型实例的方式展现出来。

书中精选内容全部来自汽车维修实践操作、检测维修方面的技能技巧和实际故障排除实例，有很强的指导意义，是汽车维修人员特别是汽车机电维修人员初学入门及日常维修难得的学习参考资料。

本书以汽车维修技能与技巧知识为出发点，联系实际维修操作过程中经常遇到的一些重点、难点、疑点和痛点，重点强化维修人员的实践操作和检测维修技能，同时在一些维修实例中采用较多篇幅介绍新车型所采用的新技术、新诊断设备、新诊断方法以及新维修理念，力求做到理论与实践相结合。

具体内容包括汽车电气系统、发动机控制系统、汽车车身控制系统、中控门锁与防盗系统、车载网络系统、汽车底盘控制系统以及新能源汽车维修技能与技巧方面的内容，重在强化维修人员的维修思路和维修操作技能，力求使维修人员在实际维修工作中达到举一反三的目的。

本书由刘春晖、王学军主编，参加编写工作的还有何运丽、方玉娟、高举成、王淑芳、刘玉振、吴云、张洪梅。

本书在编写过程中参考了大量的汽车维修资料，在此向相关资料的作者及编者表示感谢！由于各种原因未将作者及编者一一注明，在此表示深深的歉意。由于编者水平有限，书中难免有错误和不当之处，恳请广大读者批评指正。

目 录

前言

第一章 汽车电气系统维修技能与技巧点拨 ... 1
第一节 电源系统维修技能与技巧点拨 ... 1
一、别克新君越车身漏电致车门无法打开 ... 1
二、2015年奔驰C200车仪表提示"辅助蓄电池故障" ... 4
三、2014年宝马X4蓄电池漏电 ... 5
四、雷克萨斯ES350车充电指示灯异常点亮 ... 8
五、2012款朗逸充电指示灯常亮 ... 9
第二节 起动系统维修技能与技巧点拨 ... 11
一、2009年宝马730Li起动时仪表黑屏、发动机熄火 ... 11
二、奔驰E200车无钥匙起动功能失效 ... 13
三、2015年英菲尼迪ESQ车发动机偶尔无法起动 ... 14
四、2011年新帕萨特车起动时起动机无反应 ... 16
第三节 照明信号系统维修技能与技巧点拨 ... 19
一、2016年宝马525Li开前雾灯时右前照灯闪烁 ... 19
二、2010年奥迪A6L右前照灯不亮 ... 21
三、2017款昂科威新车前照灯不能关闭、故障灯全亮 ... 23
四、2010年新君威仪表显示前照灯水平调节故障 ... 27
五、2008年丰田凯美瑞车前照灯异常自动点亮、无法关闭 ... 30
第四节 空调系统维修技能与技巧点拨 ... 31
一、2004年宝马523Li空调制冷效果不好 ... 31
二、2011年宝马X5燃油指示显示不准 ... 33
三、2015年奥迪A6L熄火后电子风扇高速运转 ... 35
四、2012款奥迪A6L空调突然不制冷且喇叭不响 ... 38
五、2013年奥迪A4L鼓风机不受控制 ... 40
六、新速腾开空调出风口偶尔出热风 ... 41
七、2012款高尔夫A6空调开启一会儿就自动切断 ... 44

第二章 汽车发动机控制系统维修技能与技巧点拨 ... 46
第一节 奔驰车系 ... 46
一、2018款奔驰GLA200车行驶中发动机抖动、发动机故障灯闪烁 ... 46

二、2014款奔驰E200发动机故障灯常亮 ……………………………………… 48
　　三、2013款奔驰C260车偶尔自动熄火 ………………………………………… 51
　　四、2012款奔驰S350车发动机故障灯异常点亮 ……………………………… 54
　　五、2012款奔驰ML350发动机抖动严重 ……………………………………… 55
　　六、2011款奔驰ML350无法着车 ……………………………………………… 56
　　七、2010款奔驰S600车发动机故障灯点亮、车辆加速无力 ………………… 57
　第二节　宝马车系 ………………………………………………………………… 60
　　一、2007款宝马750Li车发动机无法起动 …………………………………… 60
　　二、2013款宝马525Li车发动机无法起动 …………………………………… 61
　　三、2013款宝马X6车发动机故障灯异常点亮 ……………………………… 64
　第三节　丰田车系 ………………………………………………………………… 65
　　一、2014款丰田RAV4无法加速行驶 ………………………………………… 65
　　二、2014年雷凌ABS ECU和BCM损坏导致多个故障灯常亮 ……………… 66
　　三、2013款丰田卡罗拉发动机故障灯常亮 …………………………………… 67
　　四、2012款丰田凯美瑞车发动机无法起动 …………………………………… 70
　　五、2007款雷克萨斯LS460燃油表指示不准确 ……………………………… 72
　第四节　通用车系 ………………………………………………………………… 73
　　一、2015款新科鲁兹车身漏水导致无法起动 ………………………………… 73
　　二、2012款别克君越车防侧滑指示灯异常点亮 ……………………………… 75
　第五节　大众车系 ………………………………………………………………… 77
　　一、2016款奥迪A4L起动后抖动熄火 ………………………………………… 77
　　二、2015款奥迪A4L车发动机怠速抖动且多个故障灯点亮 ………………… 79
　　三、2013款奥迪Q5行驶中冷却液温度过高 ………………………………… 81
　　四、2013款奥迪Q3车EPC故障灯异常点亮 ………………………………… 83
　　五、2017款上汽大众途观车机油压力报警 …………………………………… 84
　　六、2012款迈腾行驶中突然出现异响且机油警告灯点亮 …………………… 86
　第六节　路虎车系 ………………………………………………………………… 88
　　一、2015款路虎揽胜极光车怠速转速忽高忽低 ……………………………… 88
　　二、2014款路虎揽胜车燃油表指示不准 ……………………………………… 89
　　三、2011年路虎神行者2车发动机加速不良 ………………………………… 91

第三章　汽车车身控制系统维修技能与技巧点拨 …………………………… 93
　第一节　安全气囊系统维修技能与技巧点拨 …………………………………… 93
　　一、2015款奔驰E180车安全气囊警告灯点亮 ………………………………… 93
　　二、2015款奔驰R400车预防性安全系统停止运作 …………………………… 95
　　三、2012年别克昂科雷仪表气囊灯报警 ……………………………………… 97
　　四、2011年雪佛兰SPARK安全气囊警告灯报警 ……………………………… 99
　　五、2015年斯巴鲁森林人安全气囊灯常亮 …………………………………… 100
　第二节　座椅控制系统维修技能与技巧点拨 …………………………………… 102
　　一、2011款宝马523Li驾驶人侧座椅加热失效 ……………………………… 102

二、2012 款奔驰 C200 车前排乘客侧电动座椅无法调节 ·················· 104
三、2015 款大众 CC 车前排乘客侧座椅加热功能不可用 ·················· 106
四、2017 款凯迪拉克 XT5 车座椅记忆功能失效 ·················· 109
五、2014 年福特翼虎车驾驶人侧电加热座椅故障 ·················· 112

第三节　电动车窗与天窗系统维修技能与技巧点拨 ·················· 114
一、2015 年宝马 320Li 驾驶人侧玻璃不能一键升降 ·················· 114
二、2015 年迈腾 B7L 车无法控制左后电动车窗升降 ·················· 115
三、2014 年大众夏朗右后车窗开关不工作 ·················· 118
四、2016 年大众途观全景天窗遮阳卷帘不能关闭 ·················· 121
五、2017 年凯迪拉克 XT5 天窗遮阳帘关闭不到位 ·················· 122

第四节　后视镜控制系统维修技能与技巧点拨 ·················· 125
一、2016 年宝马 730Li 车行车时内后视镜防眩光功能失效 ·················· 125
二、2018 年奔驰 GLC260 左外后视镜防眩光功能失灵 ·················· 126
三、雷克萨斯 RX350 车左侧后视镜无法正常调节 ·················· 128
四、2014 年福特锐界车 PDI 检测发现右侧后视镜无法调节 ·················· 130

第五节　倒车雷达与倒车影像系统维修技能与技巧点拨 ·················· 131
一、奔驰 S400 车换倒档 COMAND 显示屏没有图像 ·················· 131
二、2014 年高尔夫 GTI 后驻车雷达一直报警 ·················· 133
三、2016 年福特锐界车倒车影像系统不可用 ·················· 134

第四章　中控门锁与防盗系统维修技能与技巧点拨 ·················· 136

第一节　宝马车系 ·················· 136
一、宝马 7 系 F02 主驾车门锁能关不能开 ·················· 136
二、2013 年宝马 X1 遥控器功能失效 ·················· 138
三、2010 年宝马 325i 车辆行驶中提示"行李舱未关闭" ·················· 139
四、2010 年宝马 523Li 行李舱无法遥控开锁 ·················· 141

第二节　奔驰车系 ·················· 143
一、2011 年奔驰 G500 左前车中控不能上锁 ·················· 143
二、北京奔驰 E260L 车事故维修后无法起动且多种功能失效 ·················· 145
三、奔驰 E200 车无钥匙起动系统不能正常工作 ·················· 146
四、奔驰 E260 车遥控器不灵敏 ·················· 148

第三节　大众车系 ·················· 150
一、奥迪 A3 遥控器无法正常使用 ·················· 150
二、奥迪 A6L 车左后门锁电动机有时不工作 ·················· 152
三、2017 款迈腾车防盗指示灯锁车后不亮 ·················· 153
四、2016 年上汽大众辉昂匹配防盗系统总是失败 ·················· 153
五、2016 年斯柯达明锐车遥控锁车、车辆应答异常 ·················· 154
六、2015 年大众夏朗右后电动滑门无法开启 ·················· 156

第四节　通用车系 ·················· 158
一、2013 款科鲁兹车遥控门锁功能失效 ·················· 158

二、2012 款别克凯越遥控功能失效 ·· 160
　　三、2017 款凯迪拉克 ATS-L 车遥控门锁功能差 ······························ 162
　第五节　丰田车系 ··· 164
　　一、雷克萨斯 RX350 车身防盗系统异常报警 ·································· 164
　　二、2006 年丰田凯美瑞车显示屏显示"未检测到钥匙" ························ 166
　　三、2008 年丰田第六代凯美瑞车无法起动 ···································· 168

第五章　车载网络系统维修技能与技巧点拨 ··· 171
　第一节　奔驰车系 ··· 171
　　一、2015 年奔驰 E300 COMAND 闪屏 ·· 171
　　二、2015 年奔驰 E260 车行驶过程中仪表灯突然熄灭 ·························· 173
　第二节　宝马车系 ··· 176
　　一、2015 款宝马 750Li 车组合仪表提示"传动系统有异常" ···················· 176
　　二、2013 年宝马 320Li 多个故障灯点亮报警 ································ 178
　　三、2016 款宝马 X5 车紧急呼叫出现异常 ···································· 182
　第三节　大众车系 ··· 184
　　一、2015 年奥迪 A8L 室内顶灯、前后天窗、遮阳卷帘等不工作 ·················· 184
　　二、2014 年上海大众途观显示"倒车影像系统当前不可用" ···················· 185
　　三、2017 款斯柯达野帝蓄电池亏电 ·· 188
　第四节　通用车系 ··· 191
　　一、2014 款别克新君越车多个指示灯点亮 ···································· 191
　　二、2011 款别克 GL8 装复后发动机无法起动 ································ 192
　　三、2017 年昂科威自动前照灯无法关闭 ···································· 194

第六章　汽车底盘控制系统维修技能与技巧点拨 ····································· 199
　第一节　自动变速器维修技能与技巧点拨 ······································ 199
　　一、奔驰 GL350 车辆加速无力且手动换档拨片不能用 ·························· 199
　　二、2015 款奔驰 GLE400 变速器模式调节器故障 ······························ 201
　　三、2012 款宝马 740Li 行驶中档位跳空档 ·································· 203
　　四、2016 年宝马 X3 多个系统故障灯点亮报警、无法换档行驶 ·················· 205
　　五、2014 年一汽奥迪 A6L 正面撞击引起的变速器故障 ························ 207
　　六、2013 年一汽奥迪 A4L 行驶中变速器故障灯点亮 ·························· 209
　第二节　ABS 维修技能与技巧点拨 ·· 211
　　一、奔驰 R320 车 ABS、ESP 故障灯异常点亮 ································ 211
　　二、奔驰 SL300 发动机故障灯亮、ESP 报警 ·································· 212
　　三、迈腾 B7L 车仪表板上的 ESP 警告灯常亮 ································ 214
　第三节　巡航系统维修技能与技巧点拨 ·· 215
　　一、2015 年别克昂科威巡航无法使用 ·· 215
　　二、2013 年上汽通用别克英朗巡航有时无法使用 ······························ 217
　第四节　电控悬架系统维修技能与技巧点拨 ···································· 220
　　一、2007 年奔驰 S500 车右前悬架太低、无法升高 ···························· 220

二、2011年奔驰S350车仪表提示"车身升降故障" 221
　第五节　电控动力转向系统维修技能与技巧点拨 222
　　一、2009年宝马730Li转向无助力、故障灯点亮 222
　　二、2012款奥迪A4L车助力转向系统故障 223

第七章　新能源汽车维修技能与技巧点拨 225
　第一节　纯电动汽车维修技能与技巧 225
　　一、2017年吉利帝豪EV300无法充电 225
　　二、2017款比亚迪E5无法充电 228
　　三、江淮同悦IEV无法充电 230
　　四、2018款威马EX5转向助力异常 231
　　五、2018款云度π1 pro乐派型车无法上高压电 234
　　六、2017款知豆D2S车无法进入READY状态 235
　第二节　高端混合动力汽车维修技能与技巧 238
　　一、2012年奔驰S400混合动力车发动机无法起动 238
　　二、新款奔驰S400混合动力纯电动功能不能使用 241
　　三、2013款奥迪A8混合动力高压蓄电池故障 244
　　四、2014款奥迪A8混合动力车无法起动 247
　第三节　丰田混合动力车维修技能与技巧 249
　　一、雷克萨斯LS600hL车无法进入READY状态 249
　　二、雷克萨斯RX450h车仪表提示"检查混合动力系统" 251
　　三、雷克萨斯ES300h混合动力车无法起动 252
　　四、雷克萨斯ES300h混合动力车中央信息显示屏显示"检查混合
　　　　动力系统" 254
　　五、2012年丰田普锐斯车提示"检查混合动力系统" 257
　　六、2017年丰田卡罗拉混动版发动机故障灯常亮 263
　　七、2016款丰田卡罗拉混合动力车偶尔无法行驶 264

参考文献 267

第一章

汽车电气系统维修技能与技巧点拨

第一节 电源系统维修技能与技巧点拨

一、别克新君越车身漏电致车门无法打开

故障现象 一辆别克新君越车，VIN：LSGGF59B5AH××××××，行驶里程：48000km。驾驶人反映，换了新蓄电池，但是车停了一晚上就没电了，充电后发现车窗无法升降，车门无法打开。

故障诊断 维修人员认为车窗无法升降、车门打不开应该是蓄电池亏电引起的副作用，等车辆正常使用自充电后，下一次起动这些功能会恢复。于是给蓄电池充满电，起动车辆，熄火再起动后检查，车门可以正常打开，除了左前车窗。其余车窗都正常升降。用 GDS2 查看故障码，如图 1-1 所示，U1534 是一个摇窗机失去通信的故障。

控制模块	DTC	故障症状字节	说明	故障症状说明
控制模块	U1534	00	与 LIN 总线上的设备失去通信	…
电话控制模块	B1		U1534 是一个摇窗机失去通信的故障	低电压
钥匙进入控制模块	B252D	01		对蓄电池短路

图 1-1 故障码

关闭点火钥匙后打开车门，发现收音机还在工作，并且行车记录仪也没停止用电，所以车上的用电设备并没有完全断电，此时诊断仪检测到的蓄电池电流为 -7.26A（图 1-2）。此数据显示放电电流大大超过了正常的休眠电流，正常的休眠电流应小于或等于 0.03A，所以蓄电池过了一个晚上就没电，可能是因为收音机和行车记录仪工作而放的电。

此时维修人员以为找到了漏电原因，是驾驶人下车时忘了关闭用电器而造成的。随后关

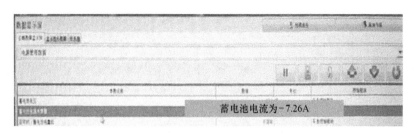

图 1-2　诊断仪检测到的蓄电池电流

掉车上所有的用电器，锁上车门再次读取数据流，如图 1-3 所示。分别打开左前门和右前门准备检查线路，此时忽然发现一个细节，左右车门都打开时，仪表显示只有右前门打开，如图 1-4 所示。

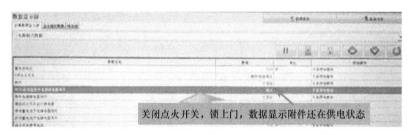

图 1-3　数据流

图 1-4　仪表显示

驾驶人侧无法感应车门开启，并且摇窗机无法工作，而故障码提示摇窗机失去通信。整理一下思路，从电路图（图 1-5）得知，摇窗机模块与 BCM（Body Control Module，车身控制模块）通信，车门锁与摇窗机模块 LIN 总线通信。摇窗机模块失去通信，那么门锁也失去了通信，结果导致 BCM 无法感应门的开启状态，关钥匙下车时，BCM 以为驾驶人还在车内，没有切断供电，导致蓄电池一直放电。

故障排除　疑点集中在摇窗机模块上，拆下门板，发现摇窗机模块有进水痕迹，如图 1-6 所示。更换摇窗机模块以后，恢复正常。

技巧点拨　维修过程中应留意每个细节，并分析与故障之间的关联性，不能盲目地更换零部件，应先分析，再验证。

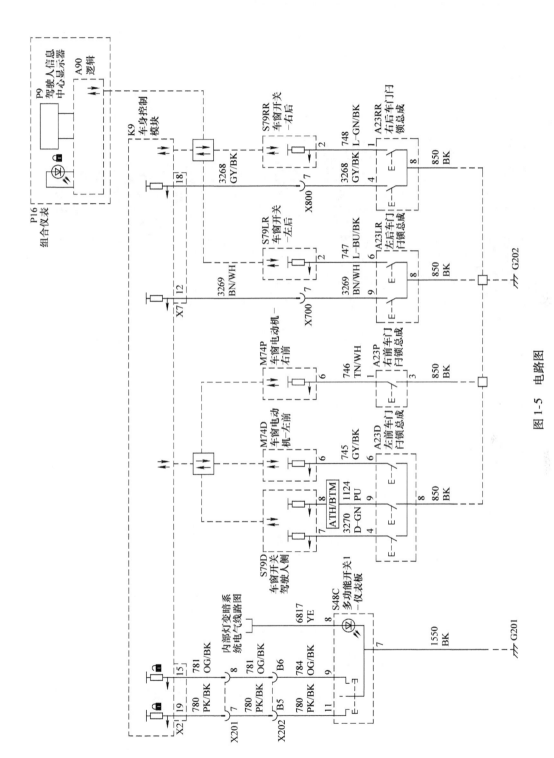

图1-5 电路图

二、2015 年奔驰 C200 车仪表提示“辅助蓄电池故障”

故障现象 一辆 2015 年奔驰 C200 车，搭载型号为 M274 的 2.0T 涡轮增压发动机，行驶里程：2.6 万 km，因仪表信息中心提示“辅助蓄电池故障”而进厂检修。

故障诊断 接车后试车验证故障，接通点火开关，起动发动机，仪表信息中心出现白色字样“辅助蓄电池故障”提示信息（图 1-7）。此外，仪表板上无其他故障灯点亮，也未发现其他故障提示信息。查阅该车的维修记录可知，车辆此前并没有事故、涉水等维修记录。

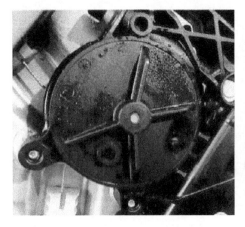

图 1-6 摇窗机模块有进水痕迹

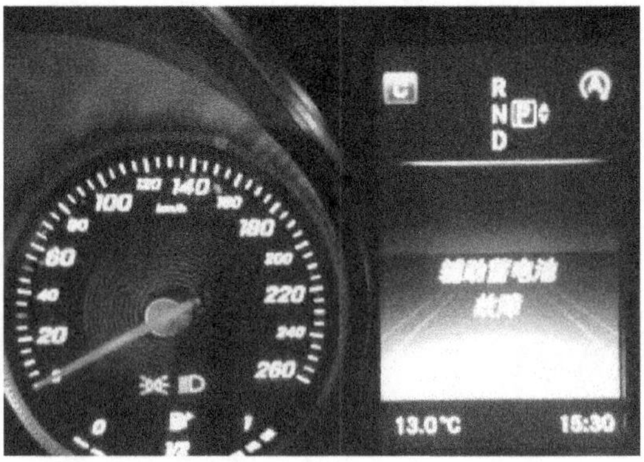

图 1-7 仪表信息中心提示“辅助蓄电池故障”

连接奔驰故障检测仪，读取故障码，在电子点火开关控制单元（N73）内存储有故障码“B21DC01 ——电子点火开关的缓冲蓄电池存在故障。存在一个一般电气故障”（图 1-8）。故障码的状态为当前和已存储的故障码。查看 N73 中辅助蓄电池的电压，为 0.00V（图 1-9），异常。

N73-电子点火开关（电子点火开关（EZS））

梅赛德斯-奔驰硬件号	205 901 45 08	梅赛德斯-奔驰软件号
诊断标识	02050F	硬件版本
软件状态	14/04 001	引导程序软件版本
硬件供应商	Marquardt	软件供应商
控制单元型号	EIS222_EIS222_050F	

故障	文本
B21DC01	电子点火开关的缓冲蓄电池存在故障。存在一个一般电气故障。

图 1-8 电子点火开关控制单元内存储的故障码

电压
实际值

编号	姓名	实际值	标准值
976	供电	14.40V	[10.50 .. 15.50]
887	蓄电池电压：附加蓄电池	0.00V	[7.50 .. 15.50]

停止监控 | 信息 | 表格 | 条形图 | 线形图

图 1-9 辅助蓄电池的实际值

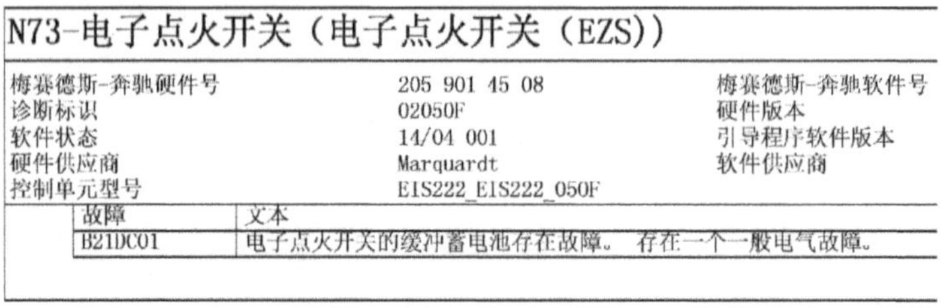

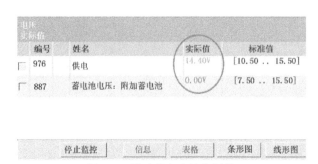

查看相关资料并结合电路图（图1-10）分析可知，该车配有电容器C8作为辅助蓄电池，为N73提供电压，以此保证车辆在紧急情况下档位能顺利返回P位。电容器C8由熔丝盒K40/5提供充电所需的电能，然后电容器C8直接通过一根导线为N73提供30b的电源支持。

结合故障码及不正常的实际值，判断故障可能原因有：电容器C8的供电及相关电路故障；电容器C8损坏；电容器C8与N73之间的电路故障；N73故障等。

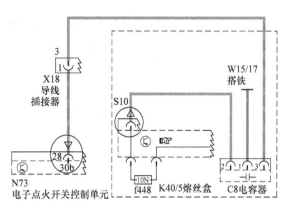

图1-10　辅助蓄电池电路

本着由简到繁的诊断原则，对上述可疑故障点进行排查。首先查看熔丝盒K40/5中的熔丝f448，未见异常；测量该熔丝的电压，为12.8V，说明供电电压正常；接着断开电容器C8的导线插接器，测量导线侧端子1和端子2之间的电压，为12.8V，说明电容器C8的供电回路正常。由于电容器存储的能量具有瞬间释放性，无法通过直接测量电容器的电压及电容来判断其好坏。

结合电路图及辅助蓄电池的功能分析可知，既然电容器C8的供电回路正常，那么只要直接去掉电容器C8，并将电容器C8的供电直接连接到电容器C8的输出电路上，再查看电子点火开关控制单元中辅助蓄电池的电压，即可判断故障点。如果辅助蓄电池电压实际值恢复正常，说明电容器C8存在故障；如果辅助蓄电池电压没有变化，说明问题在于电容器C8的输出电路或电子点火开关控制单元有问题。

故障排除　根据上述思路，将电容器C8导线插接器端子2和端子3连接起来，再次查看辅助蓄电池电压，为14.30V（图1-11），至此可以判定电容器C8内部故障。更换电容器C8（图1-12）后，故障排除。

图1-11　辅助蓄电池电压实际值恢复正常

技巧点拨　对于此类故障，宜采取排除法或替换法进行排查。

三、2014年宝马X4蓄电池漏电

故障现象　一辆2014年宝马X4，车型：F26。行驶里程：40000km。驾驶人反映，车辆

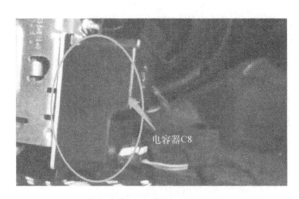

图 1-12 电容器 C8

早上第一次起动时,仪表板提示蓄电池电量不足,可以正常起动着车。车辆在停放状态下没有任何触发时,防盗报警喇叭自动响起,应急灯闪烁。

故障诊断 接车时目测观察,仪表板并没有蓄电池报警的故障提示。连接 ISID 进行诊断检测,无相关故障码,添加电源诊断的检测计划,执行检测计划,电源诊断有 2 次休眠电流超过 80mA,故障只发生了 1 次。测量休眠电流,低于 80mA。车辆留店观察,车辆停放时没有受到外界任何触发,车辆防盗报警系统自动起动,喇叭响起,应急灯闪烁,与驾驶人反映的故障现象一致。车辆停放一晚后再次起动,故障现象再次出现。仪表板提示蓄电池电量不足,根据驾驶人反映的故障,查看仪表板和中央信息显示屏,但当前故障不存在,没有任何故障提示,可以顺利起动发动机。查阅钥匙数据的控制诊断报告,没有相关故障提示。测量休眠电流半小时后,一直在 20mA 左右,在正常范围内。通过 ISTA 的服务功能读取车辆的检查控制信息,读取的控制信息为 "415",具体含义见表 1-1。

表 1-1 控制信息 "415" 说明

控制信息	模块	故障	解决方案
415	接线盒电子装置(JBE) 前部电子模块(FEM) 主域控制器(BDC)	蓄电池放电过高	停车状态下蓄电池耗电提高。可能暂时关闭了用电器。必要时,重新设置日期和时间。重复出现时,请宝马售后服务机构进行检查

再次诊断测试,读取故障内容如下:①213601——动力管理:休眠电流故障;②801C10——由于不合理的唤醒请求复位总线端 KL.30F;③801C11——由于不合理的关闭请求复位总线端 KL.30F;④801C12——由于休眠受阻发送断电命令;⑤801C13——由于休眠受阻请求关闭总线端 KL.30F;⑥8020E8——总线端 KL.30F 复位或关闭;⑦801A52——SINE:匹配设码数据时错误;⑧B7F301——TGB:未存储当前设码数据。

选择故障内容执行检测计划,执行电源诊断,提示 FZD 车顶功能中心休眠受阻,唤醒原因是防盗报警系统。防盗报警系统由带超声波车内防盗监控传感器(USIS)和带倾斜报警传感器的报警器组成。倾斜报警传感器(集成在报警器中)监控车辆倾斜情况。倾斜报警传感器识别车辆的抬起或牵引状态。带倾斜报警传感器的报警器通过 LIN 总线与 FZD 控制单元连接。防盗报警系统(DWA)的软件已集成到 FZD 控制单元中。FZD 控制单元因此控制防盗报警系统。DWA 报警以听觉和视觉方式进行。在 DWA 报警被触发时,FZD 控制单元通过 LIN 总线激活报警器的喇叭。同时，FZD 控制单元作为信息发送一个报警信号到 K-CAN2 上。脚部空间模块激活通过照明设备的光报警。报警可能已根据国家设码，例如光报警触发（通过闪烁报警、通过近/远光灯等）和报警持续时间（间歇：1 次、3 次等）。

FZD 控制单元通过 K-CAN2 接收下列状态信号：①来自脚部空间模块（FRM）或前部车身电子模块（FEM）或车身域控制器（BDC）的车门状态；②来自接线盒电子装置（JBE）或车尾电子模块（REM）或车身域控制器（BDC）的行李舱盖状态。

DWA 发光二极管由 FZD 控制单元直接控制，在 LIN 总线上监控导线连接。FZD 控制单元通过 LIN 总线向带倾斜报警传感器的报警器周期性地发送监控导线连接的要求。如果在规定的时间内应答消失，FZD 控制单元就触发一次 DWA 报警。报警触发期间，导线监控也激活。查阅防盗控制系统电路图，如图 1-13 所示。

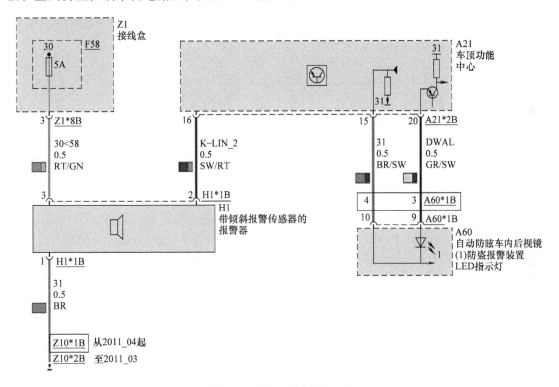

图 1-13　防盗控制系统电路

断开防盗报警喇叭插头，测量 H1*1B 端子 1 和 3 的电压，测量结果为 12.4V，在正常范围之内。测量 H1*1B 端子 1 和 2 的 LIN 总线波形，测量结果为 12V 左右的常电压。没有发现信号波形，分析电路故障，LIN 总线对正极短路。

接下来检查电路，在左前翼子板内发现三根电线被咬破（图 1-14），三根电线之间存在短路现象。修复电路后，再次测量 LIN 总线波形，无论打开或关闭点火开关，均显示 12V 左右的常电压，始终没有发现波形，拆下 FZD 车顶功能中心检测也没有发现异常，多次和其他正常车型对比，发现防盗报警喇叭 LIN 总线波形只有在上锁监控后才出现通信，有别于其他 LIN 总线。于是，上锁后再次测量本车修复的 LIN 总线，如图 1-15 所示，矩形波明显可见，峰值在 12V 左右，说明电路已经正常。

故障排除　测量休眠电流，半小时后，一直在 20mA 左右，休眠电流在正常范围内，停放两天，防盗喇叭也没有出现乱报警现象，所有故障码可以全部清除，仪表板和中央信息显示屏没有任何故障提示，故障排除。

> **技巧点拨**　防盗报警系统（DWA）监控车门、行李舱盖、车前盖上的触头以及倾斜报警传感器和车内监控的状态。

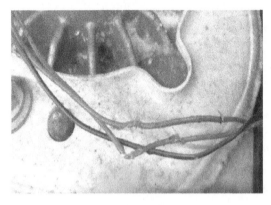

图 1-14　断路位置　　　　　　　　图 1-15　正常波形

四、雷克萨斯 ES350 车充电指示灯异常点亮

故障现象　一辆雷克萨斯 ES350 车，搭载 2GR-FE 发动机，行驶里程：30 万 km。驾驶人在店里补漆，准备交车时发现蓄电池亏电严重，对车辆进行帮电处理，顺利着车，组合仪表无任何异常现象，但是 2min 后，发动机自动熄火；再次进行帮电处理，起动后发现充电指示灯异常点亮，发动机运转 3min 左右，发动机再次自动熄火。诊断至此，推断该车供电系统存在故障。

故障诊断　由于之前遇到过因蓄电池不存电而导致发动机起动后自动熄火的故障，决定先更换蓄电池。更换蓄电池后试车，顺利起动着车，但充电指示灯还是一直点亮；运转几分钟后，发动机又自动熄火了，尝试起动发动机，发动机无法起动，且组合仪表上的指示灯均无法点亮。怀疑蓄电池没有安装好，断电后，重新安装蓄电池，将电源模式切换至 IG ON 模式，决定先检查发电机的电路。

由图 1-16 可知，该车发电机上共有 4 个端子，端子 B 为充电输出端子，连接至蓄电池正极；端子 L 为充电指示灯的控制端，连接至组合仪表；端子 S 负责检测蓄电池电压，并把输出电压调节到规定数值；端子 IG 为供电输入端，若此端子没有电压输入，发电机就不会发电。

断开发电机导线插接器 B22，将电源模式切换至 IG ON 模式，测量导线插接器

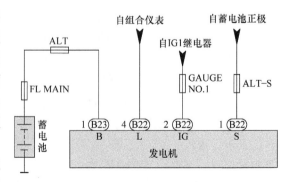

图 1-16　发电机控制电路

B22 端子 1 上的电压,为 8.1V,偏低(正常应为 12V);测量端子 2 上的电压,为 0V,异常(正常应为 12V)。导线插接器 B22 端子 1 由蓄电池直接供电,难道蓄电池电压也是 8.1V?测量蓄电池电压,果然为 8.1V,蓄电池是新换的,为什么蓄电池电压下降得这么快呢?

考虑到导线插接器 B22 端子 2 上的电压为 0V,决定先检查发电机端子 IG 的供电电路。检查熔丝 GAUGE NO.1,正常;测量熔丝 GAUGE NO.1 输出端子与导线插接器 B22 端子 2 之间电路的导通情况,导通良好,说明发电机端子 IG 的供电电路正常。

重新整理维修思路,决定还是从蓄电池电压低这一点入手,怀疑发电机端子 B 与蓄电池正极之间的电路接触不良。测量发电机端子 B 与蓄电池正极之间电路的导通情况,导通良好;为了判断是否存在虚接情况,重点检查电路中间的过渡点螺栓,均无松动现象;但在检查过程中发现,发电机端子 B 烫手;触摸蓄电池正极,正常;拆下发电机端子 B 上的接线后再次测量蓄电池电压,蓄电池电压上升至 12.5V,由此推断发电机内部短路,导致存在大电流放电现象,造成蓄电池电压下降。用万用表测量发电机端子 B 与发电机

图 1-17 发电机端子 B 与发电机壳体导通

壳体之间的导通情况,导通(图 1-17),由此确定发电机损坏。

故障排除 更换发电机后试车,故障现象消失,故障排除。

技巧点拨 为什么故障车导线插接器 B22 端子 2 上的电压会是 0V 呢?考虑到当时只检查了熔丝 GAUGE NO.1 的状态和电路,并没有测量熔丝本身的供电情况,怀疑当时熔丝本身没有供电,而没有供电的原因是蓄电池电压过低,IG1 继电器无法吸合。

五、2012 款朗逸充电指示灯常亮

故障现象 一辆 2012 款朗逸,在行驶过程中因临时停车熄火,结果在再次起动发动机时,发动机出现无法起动的情况。怀疑蓄电池电量不够,对蓄电池进行更换。发动机可以正常起动,却发现了新的问题——仪表上的充电指示灯常亮。

故障诊断 由于该车已经更换了蓄电池,所以蓄电池故障基本可以排除,接下来就要对传动带张紧度和发电机进行检查。首先检查发电机传动带张紧度,断开蓄电池负极电电缆,用拇指按压施加大约 100N 的力度,传动带下压为 5mm 左右,符合标准值。接下来检查发电机,接好蓄电池负极电缆并起动发动机,通过测量发电机 B+端子与负极之间的电压来检查发电机发电量是否正常。经测量,发电机两端的电压为 4.9V,且随着发动机转速升高并无明显变化。而正常发电机两端电压要高于蓄电池电压且随发动机转速升高而升高,因此可判断故障原因为发电机损坏。更换发电机后,重新进行检测,结果充电指示灯依然常亮。

朗逸电源系统如图 1-18 所示,朗逸发电机连接共有 3 根导线,其中 1 根连接发电机 B+和蓄电池;1 根连接发电机 L 线与 J519;1 根连接发电机和发动机控制单元之间,为 DMF 线。B+线在发动机起动瞬间向发电机转子提供励磁磁场,发动机起动后,发电机通过此线

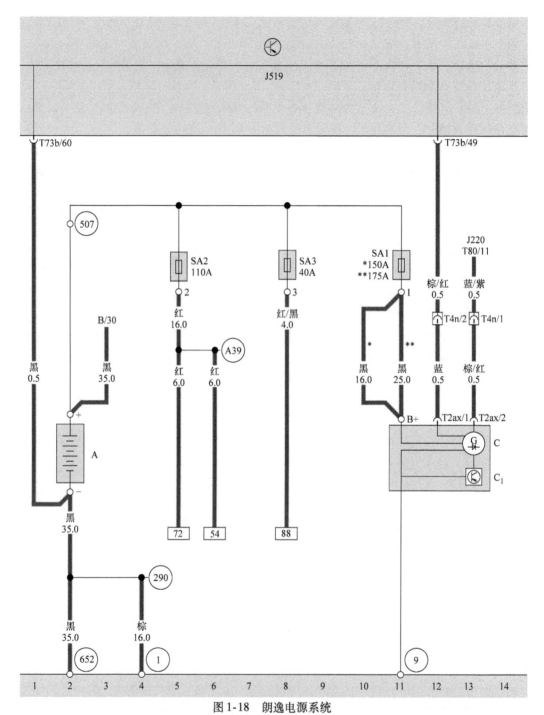

图 1-18 朗逸电源系统

A—蓄电池　B—起动机（在发动机左侧前方）　C—交流发电机（在发动机右侧前方）
C_1—电压调节器（在交流发电机内）　J220—发动机控制单元　J519—BCM 车身控制器

向蓄电池充电。L 线的作用是当点火开关打开时，J519 通过此线在发电机内部搭铁，J519 通过 CAN 总线向仪表传送信号，仪表上充电指示灯被点亮。当起动后，发电机发出的电量通过 L 线反馈给 J519，J519 再通过 CAN 总线将信号传递给仪表，充电指示灯熄灭。DMF 线的作用是发动机控制单元通过此线向发电机提供励磁电流,实现发电机发电,并通过调节该电流的大小从而控制发电量,实现稳定压力的作用。

基于上述对于汽车电源系统电路分析,本着从易到难的原则,首先对 B + 进行了检查,使用万用表电阻档,测量 B + 至熔丝 SA1 之间的电阻,为 0.5Ω,正常。接着测量 SA1 至蓄电池正极之间的电阻,为 ∞,说明这里存在断路故障。经过仔细观察,发现 SA1 处的熔丝螺栓没有拧紧,导致线路虚接,从而产生故障。

故障排除 重新紧固螺栓后,故障灯熄灭,并再无此故障出现。回顾整个诊断过程,在检测发电机是否存在故障时出现了失误。测量发电机发电电压只有 4.9V,不能直接得出发电机损坏的结论,原因在于发电机的励磁方式有他励和自励两种方式,发电机刚开始发电时,转子绕组由蓄电池供电产生磁场,属于他励;发动机正常发电后,发电电压高于蓄电池电压,此时发电机向磁场绕组供电,属于自励。

技巧点拨 最后的故障点为 B + 虚接,但在诊断过程中由于对于发电机发电原理没有充分分析,导致出现了误诊断。由此可见,正确全面地理解汽车各个系统的工作原理,是进行正确维修诊断的基础,所以必须重视理论知识的学习与运用。

第二节 起动系统维修技能与技巧点拨

一、2009 年宝马 730Li 起动时仪表黑屏、发动机熄火

故障现象 一辆 2009 年宝马 730Li,车型:F02,行驶里程:8 万 km。驾驶人反映,车辆起动时仪表偶尔出现黑屏的现象,并且仪表黑屏时发动机立即熄火,故障出现没有特定的规律。

故障诊断 接车后首先验证驾驶人反映的故障现象,前几次起动发动机时车辆能正常起动,后经过多次测试实验,驾驶人反映的故障现象终于出现,起动后发动机自动熄火,仪表黑屏。观察到故障发生的时候,感觉像发动机运行过程瞬间突然断电。连接 ISID 进行诊断检测,读取和发动机相关的故障内容:930732 ——起动机运行时有发动机起动故障,继电器搭接片。

查看故障码的说明见表 1-2。

表 1-2 930732 故障码说明

故障描述	通过回读进行导线测量:回读电平阈值高,一旦总线端控制关闭总线端 KL 15,记录该故障
故障识别条件	总线端 KL 15 接通
故障码记录条件	3s 后生成故障记录
保养措施	检查起动继电器的功能,如有必要,更换继电器或 CAS 如果继电器正常,则检查起动机供电电压,必要时进行更换 如果起动机供电电压正常,则单独检查起动机功能,必要时更换
故障影响和抛锚说明	起动机转动,尽管缺少控制,点火开关仍然熄灭,即总线端 KL 15 自动断开,车辆起动之后,通过按压按钮,起动机继续转动,发动机熄火

通过操作起动/停止按钮可开始车辆起动。通过总线端 KL. 30 为直流机供电。如果发动机已起动，将抑制起动机小齿轮处的超越离合器，起动机小齿轮由飞轮驱动。基于起动机小齿轮和齿圈之间的大传动比（约 15∶1）可能导致起动机损坏，起动机小齿轮将自动停止。

起动机直接连接到总线端 KL. 30 和总线端 KL. 50L。CAS 控制单元或 FEM 控制单元或 BDC 控制单元通过总线端 KL. 50L 控制起动继电器。该起动继电器是继电器和电磁铁的组合件。起动继电器具有两个线圈：吸引线圈和保持线圈。

起动机工作时，两个控制线圈控制活动铁心使起动齿轮与飞轮齿圈啮合。如果电磁开关关闭，将通过总线端 KL. 30 为直流电机提供电压。同时，由于关闭电磁开关，移入线圈将短路，仅能通过吸持线圈保持电磁开关。如果发动机已起动，吸持线圈将不通电换档。因此打开电磁开关后，蓄电池和直流电机之间的电路已中断。起动机控制电路如图 1-19 所示。

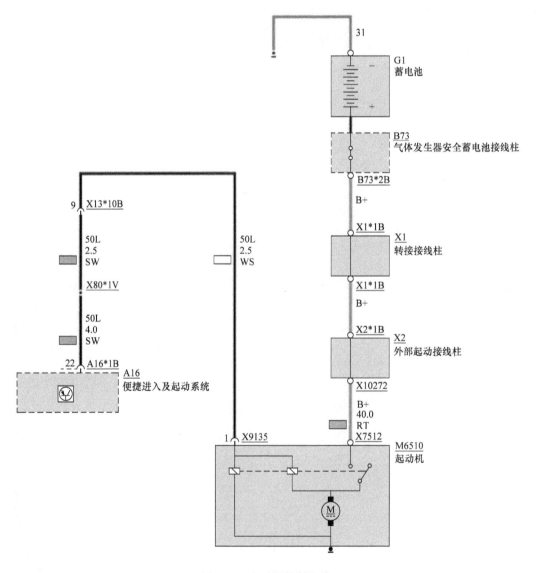

图 1-19　起动机控制电路

接下来在起动状态下测量 KL. 50L，正常时，发动机起动时 12V，成功起动后电压变为 0V。自动熄火时，发动机起动时 12V，成功起动后变为 8~9V，然后熄火。在故障详细说明中，可以看到这句话"通过回读导线进行测量：回读电平阈值高"。根据前面起动机工作原理分析，CAS 通过 KL. 50 控制起动机起动和关闭。当发动机起动后，CAS 通过总线信息已经知道发动机成功起动并正常工作，所以会断开 KL. 50 控制，结束起动机工作。

如果 CAS 断开 KL. 50 的控制，那么这根导线是不该有电的，如果此时这根导线仍然有电，则会记录故障信息。故障的可能原因分为起动机故障、CAS 内部故障、控制电路故障几个方面。

故障排除　测量电路对地、正极、导通均正常，无短路现象，可排除电路故障。故障现象不是一直存在，而是偶然出现，属于偶发性故障，故障不出现的时候什么都是好的，正常起动的时候 CAS 都能正确输出控制信号，CAS 损坏的概率较低。故障码指向比较明确，而且经过分析，如果起动机吸合接触片不回位则能解释得通此故障现象。判断为起动机继电器的搭接片机械故障，导致无法回位，CAS 识别到 KL. 50 有反馈电压，将电源都断掉起保护作用，更换起动机后，多次试车测试，故障现象没有再次出现，故障排除。

> **技巧点拨**　便捷进入及起动系统（CAS）或前部车身电子模块（FEM）或车身域控制器（BDC）通过总线端 KL. 50L 将电压接通到起动继电器。借助起动继电器和中间轴，或者行星齿轮变速器将通过飞轮齿圈干预起动机小齿轮。起动机小齿轮啮合后，将以起动转速从起动机的直流电机中带动发动机曲轴。

二、奔驰 E200 车无钥匙起动功能失效

故障现象　一辆奔驰 E200 车，发动机型号：274920，因无钥匙起动系统不能正常工作而进厂检修。驾驶人反映，该车无钥匙起动功能失效，需将遥控钥匙插入仪表台下方的读卡槽内才能起动发动机。

故障诊断　接车后，试车验证故障现象，将遥控钥匙插入仪表台下方的读卡槽内（图 1-20），按下起动按钮，发动机顺利起动着车；将遥控钥匙从读卡槽里取出，再次尝试起动发动机，按下起动按钮，发动机无法起动，仪表信息提示中心显示"遥控钥匙探测不到"和"将遥控钥匙放在标记的位置查看用户手册"的提示信息。按下遥控钥匙上的解锁和闭锁按钮，车辆可以正常解锁和闭锁车门，且遥控钥匙上的指示灯能正常点亮。此外，驾驶人提供了该车的另一把遥控钥匙，经测试故障现象依旧，初步排除遥控钥匙有故障的可能性。

图 1-20　将遥控钥匙插入读卡槽

连接专用故障检测仪（XENTRY），进入无钥匙起动控制单元（N69/5），读取到的故障码：B1A5013——前部 LF 天线功能失效，电路断路（图 1-21）。根据故障码的提示，判断

可能的故障原因有前部 LF 天线（A2/60）故障、无钥匙起动控制单元（N69/5）故障及相关电路故障等。

N69/5 - KEYLESS GO (KG)

MB object number for hardware	213 901 82 03	MB object number for s
Diagnosis identifier	000041	Hardware version
Software version	16/07 000	Boot software version
Hardware supplier	Kostal	Software supplier
Control unit variant	KG213_KG213_0041	

Fault	Text
B1A5013	Front LF antenna 'KEYLESS-GO' has a malfunction. There is an open circuit.
	Name
	Frequency counter
	Main odometer reading
	Number of ignition cycles since the last occurrence of the fault

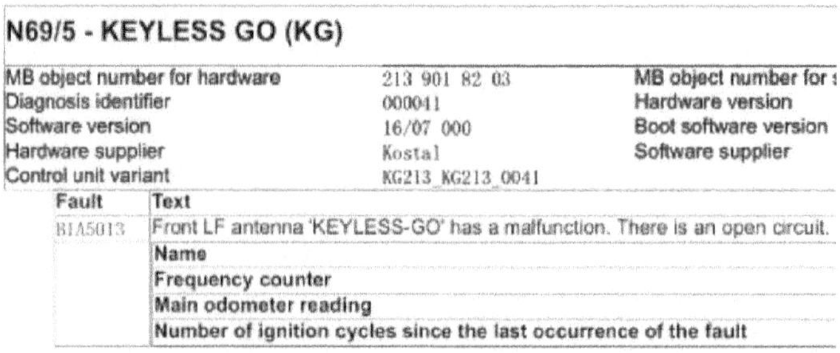

图 1-21　XENTRY 读取到的故障码

本着由简到繁的故障诊断原则，维修人员决定先检查 A2/60 与 N69/5 之间的线路。分别找到位于仪表台中央面板下的 A2/60 导线插接器和位于行李舱右侧翼子板饰板内的 N69/5 导线插接器，确认导线插接器插接牢固。断开导线插接器，测量 A2/60 与 N69/5 之间电路的导通性，导通情况良好，且无短路故障。然而，维修人员在将导线插接器装复时，发现 N69/5 一侧的端子（端子 22，与 A2/60 端子 2 相对应）弯曲变形（图 1-22），看来这就是导致故障的原因了。

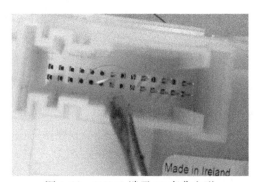

图 1-22　N69/5 端子 22 弯曲变形

故障排除　对 N69/5 端子 22 进行处理并清除故障码后试车，故障排除。

技巧点拨　后经询问驾驶人得知，该车右后侧前不久曾发生过追尾事故，怀疑故障是事故修复过程中维修人员操作不当，造成 N69/5 端子 22 变形，导致电路断路，最终引起无钥匙起动系统不能正常工作。

三、2015 年英菲尼迪 ESQ 车发动机偶尔无法起动

故障现象　一辆 2015 年英菲尼迪 ESQ 车，搭载型号为 HR16 的发动机和无级变速器，行驶里程：1.7 万 km。驾驶人反映，发动机偶尔无法起动，将车辆放置一段时间后，又能正常起动。

故障诊断　接车后首先试车验证故障现象，接通点火开关，起动发动机，发动机顺利起动，组合仪表上无故障灯点亮。连接故障检测仪读取故障码，车身控制模块（BCM）内存储有故障码：B26FA——起动机切断开路（图 1-23）。记录并尝试清除故障码，故障码无法清除。将发动机熄火，重新起动发动机，起动机不运转，发动机无反应。结合上述故障现象，初步判定为起动控制系统故障。

本着由简入繁的诊断原则，维修人员首先检查起动机继电器和起动机控制继电器，由于

图 1-23 读取到的故障码

该车的起动机继电器和起动机控制继电器均集成在发动机舱智能配电模块（IPDM）上，尝试更换同款试乘试驾车的 IPDM 后试车，发动机仍然无反应。在起动过程中，故障检测仪读取到的发动机相关数据流如图 1-24 所示，发现"起动信号"始终显示为 OFF，不正常（正常情况下"起动信号"应为 OFF→ON→OFF）。查询维修手册，得知故障码 B26FA 的检测条件及故障可能部位见表 1-3，且提示检查起动请求信号电路。

根据相关电路（图 1-25），查阅 BCM 的端子相关说明，得知 BCM 导线插接器 M69 端子 64 为起动请求信号端子，该端子通过导线与 ECM 导线插接器 E34 端子 82、IPDM 导线插接器 E13 端子 23 互相连接，断开 BCM 导线插接器 M69、ECM 导线插接器 E34 和 IPDM 导线插接器 E13，用万用表测量 BCM 导线插接器 M69 端子 64 与 ECM 导线插接器 E34 端子 82 之间的导通性，导通良好；测量 BCM 导线插接器 M69 端子 64 与 IPDM 导线插接器 E13 端子 23 之间的导通性，导通良好。仔细检查 BCM 导线插接器 M69 端子 64、ECM 导线插接器 E34 端子 82 及 IPDM 导线插接器 E13 端子 23，发现 BCM 导线插接器 M69 端子 64 的孔存在扩孔现象（图 1-26），推测此处接触不良，导致起动请求信号偶尔无法正常传递，从而出现发动机无法起动的故障现象。

图 1-24 读取发动机相关数据流

表 1-3 故障码 B26FA 的检测条件及故障部位

故障码	DTC 检测条件	故障部位
B26FA	BCM 检测到以下信号不匹配的状态 （1）来自 ECM 的起动请求信号 （2）来自 ECM（CAN）的起动机控制继电器控制信号	CAN 通信线断路或短路；起动请求信号电路断路或短路；BCM 故障；ECM 故障

故障排除 修复 BCM 导线插接器 M69 端子 64，重新连接导线插接器后试车，故障现象

不再出现，于是将车辆交还给驾驶人，两个星期后电话回访，驾驶人反映车辆一切正常，故障彻底排除。

> **技巧点拨** 随着汽车技术的发展，起动机的控制也需要直接和间接通过发动机控制模块（ECM）或车身控制模块（BCM）进行控制，只有具备起动机的工作条件时，才能控制起动机继电器工作，进行起动机的起动。

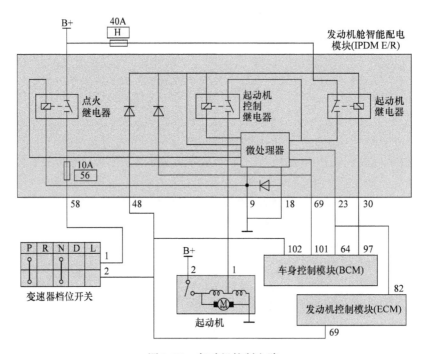

图 1-25 起动机控制电路

四、2011 年新帕萨特车起动时起动机无反应

故障现象 一辆 2011 年上海大众新帕萨特，行驶里程：15 万 km，装配 1.8TSI 发动机和 02E 双离合变速器。该车起动时起动机无反应，此前该车也出现过类似故障，维修技术人员仅当作偶发性故障处理，但故障反复出现。

故障诊断 接车后首先验证故障现象，接通点火开关及点火开关处于起动位置时，组合仪表（J285）中 EPC 灯和发动机管理系统故障警告灯能正常点亮，仪表中央显示屏显示变速器档位是 P 位，正常，但起动时起动机没有反应。同时，仪表板所有指示灯未出现变暗的情况，这说明起动机电磁开关和主电路没有消

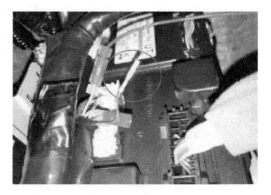

图 1-26 BCM 导线插接器 M69 端子 64

耗电能。该车不装备无钥匙进入集控门锁系统，该车起动系统电路如图1-27所示。

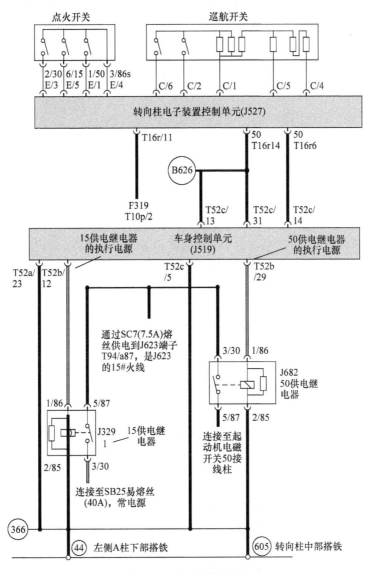

图1-27 起动系统电路

分析电路可知，在接通点火开关及点火开关处于起动位置时，组合仪表（J285）中EPC灯和发动机管理系统故障警告灯能正常点亮，说明SC17熔丝正常，转向柱电子装置控制单元（J527）的端子T16r/1得到了蓄电池常电源，当点火开关D处于15运行位置和50起动位置时，通过点火开关D相应闭合的触点，点火开关D将15信号输送给转向柱电子装置控制单元（J527）的端子E/5，J527将15信号输送给车身控制单元（J519）的端子T52c/31，即15供电继电器输入信号正常。同时，J519的端子T52b/12将执行火线（电源）送给15供电继电器控制线圈，15供电继电器负载触点闭合后，将来自SB25熔丝的常电源送给50供电继电器负载进线，同时通过SC7熔丝将该15电源（火线）送给发动机控制单元（J623）的端子T94a/87，在J623的30电源（火线）、搭铁线正常的情况下，得到15电源

（火线），J623 工作并点亮组合仪表（J285）中 EPC 灯和发动机管理系统故障警告灯。根据该车故障症状分析可知，该车 15 供电线路正常。至此，该车起动机无反应的故障范围缩小至点火开关 D 的 50 触点、J527 能否接收到点火开关 D 的 50 信号、J527 能否将 50 信号传送给 J519、J519 能否将 50 执行信号输送给 50 供电继电器、50 供电继电器本体、起动机及其相关线路等。

用故障检测仪进入 J519 和 J527 读取故障码，显示系统正常；拆卸相关部件，取下位于仪表板左侧下部支架 5 号位的 50 供电继电器（图 1-28），对 50 供电继电器本体进行测量，控制线圈电阻为 60Ω，在控制线圈两端施加蓄电池电压，测量负载触点之间的电阻，测量结果为低电阻状态，断开蓄电池电压后为断路状态，这说明 50 供电继电器本体正常。50 供电继电器插座布置如图 1-29 所示，测量 50 供电继电器控制出线 2/85 插孔与搭铁之间的电阻，为低电阻状态，正常；测量负载出线 5/87 插孔与搭铁之间的电阻，约为 1Ω（为起动机电磁开关吸拉线圈和保持线圈的并联电阻），正常；接通点火开关，测量负载进线 3/30 与搭铁之间的电压，为蓄电池电压，说明 15 供电继电器负载出线能将 15 电源送入 50 供电继电器负载进线，正常；用带有熔丝的跨接线短接继电器插座的负载进线 3/30 和负载出线 5/87，此时，起动机能正常运转，说明起动机正常；用试灯测试 50 供电继电器控制进线 1/86 与搭铁在点火开关 D 处于起动位置时的状态，试灯未能正常点亮，说明 50 供电继电器控制进线 1/86 状态异常。根据试灯在起动位置未能点亮的异常现象，测量 50 供电继电器控制进线 1/86 与 J519 的端子 T52b/29 之间的导线电阻，为低电阻状态，正常。

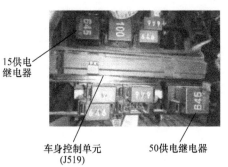

图 1-28　50 供电继电器安装位置

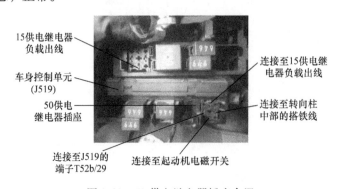

图 1-29　50 供电继电器插座布置

再次分析该车起动电路，决定分别进入 J527 和 J519 读取有关 50 起动信号的数据流。从 J527 中读取的数据显示，50 信号能正常传递给 J527，从 J519 中读取有关 50 起动信号的数据，发现点火开关 D 在起动位置时，第 1 区数据"接线柱 50 输入"显示"端子 50 开"，第 2 区数据"接线柱 50CAN 输入"显示"开"，正常；第 4 区数据"接线柱 50CAN 输出"显示为"关"，异常，说明 J519 的端子 T52b/29 未能送出执行电源至 50 供电继电器控制进线。

在更换J519之前，再次对起动机信号控制电路进行分析，发现J519的端子T52c/31和端子T52c/13这两根信号线的作用有不明之处。从电路分析，这两根线均为15信号线，之前通过故障现象确定15供电线路正常可能是错误的结论，于是决定测量两根15信号线的状态。断开J519的T52c导线插接器（棕色插接器），将点火开关D置于15触点位置，分别测量端子T52c/31和端子T52c/13对搭铁之间的电压，应均为蓄电池电压，但测量结果显示端子T52c/13与搭铁之间的电压为0V，异常。由于这两根15信号线在J527处共用一个节点，故断开点火开关，直接测量端子T52c/31和T52c/13之间的电阻，测量结果是∞。经仔细观察T52c导线插接器发现，端子T52c/13导线固

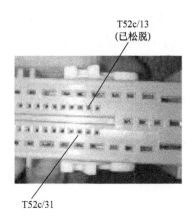

图1-30　J519的T52c导线插接器（棕色插接器）

定卡扣损坏（图1-30），有松动迹象，导线缩回至与J519端子不能正常接触的状态。

故障排除　将J519的端子T52c/13导线可靠固定，恢复T52c导线插接器的连接。再次取下50供电继电器，将点火开关D转至50位置，从J519中读取50起动信号数据流，此时，第4区的数据"接线柱50CAN输出"由之前的"关"状态转变为"开"状态，正常，即J519本体正常，J519的端子T52b/29已送出执行电源至50供电继电器控制进线。恢复50供电继电器的连接，重新起动发动机，起动机运转正常，发动机顺利起动着车。经试验，确认故障排除。

技巧点拨　在诊断汽车故障时，经常会遇到没有故障码情况，了解和掌握特定数据流的含义，能快速、准确地判断故障所在。针对J519而言，该车发动机起动信号由3部分组成：端子T52c/31和端子T52c/13的15供电信号、端子T52c/14的50起动信号，只有3个信号同时呈现高电位，逻辑关系才能成立，J519的端子T52b/29才能将执行电源送给50供电继电器控制信号。

第三节　照明信号系统维修技能与技巧点拨

一、2016年宝马525Li开前雾灯时右前照灯闪烁

故障现象　一辆2016年宝马525Li，配置N52发动机，行驶里程：10265km。每次打开前雾灯时，右前照灯都会闪烁一会儿才会稳定，仪表板伴随有前雾灯失效的提示。

故障诊断　接车后反复测试，确实如驾驶人所说。尝试在不开雾灯的情况下，开关前照灯工作正常，只要一打开前雾灯，右前照灯就不停地闪烁10s后才工作正常，雾灯工作很正常。

引起此故障的原因有：①灯光开关故障；②右前照灯氙气灯泡、氙气灯模块损坏；③前照灯控制电路故障；④前雾灯及其电路故障；⑤车辆配置错误；⑥FRM内部损坏。

根据故障现象分析，此问题与前雾灯有关。尝试同时拔掉两个前雾灯电源线，开关雾

灯时故障依旧。分析灯光开关的电路图得知，该开关通过 LIN 总线与 FRM 通信，而且雾灯状态也能在仪表板上显示并且开关正常，排除了灯光开关故障。接下来我们同时对调了氙气灯模块及灯泡，故障也没有改变。继续测量右前照灯的供电线，发现供电电压在打开雾灯时很不稳定，这是什么原因造成的呢？

连接 ISID 诊断，存在很多故障，清除后依然有左前雾灯断路或对正极短路故障码，故障仍然存在。拔掉左前雾灯时，故障码没有改变，当拔掉右前雾灯时，报右前雾灯损坏的故障码，插上右前雾灯后故障可以清除，说明右前雾灯的工作正常，左前雾灯的故障一直存在。左前雾灯与右前照灯有什么关系吗？前雾灯和前照灯控制电路分别如图 1-31、图 1-32 所示。

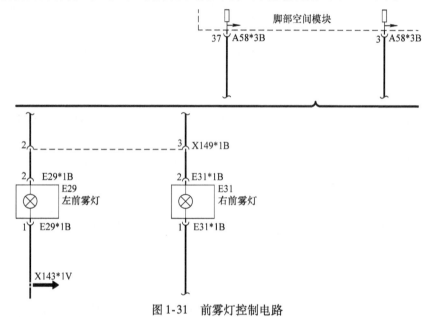

图 1-31　前雾灯控制电路

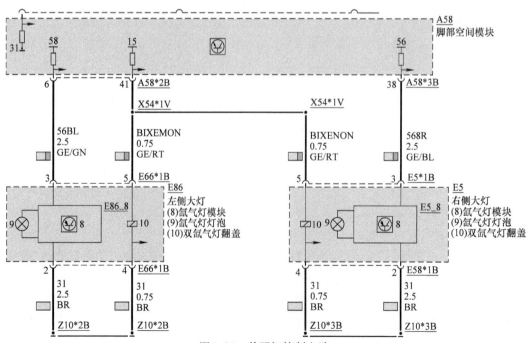

图 1-32　前照灯控制电路

查阅电路图后发现，左前雾灯与右前照灯的控制供电线同为脚部空间模块，分别为A58*3B插头的37号与38号端子。是两根导线有问题还是脚部空间模块内部有问题呢？

尝试在FRM处把A58*3B插头的37号端子（左前雾灯）的插针挑掉后，再把插头插好，打开前雾灯时右前照灯工作正常，左前雾灯的短路故障码也变为损坏，但是左前雾灯在不受控制的情况下亮起，而且与右前雾灯同时点亮。测量左右两个雾灯的供电线，发现两个雾灯的供电线短路。根据电路图显示，左前杠角处有两个雾灯的转接插头X149*1B，如图1-33所示，会不会是插头处进水导致的呢？

拆检发现该插头确实被维修过，且线路连接比较混乱，该插头的搭铁线与左前雾灯的供电线连在一起，左前雾灯的供电线与右前雾灯的供电线接在了一块，如图1-34所示。

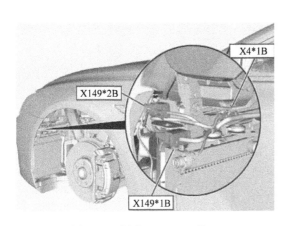

图1-33　插头X149*1B位置

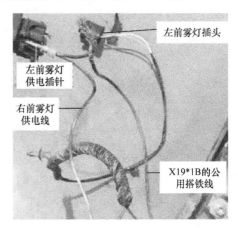

图1-34　连接线路

修复线束后，打开雾灯，左右前照灯工作正常，但是显示屏仍然报前雾灯失效的故障，查阅资料发现该车为2012款车型，配置的前雾灯应该是卤素灯，而该车却改装成LED雾灯（LED雾灯是在2013年7月之后才开始使用）。询问驾驶人得知，该车之前改装过雾灯，为了不让显示屏报警，可用工程师版系统更改前雾灯的配置。

故障排除　修复前雾灯线束，更改车辆的雾灯配置。

技巧点拨　该车由于左前雾灯的供电线短路，而该线恰好与右前照灯的控制线紧挨着，造成打开雾灯时脚部空间模块内部给右前照灯的供电不稳定，从而引发了打开雾灯后右前照灯闪烁的故障。在维修灯光报警问题时，一定要注意该车的配置，因为很多车都可能改装过灯光。维修时要多查阅相关资料及电路图，才能更快检查出无关联故障的原因。

二、2010年奥迪A6L右前照灯不亮

故障现象　一辆2010年一汽奥迪A6L，搭载BPJ型2.0T发动机，行驶里程：27230km，驾驶人反映，开启前照灯开关后，左前照灯点亮而右前照灯不亮。

故障诊断　接车后确认故障，开启前照灯开关，观察左前照灯点亮而右前照灯及右侧日间行车灯不亮。分别开启左右转向灯，观察左前转向灯闪烁而右前转向灯不闪烁，说明右组

合灯整体工作不正常。

查询电路图得知，右前照灯、右日间行车灯及右转向灯均由车载控制单元 J519 通过不同电路供电，搭铁点只有一个，若搭铁点虚接电流将不能顺畅流通。首先检查右侧 A 柱下方的搭铁点，正常；拔开右前照灯 T14b 插头，测量接地线 T14b/5 及 T14b/7 对地电阻为 0.2Ω，正常。

通过以上检查排除了可能性大的故障点，接着检查右组合灯的正极供电（图 1-35）。开启前照灯开关，测量前照灯供电线 T14b/6 电压为 5V，异常；测量供电线 T14b/9、T14b/10、T14b/12 电压均为 5V，异常。检查至此可判定右前照灯、右侧日间行车灯、右侧转向灯不亮的原因是电压低。接着测量 J519 的端子 B9、C15、A1、A4 电压，均为 5V，异常。

故障排除 阅读 J519 供电电路图（图 1-36）：J519 的 T12/12 是为前照灯供电，测量 T12/12 电压为 5V，异常。熔丝 SB33 为 T12/12 送电，检查 SB33 熔丝，发现端子表面有轻微烧蚀，插入后较松动。

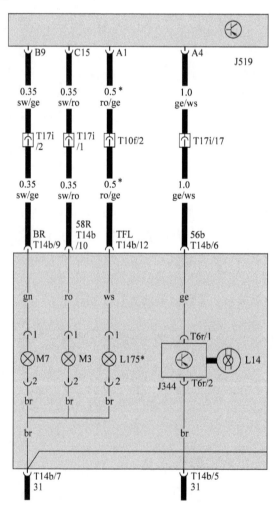

图 1-35 右组合灯电路图

J519—车载电网控制单元　M7—右前转向灯　M3—右侧停车灯　L175—右侧日间行车灯
J344—右侧氙灯控制单元　L14—右侧氙灯

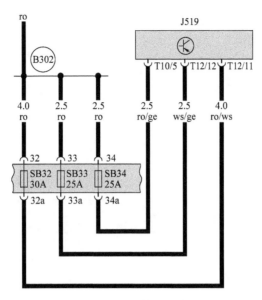

图 1-36　J519 供电电路图

J519—车载电网控制单元　B302—集线点　SB—熔丝盒

判断熔丝 SB33 与插孔接触不良，调整 SB33 插孔，插牢熔丝，试验右前照灯点亮，右组合灯的所有灯光均工作正常。

技巧点拨　电路图中注明 SB33 保护车载电网控制单元 J519，此导线进入 J519 后看不出来通向哪个用电器，所以本案例是由用电器反向查找到熔丝 SB33，虽然花费一些时间，但也是一种故障诊断思路。

三、2017 款昂科威新车前照灯不能关闭、故障灯全亮

故障现象　一辆 2017 款昂科威，VIN：LSGXE83L1HD23××××，行驶里程：76km，自动前照灯停用功能失效，仪表板上所有指针都指向最低位，故障指示灯全部点亮，音响娱乐系统无法工作，驾驶人信息中心提示公众维修信息。

故障诊断　维修人员接车后，连接故障诊断仪对全车进行故障扫描，结果显示了 31 个故障码，大多数故障码都显示与组合仪表失去通信，进入组合仪表调取故障码，并查看和指针式仪表有关的数据流，发现仪表模块不能通信。查阅维修手册关于仪表的电路图（图 1-37），对仪表的供电和接地情况进行检测。

经检查，仪表的供电和接地都正常，将仪表的插头复位用 DBDT 软件进行低速网络诊断，诊断结果如图 1-38、图 1-39 所示。该故障车低速 GM LAN 的工作电压在 3~4V，正常，但是检测到的状态显示低速 GM LAN 网络中的控制模块没有仪表，而且还缺少一些控制模块，低速 GM LAN 的工作电压正常说明低速网络线没有对正/负极短路和线间短路的情况。

根据 DBDT 软件的检测结果，结合低速网络的电路图（图 1-40、图 1-41），对故障进行解析。经过对电路图的分析和查看，发现隔离低速 GM LAN 网络上的模块都没有进行通信，为了验证故障，从 X84 插头（诊断接口）的 1 号脚跨接一根数据线到 JX203 集线器，此时仪

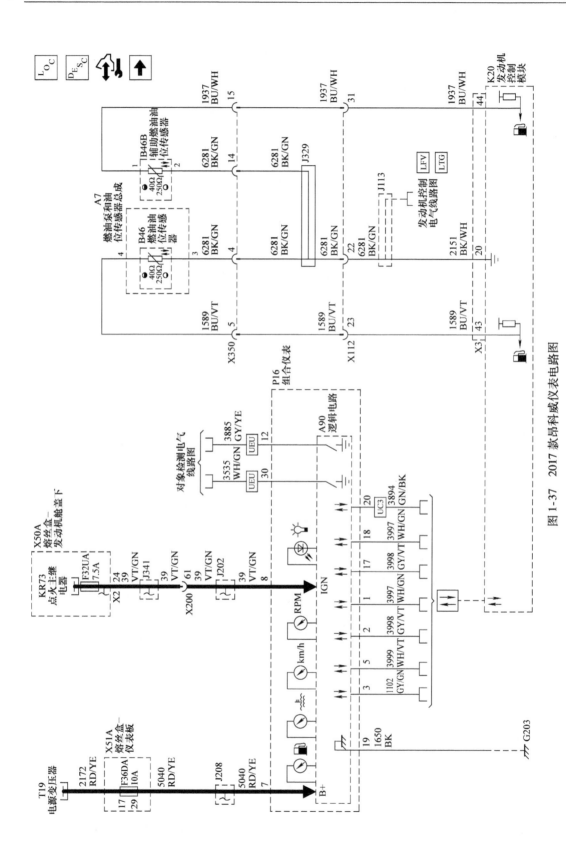

图 1-37 2017 款昂科威仪表电路图

第一章　汽车电气系统维修技能与技巧点拨

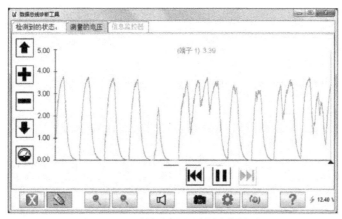

图 1-38　昂科威低速网络诊断结果

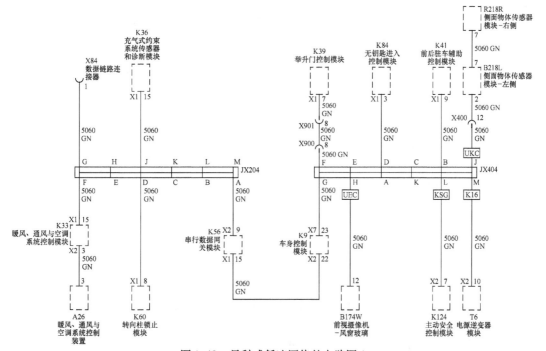

图 1-39　昂科威低速网络数据流

图 1-40　昂科威低速网络的电路图 1

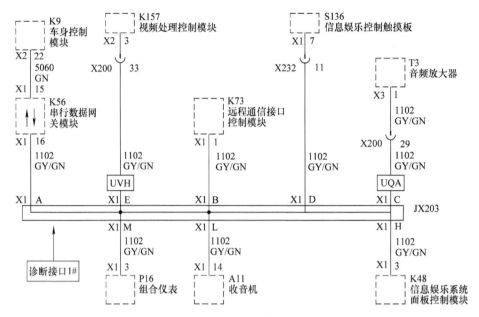

图 1-41 昂科威低速网络的电路图 2

表的指针功能恢复,故障灯全部熄灭,音响娱乐系统的功能也得以恢复。问题被锁定在串行数据网关模块和 JX203 插头之间。测量 K56X1 插头的 15 号脚到 JX203 的电阻为 0.02Ω 正常。与试驾车互换网关模块(不用编程)后,故障现象转移,至此驾驶人报修的一个问题被解决,接下来解决前照灯的控制问题。前照灯电路如图 1-42 所示。

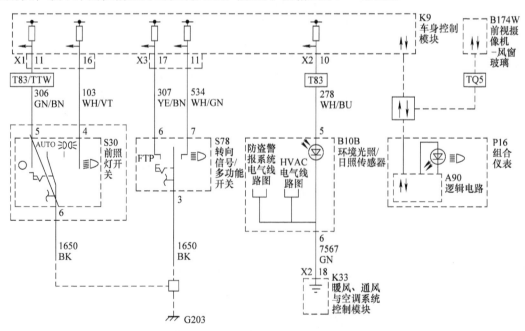

图 1-42 昂科威前照灯电路图

在操作前照灯开关时,将开关打到关闭位置,此时的数据流显示如图 1-43 所示。很明显，前照灯开关的数据没有输入给 BCM，断开前照灯控制开关，用带熔丝的专用跨接线，跨接前照灯开关插头的 5 号和 6 号端子，前照灯功能恢复。至此驾驶人报修的问题被全部排查完毕。

参数名称	数值
自动前照灯停用开关	不活动
近光继电指令	激活

图 1-43　前照灯开关数据流

故障排除　更换串行数据网关模块并编程，更换前照灯开关。清除全车故障码后，车辆功能恢复。

技巧点拨　此车遇见的两个故障比较简单，仪表故障是由于网关模块内部故障造成的。K56 串行数据网关模块用于处理多个 GM LAN 总线之间的通信，并用作隔离安全网络与不安全网络的网关。创建该模块的目的是缓解总线负载，以支持网络安全和新的主动式增强型安全功能，例如有限能力的自动驾驶和增强的碰撞避免（如装备）。K56 串行数据网关模块被用作所有功能信息的帧到帧网关。K56 串行数据网关模块用作主高速 GM LAN 总线、网关扩展高速 GM LAN 总线、网关隔离高速 GM LAN 总线和底盘高速 GM LAN 总线之间的网关。K56 串行数据网关模块还用作主低速 GM LAN 总线和网关隔离低速 GM LAN 总线之间的网关。K56 串行数据网关模块和故障诊断仪之间的通信通过主高速 GM LAN 总线完成。前照灯故障是由于前照灯开关故障造成的，检测时要通过数据流、电路图和车载网络诊断工具进行综合诊断分析。

四、2010 年新君威仪表显示前照灯水平调节故障

故障现象　一辆 2010 年新君威，VIN：LSGGA54Y1FH×××××，行驶里程：75301km。驾驶人反映，仪表显示前照灯水平调节故障。

故障诊断　经检查故障现象存在，驾驶人反映属实，如图 1-44 所示。维修前，驾驶人反映车身右前部刚出过小事故，更换过右前照灯。维修人员做了常规检查，检查了前照灯外部及线束插头等，未发现任何异常，前照灯可以正常点亮。

图 1-44　故障现象

维修人员接上故障诊断仪读取故障码，如图 1-45 和图 1-46 所示。根据故障码和故障现象初步判断故障原因可能有以下 3 种：

1）线路系统存在故障。
2）前照灯控制模块存在故障。
3）前照灯、传感器、执行器故障等。

图 1-45　故障码 1

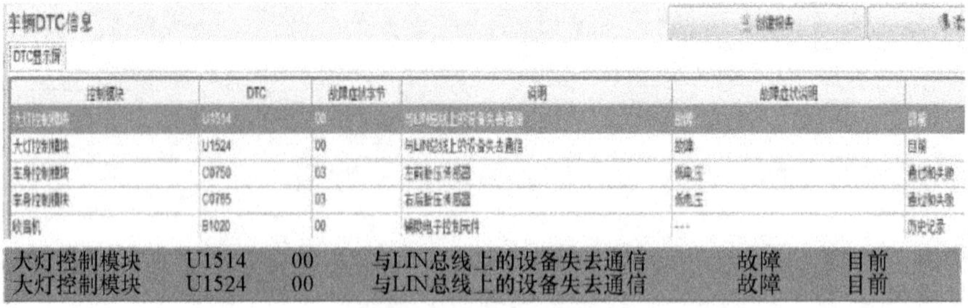

图 1-46　故障码 2

自动前照灯高度调节系统由左镇流器模块、右镇流器模块、左侧前照灯高度调节执行器、右侧前照灯高度调节执行器、前照灯控制模块、左侧前照灯高度调节传感器、右侧前照灯高度调节传感器组成。查阅电路图如图 1-47 所示。

前照灯打开状态下，测量左、右前照灯插头处 7 号端子，电压为 11.87V 和 11.66V。此测量结果说明 K26 前照灯模块与左右前照灯通信线路正常，未发现有断路或短路现象，主、从关系线路正常。更换前照灯总成后，故障仍存在。如图 1-48 所示，测量 F19UA、F64UA、F18UA，电压均正常，G108、G109 接地良好。

故障排除　维修人员在测量电压的过程中发现在用万用表测量 F18UA 电压时，前照灯光束上下晃动了一下，此时维修人员赶紧用手按在熔丝上，仪表故障现象消失了，诊断仪检测故障码为历史故障，并且可以清除故障码。拔掉熔丝，发现熔丝盒内部插座明显大于其他熔丝插座，熔丝插脚有松动现象。修复熔丝盒，如图 1-49 所示，故障排除。

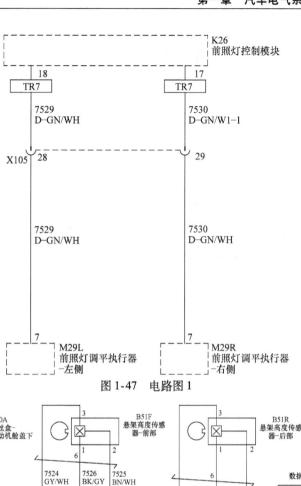

图 1-47　电路图 1

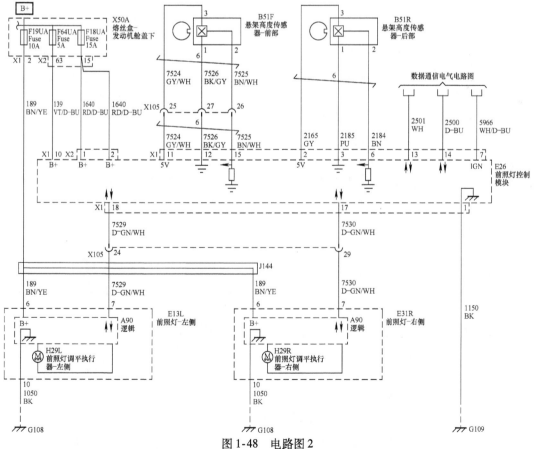

图 1-48　电路图 2

技巧点拨 ①通信类故障诊断相对有点烦琐，需要平时多总结与积累；②根据故障现象结合 SBD 诊断流程，快速分离故障点；③维修诊断过程中注重比较隐蔽的故障点；④根据诊断结果确认熔丝盒内部插脚接触不良；⑤通信类故障的维修与排除需要掌握相关原理与维修方案，对线路测量、模块检测做到有的放矢。

图 1-49 故障点

五、2008 年丰田凯美瑞车前照灯异常自动点亮、无法关闭

故障现象 一辆 2008 年广汽丰田凯美瑞，行驶里程：18.6 万 km。驾驶人反映，该车最近经常出现停放一晚后用遥控器遥控车辆无反应的现象，且车辆无法正常起动，短时间停放车辆后发现前照灯偶尔自动点亮且无法关闭。

故障诊断 接车后，首先进行故障验证，并未能发现前照灯自动点亮的现象。用故障检测仪检测，无故障码；根据驾驶人描述的故障现象，分析认为是前照灯电路异常造成前照灯自动点亮放电，根据电路图（图 1-50）分析，造成上述故障的可能原因有主体 ECU 损坏，前照灯变光器开关总成损坏，灯光控制电路继电器损坏，E43B、E43C 接线器故障或前照灯清洗器控制继电器损坏等。采用替换法，首先更换主体 ECU 和灯光控制继电器后，将车辆停放在车库等待故障再现，第 1 天，车辆无异常情况发生，第 2 天，车辆出现无法起动的现象，蓄电池亏电，将蓄电池跨接后起动车辆，这时前照灯自动点亮，但前照灯很快便熄灭。由此可见车辆故障依旧存在，前照灯确实会在夜间自动点亮，导致蓄电池放电。再次更换 E43B、E43C 接线器和前照灯变光器开关总成后试车，该车前照灯突然在白天自行亮起，且操作前照灯开关、点火开关都不能关闭前照灯，起动车辆后，前照灯却自行熄灭。

仔细观察前照灯亮起后的情况发现，该车前照灯仅仅是近光灯单独点亮，示廓灯、尾灯都未工作，由此可见故障应该是近光灯控制电路出现异常，与前照灯变光器开关总成无关。再次分析电路图，前照灯变光器开关总成将搭铁信号送到主体 ECU，主体 ECU 再将信号送到灯光控制电路的继电器和前照灯清洗器控制继电器，这就有可能是灯光控制电路继电器的控制线路出现搭铁故障。测量 HRLY 灯光控制线路的导通性，为良好，测量其与搭铁之间的电阻，为∞。既然灯光控制线路都是正常的，说明前照灯清洗器控制继电器异常。

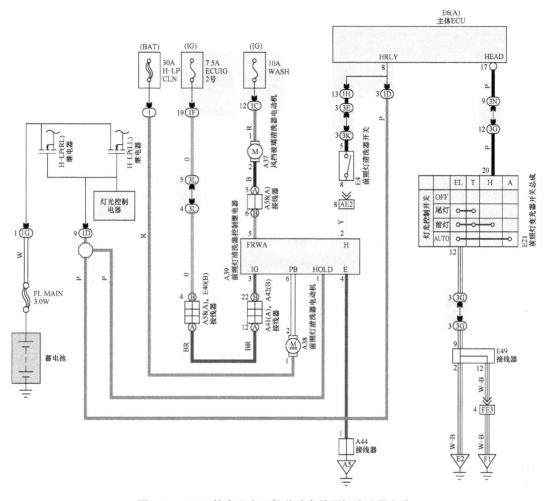

图 1-50 2008 款广汽丰田凯美瑞车前照灯清洗器电路

故障排除 更换前照灯清洗器继电器，经过一段时间的跟踪，车辆前照灯未再自动点亮，蓄电池也不再亏电，故障彻底排除。

技巧点拨 由于前照灯清洗器继电器的端子 HOLD 和端子 E 在内部出现间歇性短路，造成主体 ECU 的 HRLY 灯光控制线间歇性搭铁，导致灯光控制电路的继电器工作，前照灯便会异常点亮。

第四节 空调系统维修技能与技巧点拨

一、2004 年宝马 523Li 空调制冷效果不好

故障现象 一辆 2004 年宝马 523Li，车型：E60，行驶里程：19 万 km。驾驶人反映，空调制冷效果不好，在开启空调制冷的情况下前风窗玻璃除雾出风口一直出热风，即使除雾

开关没有打开，该出风口仍然出热风，其他出风口则可以吹出冷气。

故障诊断　接车后首先验证驾驶人反映的故障现象，急速状态下按压空调面板上的 MAX 按钮（空调系统会调整到最低温度、最大风量、车内空气循环），感觉仪表台空调出风口的温度，不一会便感觉前风窗玻璃的除雾出风口吹出的是热风，其他空调出风口吹出的都是正常的冷气，而这时并没有打开前风窗玻璃的除雾按钮。

连接 ISID 进行诊断检测，读取空调系统的故障内容如下所示：①009C79——IHKA 左水阀；②009C7A——IHKA 右水阀；③009C7B——IHKA 车内温度传感器风扇。

查看 3 个故障的类型都为当前存在故障，信号或数值在阈值范围内。选择故障内容执行检测计划，执行水阀功能测试。控制右侧水阀，并以 20% 的幅度有节奏地打开或关闭，在发动机舱右侧水阀处观察是否有有节奏的振动。观察结果显示右侧水阀并没有任何振动，说明功能测试失败。继续执行检测计划，根据图 1-51 检测水阀的控制电压 X85 PIN2、X85 PIN3，正常的电压应在 12V 左右，实测电压是 5V，说明空调控制模块 IHKA 有故障。那为什么空调控制模块对水阀的控制出现问题后会引起前风窗玻璃除雾出风口经常出热风呢？这要从这款车的空调温度调节方式来分析。

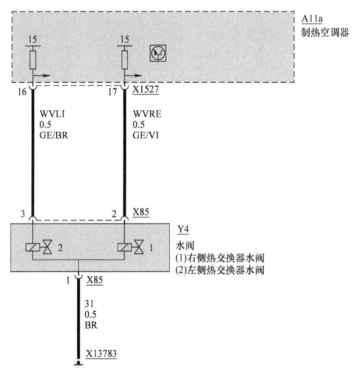

图 1-51　水阀控制电路

自动恒温空调（IHKA）是一个用水调节的冷暖空调。在冷暖空调中，首先在蒸发器上冷却和干燥空气流（如果冷暖空调已接通）。接着将暖风热交换器上的空气流加热至所需的标准温度（左右分区功能）。对于 IHKA，由于暖风热交换器具有左右分区功能，因此安装一个双水阀。双水阀根据需要计量左侧和右侧暖风热交换器的冷却液流量。这样就确定了加热车厢内部的空气温度。双水阀以电磁方式工作，IHKA 通过一个按脉冲宽度调制的信号控制双水阀。该请求来自 IHKA 控制模块。借助电子装置规定的符合需要的脉冲比，双水阀打开和关闭。不通电状态下，双水阀开启。双水阀失灵时，将出现以下情况：①接线盒电子装置（JBE）或车身域控制器（BDC）中的故障记录；②双水阀失灵后保持打开状态时，无法控制温度，空气流温度取决于冷却液温度（不能冷却空气流）；③双水阀失灵后保持关闭状态时，无法控制温度，不能加热空气流。

故障排除　更换空调控制模块 IHKA，对车辆进行编程设码，故障排除。

> **技巧点拨**　水阀控制电压为 12V 时，水阀为关闭状态。实际测量的水阀控制电压为 5V，说明水阀为打开状态。IHKA 识别到有故障后会进入应急状态。前风窗玻璃除雾功能为最高级别，在应急状态下必须保证除雾出风口能够通风。前风窗玻璃除雾功能默认状态为热风。在正常情况下即使开启了前风窗玻璃除雾功能，还可以通过开启车辆空调的制冷功能强制前风窗玻璃处吹冷风。但是这辆车的水阀控制出现了问题一直处于开启状态，导致了暖风水箱一直有热水在循环，所以才会引起开启空调制冷的情况下前风窗玻璃除雾风口一直出热风。

二、2011 年宝马 X5 燃油指示显示不准

故障现象　一辆 2011 年宝马 X5，车型：E70，行驶里程：90000km。驾驶人反映，车辆的燃油指示失准，燃油已经添加到跳枪，而燃油指针显示还在最低位置。

故障诊断　接车后验证驾驶人反映的故障现象，初步检查发现除燃油指示不准确之外，车辆还存在其他故障现象。车辆起动时风扇高速运转，空调系统无法制冷，车辆后窗玻璃一键功能失效，不能初始化。连接 ISID 进行诊断检测，读取车辆的故障码有：①009319——KOMBI 左燃油液位传感器；②00931A——KOMBI 右燃油液位传感器；③009C5E——JBE 制冷剂压力传感器；④00A6E4——JBE 左燃油液位传感器；⑤00A8E5——JBE 右燃油液位传感器。

就驾驶人反映的故障现象来分析，车辆的燃油液位显示不准确，无非存在以下 5 个方面的原因：①左右油位传感器故障；②传感器连接模块的导线插头故障；③组合仪表故障；④控制单元故障；⑤软件出错。

诊断系统诊断存储有和燃油液位相关的故障码，接下来进行燃油显示相关的基础排查。调出车辆的仪表功能测试，执行检查步骤，KOMBI 功能测试正常，读取左右油位分别为 28L 和 24L，与车辆实际添加燃油基本符合。查看 KOMBI 数据流左右都能显示正确油位，在车辆上的仪表查看油位又不能显示，存在矛盾的现象。调出燃油液位传感器的电路图，如图 1-52 所示。

直接通过燃油箱检测口，断开燃油泵的连接端子，测量左右油位传感器电阻分别为 85Ω 和 105Ω，测量结果可信。测量传感器至 JBE 导线连接正常，导线电阻值为 0.29Ω。读取 JBE 数据流发现左右传感器电阻值都显示 6545Ω，异常，也与实际在传感器端测量的不符合。

由于故障存储中还有 "009C5E——JBE 制冷剂压力传感器" 的故障内容，再对制冷剂压力传感器进行基础的排查。调出的控制电路图如图 1-53 所示。测量 JBE 控制单元 X14271

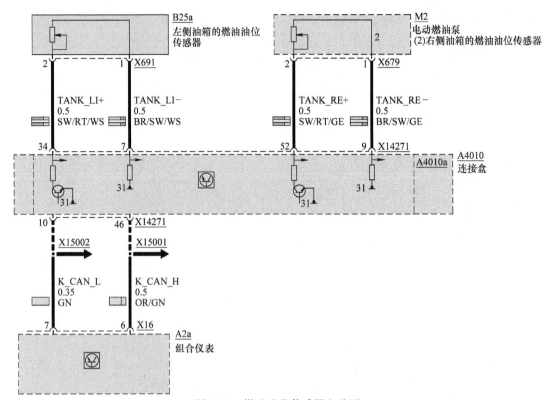

图 1-52　燃油液位传感器电路图

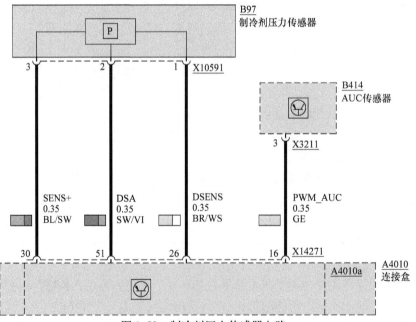

图 1-53　制冷剂压力传感器电路

端子 30，对制冷剂压力传感器的供电，电压为 5V，正常；测量 JBE 控制单元 X14271 端子 51，制冷剂压力传感器的信号，电压为 5V，正常；测量 JBE 控制单元 X14271 端子 26，制冷剂压力传感器的接地，电压为 10V。对地测量不应该有电压，说明对 JBE 内部电源短路。

单独挑出接地线针脚人为对其做接地信号，空调制冷功能恢复。

由此证明 JBE 控制单元已经损坏，于是直接更换了 JBE 控制单元，删除故障码，车辆的燃油指示、空调系统、后窗升降等都恢复了正常。车辆交付给驾驶人一周后，因为相同的故障再次入厂，检查结果仍然为 JBE 控制单元故障，说明 JBE 连接或者控制的部件其线路或者本身存在短路的可能性。直接检查和故障现象关联的部件——燃油液位传感器。拆开右侧油位传感器时，发现了一条线束已经破皮，仔细检查发现装配后线束的破损处碰到油泵供电端，存在直接短路的现象。

故障排除 重新包扎破损的线束，固定线束的位置，再次更换 JBE 控制单元，持续观察，故障没有再次出现，故障彻底排除。

> **技巧点拨** 在维修过程中，常规检测是非常重要的，常规检测可以排除一些故障现象比较繁琐的问题，起到快速排除故障的效果。

三、2015 年奥迪 A6L 熄火后电子风扇高速运转

故障现象 一辆 2015 年奥迪 A6L，配置 2.0L 发动机和 0AW 变速器，行驶里程：28683km。车辆熄火后一段时间，电子风扇高速运转，直至车辆无电。

故障诊断 用 VAS6150B 检测车辆所有控制单元均无故障码。散热器风扇控制单元 J293 电路图如图 1-54 ~ 图 1-56 所示。故障原因包括：①散热器风扇控制单元 J293 故障；②线路故障；③发动机控制单元 J623 故障；④空调控制单元 J255 故障；⑤其他故障。

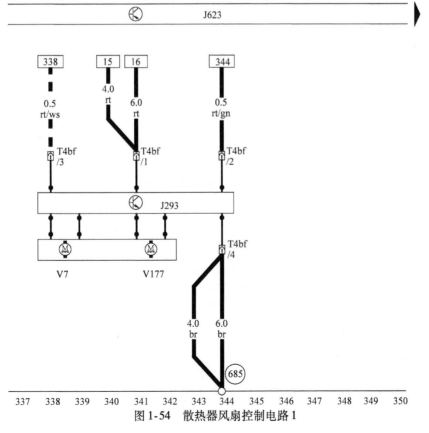

图 1-54　散热器风扇控制电路 1

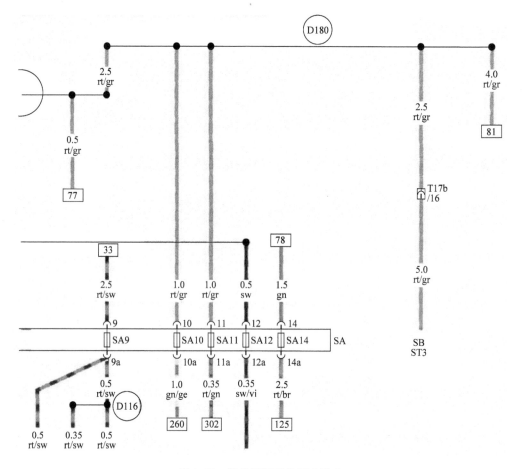

图1-55 散热器风扇控制电路2

对散热器风扇控制单元J293线路进行检查,蓄电池电压经S42-T4bf/1为散热器风扇控制单元J293常电源,T4bf/4直接接地,经检查均为正常。T4bf/3连接发动机控制单元J623的T94/50为散热器风扇控制单元控制线,无短/断路现象。T4bf/2经熔丝SA11连接发动机控制单元J623的主继电器J271,电压正常。线路检查正常。

维修人员在确定线路无故障后,替换车辆的散热器风扇控制单元J293,试车故障没有再现,车辆停放洗车房洗车,准备将车辆交予驾驶人。车辆在洗车过程中,电子风扇高速运转,故障又出来了。再次将车辆开回维修车间,对线路检查,依旧没有发现故障。车辆温度无条件触发电子风扇,替换温度传感器和水泵节温器总成后故障依旧。

维修人员怀疑发动机控制单元J623,导致熄火后控制电子风扇运转。更换发动机控制单元J623,试车故障依旧。考虑空调引起电子扇运转,对换正常车辆的空调控制单元J255后故障依旧。

车辆在行驶过程中或者点火开关打开的情况下,电子风扇工作很正常。车辆只要一熄火,电子风扇就会高速运转1min左右。该车电子风扇电源SA11由发动机控制单元J623的主继电器J271控制,延时功能也刚好在1min左右时关闭。找来一辆正常车辆,对SA11电压检测发现,关闭点火开关后1min左右,SA11即断电。该车SA11在点火开关断电后,

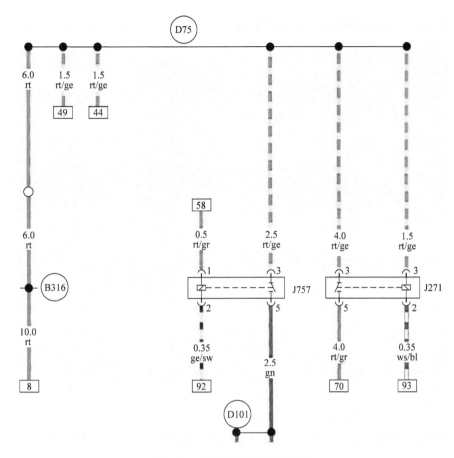

图 1-56　散热器风扇控制电路 3

1min 左右断电瞬间马上恢复到 11V 左右，电子风扇也高速运行。这就解释了车辆在熄火后高速运转的原因，熄火后发动机控制单元在 1min 后断电，而其他原因导致 SA11 供电，散热器风扇控制单元 J293 正常工作又接收不到发动机控制单元 J623 的控制信号，于是起动应急模式，风扇一直高速运转。车辆行驶过程中或者打开点火开关情况下，发动机控制单元 J623 和散热器风扇控制单元 J293 都能正常工作，所以风扇控制单元能够控制电子扇正常工作。

接下来检查 SA11 熄火后常电源的原因，拔掉 J271 主继电器后，检测 SA11 还存在电源电压，确认故障不在 J271 和发动机控制单元 J623。根据电路图，SA11 还与 SB 熔丝座共电源，都受 J271 主继电器控制。拆卸仪表台左侧熔丝盖板准备对 SB 检测，发现该处加装了行车记录仪，并从 30 号和 15 号取电源，测量 SB 熔丝电源，发现熄火后依然有电源电压，如图 1-57、图 1-58 所示。

故障排除　拆卸加装线路，电源即恢复正常，SA11 也恢复正常，在熄火后 1min 左右断电。拆卸加装线路，恢复原车线路后，试车故障排除。

技巧点拨　此例为典型线路改装导致疑难问题，在排除线路故障时要对每条线路进行仔细确认，不然很容易进入误区而无法找到故障点。

图 1-57　加装线路位置　　　　　图 1-58　测量加装线路电压

四、2012 款奥迪 A6L 空调突然不制冷且喇叭不响

故障现象　一辆 2012 款奥迪 A6L，搭载 CDZ 发动机和 0AW 无级变速器，行驶里程：9.9 万 km。驾驶人反映，在行驶过程中，空调突然不制冷，喇叭也不响。

故障诊断　用故障检测仪（VAS6150C）检测，读得的故障信息有：车载电源控制单元（J519）端子 30-2 断路；车内照明端子 30 电路电气故障；冷却液关闭阀（N82）对正极短路；冷却液关闭阀对搭铁短路；冷却液关闭阀断路。进行诊断测试（图 1-59），发现车载电源控制单元端子 30-2 断路会对化妆镜灯、手套箱灯、前排脚部空间灯、空调压缩机调节阀（N280）及喇叭等造成影响。检查化妆镜灯、手套箱灯和前排脚部空间灯，均不点亮，怀疑 J519 的 30 号供电有问题。

图 1-59　进行诊断测试

查看 ELSA（电子车间信息系统），得知熔丝 SD6、熔丝 SD7、熔丝 SD8、熔丝 SD9 及熔丝 SD10 均为 J519 提供 30 号电源。拆除驾驶人侧下部饰板，检测上述熔丝，发现熔丝 SD7 熔断；用万用表测量熔丝 SD7 插座，发现线路存在对搭铁短路的故障。由于故障信息提示冷却液关闭阀对正极和搭铁均短路，决定先检查冷却液关闭阀线路。

拆下排水槽盖板，发现冷却液关闭阀导线插接器处有冷却液的痕迹；脱开冷却液关闭阀导线插接器，发现该阀泄漏冷却液（图 1-60），且其端子已严重腐蚀。再次查看 ELSA，发现冷却液关闭阀由空调控制单元（J255）控制，与 J519 并没有直接联系。熔丝 SD7 与冷却液关闭阀有什么联系呢？脱开冷却液关闭阀导线插接器，更换熔丝 SD7，熔丝 SD7 再次熔断，说明线路仍存在对搭铁短路的故障。

重新整理维修思路，仔细观察冷却液关闭阀，发现其导线插接器密封圈已脱出，推断由冷却液关闭阀处泄漏的冷却液，在毛细管作用下渗入了附近的线路中。仔细查看 ELSA，发现冷却液关闭阀与 J519 共用导线插接器 T17i。

拆下 A 柱饰板，发现导线插接器 T17i 受冷却液腐蚀严重（图 1-61），且端子 1（J519 经过该端子向化妆镜灯、手套箱灯和前排脚部空间灯供电）和端子 2（J255 经过该端子向冷却液关闭阀提供搭铁）烧熔在一起。

故障排除 更换冷却液关闭阀及相关线束后试车，空调制冷恢复正常，喇叭鸣响正常，且化妆镜灯、手套箱灯和前排脚部空间灯均能够点亮，故障排除。

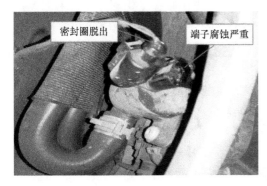
图 1-60 冷却液关闭阀泄漏冷却液

图 1-61 导线插接器 T17i 受冷却液腐蚀严重

技巧点拨 不可忽视浸水线束的毛细管现象。

毛细管现象是指液体在细管状物体内侧，由于内聚力与附着力的差异，克服重力而上升的现象。由于毛细管现象，若车上的某个电气部件或线束浸水，水有可能会通过线束浸入之前没有浸水的相关线束及电气部件。因此，在维修过程中，若发现浸过水的电气部件及线束，一定要对附近的线束及电器部件进行仔细检查。

如图 1-62 所示，虽然只是线束中间的导线插接器浸水，但由于毛细管现象，水会通过导线浸入附近的控制单元导线插接器，轻则使控制单元端子腐蚀，重则使控制单元损坏。另外需注意，若浸水部位有腐蚀现象，建议进行更换，不要进行修复，因为修复后的部位存在安全隐患，出现功能失效性故障事小，万一引起电路短路，引发火灾就得不偿失了。

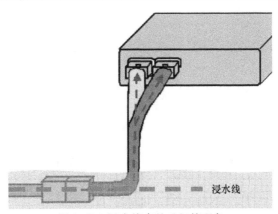
图 1-62 浸水线束的毛细管现象

五、2013 年奥迪 A4L 鼓风机不受控制

故障现象　一辆 2013 年奥迪 A4L 2.0T，搭载 CDZ 型发动机和自动空调，行驶里程：33247km。驾驶人反映，关闭点火开关后，鼓风机仍转动，在一家汽修厂临时处理后，鼓风机无法运转。

故障诊断　用诊断仪检测空调控制单元 J255，存储故障码：01273——新鲜空气鼓风电机 V2，断路/对正极短路。打开鼓风机开关，鼓风机不转，根据电路图，检查鼓风机控制单元 J126 的插头，发现鼓风电机 V2 插头未连接，插牢 V2 插头。

试验鼓风机各个速度，发现 1 速出风量时大时小，鼓风电机转速变化不定。关闭点火开关，鼓风机随即停止转动，稍后鼓风电机以较高转速转动，有时转动停一会儿，有时一直转动。

J126 的作用是给鼓风电机供电并调节转速，阅读 J126 电路图（图 1-63），T6y/4 是 30 号电，测量电压 12.3V，正常。T6y/3 是接地线，测量与地之间电阻为 0.1Ω，正常。T6y/1 通往空调控制单元 J255 的 T20e/1，是控制信号线，测量导通性，正常。

根据测量结果，分析可能故障原因：鼓风机控制单元 J126 故障、空调控制单元 J255 故障、基本设置不正确。对空调系统进行基本设置，系统显示无法设置，存储故障码：01087——未进行基本设置。查询主机厂技术手册得知，空调系统无法基本设置时，应将空调系统的软件版本由 0180 升级至 0181，升级后可以基本设置。打开空调运行，查询 J255 存储故障码：01230——左脚部出风口伺服电机 V261 卡住或无电压。

故障排除　根据电路图（图 1-64），测量 V261 线路正常，更换 V261，运行空调仍存储故障码：01087——未进行基本设置。软件版本未升级、左脚部出风口伺服电机 V261 损坏。进行基本设置后，鼓风电机工作正常，检测无故障码，故障排除。

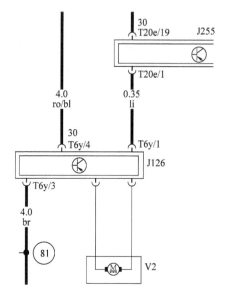

图 1-63　J126 电路图
J255—空调控制单元　J126—鼓风机控制单元
V2—鼓风电机

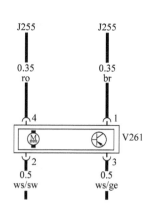

图 1-64　V261 电路图
J255—空调控制单元
V261—左脚部出风口伺服电机

技巧点拨 由于左脚部出风口伺服电机 V261 存在故障，反馈给 J255 错误的风板位置信号，导致 J255 错误的控制 J126，进而造成鼓风机不受控。

六、新速腾开空调出风口偶尔出热风

故障现象 一辆新速腾，配置 1.4TSI 发动机、自动空调系统，行驶里程：42643km。行驶过程中，开启空调制冷时，出风口偶尔出热风。

故障诊断 维修人员先确认了故障现象，起动发动机，开启空调后出风口吹热风，空调不能制冷。接着使用诊断仪 VAS6150 对该车的空调系统进行检测，在空调控制单元中存储有故障码，如图 1-65 所示。

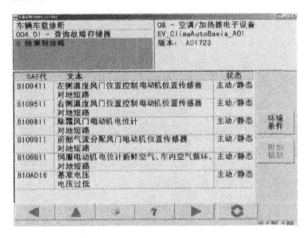

图 1-65　故障码

根据故障码分析，应该是空调系统中某个部件或相关线路出现了短路情况，为了进一步锁定故障范围，维修人员查阅了电路图（图 1-66、图 1-67），通过电路图来看，故障码中出现的风门电机有两条共用线路，分别与空调控制单元的 T16g/1、T16g/14 端子相连接。

经过电路图的查阅及故障码分析，可将故障范围锁定在：①空调控制单元到某个风门位置控制伺服电机及电位计之间的线路故障；②空调控制单元故障等。

维修人员根据以上分析，首先拆下空调控制单元，使用万用表测量空调控制单元插接器的 T16g/1、T16g/14 端子与正极/搭铁之间的电压均为 0V（正常）；接着检查空调控制单元的供电及搭铁线路正常，插接器也未发现接触不良现象；最终维修人员决定试换空调控制单元，之后试车发现故障消失。

为了准确地判断故障，建议驾驶人使用试换的空调控制单元，观察行驶一段时间。当驾驶人开走车的第三天，在车辆行驶过程中，又出现了一次起动空调后吹热风现象。驾驶人再次进店检查，经检查确认故障现象与之前一样，使用诊断仪 VAS6150 检测发现故障码也没有任何变化。

据驾驶人描述，故障最初发生是在某维修厂进行事故维修完两个月后出现，之后去该厂检查多次未能排除故障。故障现象什么时候出现也不能确定，有时行驶过程中出现，有时重新起动发动机后又恢复正常。

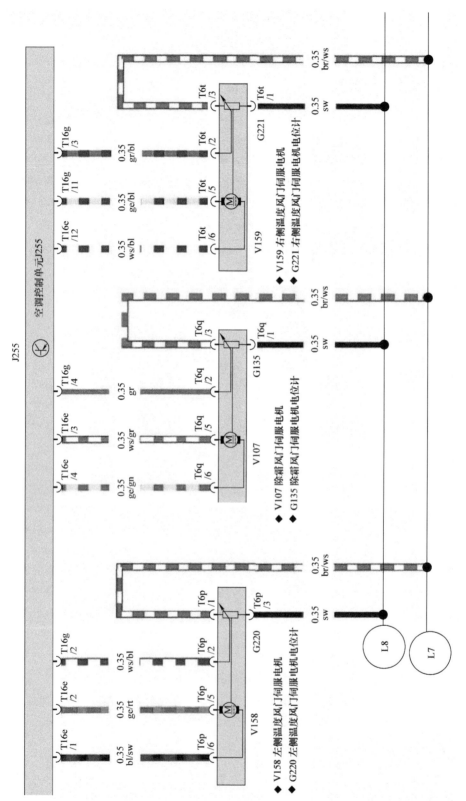

图 1-66 空调系统电路 1

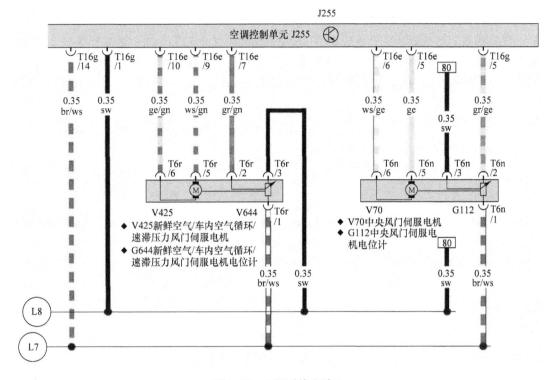

图 1-67 空调系统电路 2

通过以上驾驶人描述及故障码分析，假设是某电机传感器本身短路故障，与是否行驶关系不大；一般多为线路布置问题，例如在行驶过程中振动，造成与车身某部件干涉磨损而搭铁，以致空调控制单元识别到相关伺服电机电位信号偏差，导致了上述故障现象。至此将故障范围锁定在空调控制单元到某个风门位置控制伺服电机及电位计之间的线路故障。

按照以上的分析结果，与维修人员决定拆下仪表板，根据电路图逐步检查空调控制单元到各个风门位置控制伺服电机及电位计之间的线路。在检查过程中，发现中央风门伺服电机 V70 到空调控制单元 J255 之间的线路存在搭铁现象（图 1-68），其他线路检查未发现异常情况。

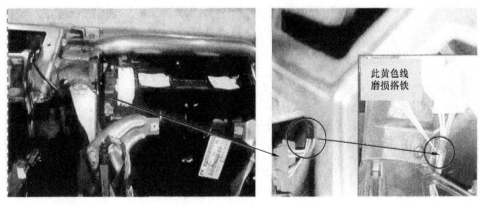

图 1-68 搭铁位置

故障排除 修复中央风门伺服电机 V70 到空调控制单元 J255 之间的线路。

> **技巧点拨** 以上故障发生的原因是事故维修时线束布置不合理、固定不良，导致了线束与仪表板支架发生振动摩擦，从而使线束磨损引起搭铁现象。通过以上案例维修过程，说明了与驾驶人沟通，了解故障的发生状态，对于偶发故障的判断尤为重要，是作为故障分析重要的依据之一。

七、2012 款高尔夫 A6 空调开启一会儿就自动切断

故障现象 一辆 2012 款一汽-大众高尔夫 A6，装备 CFBA 缸内直喷发动机及 DSG7 档变速器。驾驶人反映，该车空调开启一会儿就自动切断。

故障诊断 用故障诊断仪检测 08-空调控制单元，读取到故障码 B10ACF0 ——制冷剂压力超出上限（图 1-69）。根据故障码提示，检查空调控制单元数据流，发现 08-空调控制单元内压力高达 3.06MPa（30.60bar）；检查发动机控制单元 137 组数据流：第一区为空调开关信号，显示"空调高档"（表示空调开关已开启）；第二区显示"压缩机切断"；第三区为空调系统压力，显示为"30bar"；第四区为散热风扇占空比，显示为 99.6%。

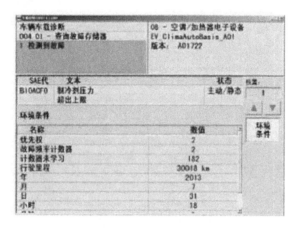

图 1-69 相关故障码

由于数据流中显示制冷剂压力过高，首先检查散热风扇，发现散热风扇偶发性不工作，查阅电路图（图 1-70），负载状态下检查散热风扇供电正常，搭铁不正常，顺藤摸瓜发现散热风扇插头 T4x/4 端子与搭铁之间电阻太大。查阅电路图，发现此端子来源于左前纵梁上 642 搭铁点。

故障排除 重新处理左前纵梁上 642 搭铁点，故障彻底排除。

> **技巧点拨** 此案例为线路搭铁不良导致散热风扇无法正常工作，造成空调系统压力过高。通过对故障码的分析，判断为压力过高之后切断压缩机工作。通过数据流分析，风扇占空比高达 99.6%，显然异常，因此判定故障点为风扇控制器及其线路。通过对散热风扇电源及搭铁端的测量，可以快速地找到故障点。

此案例告诉我们，对于控制单元供电及搭铁的检查一定要在线路连接及控制单元加载的情况下进行测量，断开插头或者在无负载的状态下检测，均可能导致错误的检测结果。

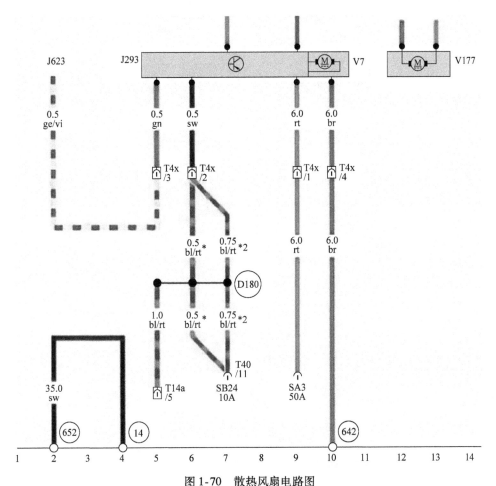

图1-70 散热风扇电路图

J293—散热风扇控制单元　J623—发动机控制单元　SA3—熔丝架A上的熔丝3
SB24—熔丝架B上的熔丝24　V7—散热风扇1　V177—散热风扇2

第二章

汽车发动机控制系统维修技能与技巧点拨

第一节 奔 驰 车 系

一、2018 款奔驰 GLA200 车行驶中发动机抖动、发动机故障灯闪烁

故障现象 一辆 2018 款奔驰 GLA200 越野车,装备 M270.910 涡轮增压发动机,行驶里程：4300km。该车在行驶中发动机异常抖动并伴随有异响,仪表板上的发动机故障灯闪烁,车辆加速无力。

故障诊断 接车后首先试车验证故障现象,起动发动机,发动机怠速运转平稳,仪表板上的发动机故障灯点亮；原地踩加速踏板,当发动机转速上升至 1500～1800r/min 时,发动机出现犹如某个气缸失火一样的抖动,且伴随着"咔咔"的异响；尝试行车,发现发动机进入紧急模式,加速无力。连接故障检测仪对车辆进行快速测试,发现在发动机控制单元内存储有故障码：P003D 53——Camtronic（可变气门升程系统）进气（气缸列 1）调节电磁阀 1 卡在接通状态,该部件已停用,P0026 00——进气凸轮轴电磁阀（气缸列 1）存在功能故障和 P005A 77——Camtronic 排气（气缸列 1）调节电磁阀 1 存在功能故障或卡在关闭状态,不能达到指定位置。结合故障症状和故障码进行分析,认为该车故障为发动机凸轮轴调节功能故障。为进一步缩小故障范围,首先清除故障码,再次试车验证故障症状,故障重现,再次读取故障码,仅读取到当前状态故障码 P003D53。

在发动机怠速运转且发动机冷却液温度达到 80℃的促动前提下,使用原厂诊断软件 XENTRY,通过 ME（发动机控制单元）中的"操纵"菜单对进气凸轮轴气门行程切换促动元件进行促动测试,发动机怠速运转时进气凸轮轴气门升程切换促动器（Y49/8）的状态是小气门行程,正常；当进行促动时,Y49/8 变成大气门行程,但偶尔会跳转出小气门行程的值,甚至会出现数字 130（图 2-1）,此时出现发动机抖动和异响的故障现象。由于 ME 可以成功对 Y49/8 进行促动测试,因此可以排除 ME 和 Y49/8 之间的线路存在故障的可能性,从而可以进一步把故障范围缩减到Y49/8元件、控制柱塞的机油压力及进气凸轮轴等故障。

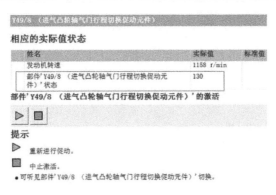

图2-1　进气凸轮轴气门行程切换促动实验

按照由简到繁的故障诊断原则，由于该车行驶里程还不到5000km，对其机油进行目检、触检、嗅检，确认机油状态良好；快速将易于拆解的Y49/8和同款车型对调试验，故障症状没变化，且故障车的Y49/8在同款车上工作良好，由此可以排除Y49/8元件本身有故障的可能性；由于柱塞机油压力来自于凸轮轴调节器的控制电磁阀，而可变气门正时系统可以正常工作，在理论上也可以排除机油压力存在异常的可能性。于是决定拆检进气凸轮轴，拆检进气凸轮轴（图2-2）后发现，在进气凸轮轴 A 位置的空心凸轮件可以轻松地进行轴向切换，异常（正常情况下，空心凸轮件需要施加很大的力才可实现轴向运动），而在进气凸轮轴 B 位置则需要施加很大的力，空心凸轮件才能进行轴向切换，正常，由此判定该车故障为进气凸轮轴损坏。

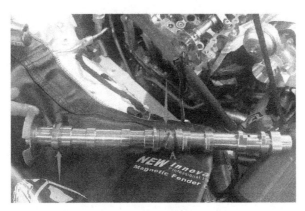

图2-2　故障车进气凸轮轴

故障排除　更换进气凸轮轴后，发现使用 ME 中的"操纵"菜单已经无法进入对 Y49/8 的促动界面，需通过 ME 中的"检测"菜单进入部件检测引导程序（图2-3）。测试发现，发动机怠速运转时，Y49/8 的状态为"小气门行程"；激活促动时，发动机转速约为 1200r/min，Y49/8 的状态变为"大气门行程"；路试车辆，发动机不再抖动，异响消失，加速正常，仪表板上的发动机故障灯熄灭，故障彻底排除。

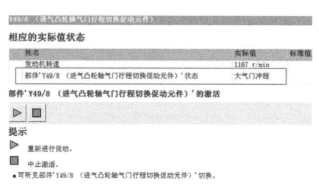

图 2-3 通过 ME "检测"菜单进入部件检测引导程序

技巧点拨 奔驰 M270.910 涡轮增压发动机可变气门升程系统（Camtronic）的进气凸轮轴由传统的凸轮轴调节器和 Camtronic 可变气门升程部件（图 2-4）组成。凸轮轴由载体轴和空心凸轮件组成，每个凸轮件由 2 个相邻的液压缸驱动，凸轮件有低升程和高升程 2 种形状，具体哪种形状的凸轮件参与工作取决于凸轮件的纵向位置。当发动机需要变换不同形状的凸轮件时，进气凸轮轴气门升程切换促动器（Y49/8）通过液压驱动柱塞，柱塞推动凸轮套件向两端延伸，当凸轮轴旋转时，可动凸轮件在纵向方向滑动并与正在工作的凸轮进行替换。

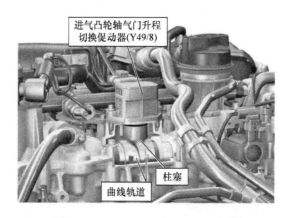

图 2-4 Camtronic 可变气门升程部件

二、2014 款奔驰 E200 发动机故障灯常亮

故障现象 一辆 2014 款奔驰 E200，底盘代码：212.134，装配 274.920 型发动机和 722.9 型 7 档自动变速器，行驶里程：55633km。该车一直正常使用，并按规范进行保养维护，在一次胎压报警进店检查中，维修人员发现该车需要点火较长时间才能起动，且仪表台上的发动机故障灯常亮。驾驶人不了解仪表台上故障灯的含义，所以也就没在意这个问题，只是觉得发动机起动时跟原来不太一样。

故障诊断 接车后首先向驾驶人询问了一些关于车辆平时使用的问题。据了解该车一直在固定加油站加油，之前没有出现过动力方面的问题，发动机与之前比也没有特别不一样的地方。只是仪表台上不知什么时候亮起了发动机故障灯，也不清楚是从什么时候开始需要较长时间点火才能起动。

因仪表台上有故障灯亮起，首先用专用电脑对车辆进行了快速检测，发现在“N3/10－内燃机 M274”的“发动机电子设备 MED40（ME 发动机电子设备）”中有以下两个故障码：P001685——进气凸轮轴（气缸列 1）的位置与曲轴位置相比不可信，有一个信号高于允许的极限值；状态为 S，已存储故障，并已导致发动机亮起故障灯。P119012——进气压力传感器对正极短路，状态为已存储。因是已存储故障，为了验证故障现象，删除故障码后上路试车。每次起动发动机需要点火 5s 左右，偏高于正常起动所需时间。起动后发动机故障灯便亮起。上路试车动力无明显异常。回厂后重新读取故障码，只发现了“P001685”这一个故障码。

影响发动机起动所需时间的因素一般有：燃油压力、发动机机械部分（正时、缸压）、发动机电控（传感器、电脑控制）。因每次删除故障码重新起动车辆后都出现同一故障码 P001685，所以将故障点锁定在发动机正时上，并进行故障码引导，引导结果让检查发动机正时（图 2-5）。

凸轮轴位置与曲轴位置相比不可信。

- 实际值不正常。

可能的原因和补救措施

- 正时链和凸轮轴驱动齿轮或曲轴正时齿轮之间错位（正时链跳跃）。
- 链条张紧器被错误安装，详细顺序参见维修间资料系统（WIS）。
- 检测控制时间。

检测结束

图 2-5　故障码 P001685 的故障引导结果

按照图 2-6 所示的方法检查正时系统，发现进气凸轮轴正时的实际位置已经发生了偏移，由此基本可以判断此车的故障原因正是进气凸轮轴正时发生位移所致。

通过曲轴中央螺栓沿发动机转动方向转动发动机，直到位于 1 号气缸的点火上止点 (TDC)	i 皮带轮/减震器上的上止点 (TDC) 标记必须与正时箱盖罩上的定位缘对齐。 S 套筒扳手头
检验	
检查凸轮轴的基本位置 	i 通过在气缸盖罩 (3) 的霍尔式传感器开口上进行目视检查来检查凸轮轴的基本位置。 i 若要检查排气凸轮轴调节，在霍尔式传感器开口 (如图所示) 的中央必须可以看到扇形盘 (1) 扇形段的边缘 (1a)。若要检查进气凸轮轴调节，扇形盘 (2) 的轴承狭槽 (2a) 必须位于在霍尔式传感器开口 (如图所示) 的中央。 如果基本位置不正确： 设置凸轮轴的基本位置

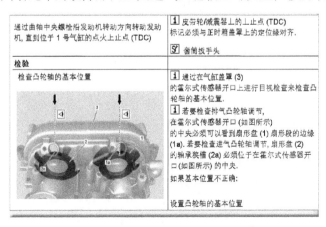

图 2-6　奔驰 E200 正时系统检查方法

为了进一步维修，便拆下气门室罩盖进行正时校对，拆下后发现进气凸轮轴信号盘也发生位移，查得配件资料得知，进气凸轮轴与信号盘为过盈配合（图2-7），且为一个配件总成，所以必须更换进气凸轮轴，并重新进行正时校对。

为了确保一次性修复率，便对燃油压力和凸轮轴传感器线路进行了检测，发动机不运转时，油轨压力为35bar（$1bar = 10^5 Pa$），低压燃油压力为4.5bar；进气凸轮轴传感器插头电压分别为5V、0V、0V。传感器到发动机电脑之间的线路阻值为0.8Ω，搭铁对地电阻为0.8Ω；检测结果为正常。至此，完全可以将故障点锁定在进气凸轮轴与信号盘发生位移，需要更换进气凸轮轴。

图2-7 进气凸轮轴信号盘图

凸轮轴到货后，对新凸轮轴进行了检查，确保信号盘正常，便开始安装，安装完毕后着车，发动机起动正常。删除故障码，进行发动机复位调校。重新起动发动机后，发动机故障灯又点亮了，但是起动正常。起初以为是之前的故障码没有被彻底删除，便又重新删除故障码，再起动发动机，发动机故障灯依旧被点亮。

接着便赶紧读取了故障码：①P034100——进气凸轮轴（气缸列1）的位置传感器存在功能故障。②P001177——进气凸轮轴（气缸列1）的位置偏离标准值，不能达到指定位置。两个故障码状态都为已存储故障，但P034100是导致发动机故障灯亮起的故障码，于是对P034100进行了故障引导，引导结果如图2-8所示。

因更换进气凸轮轴时曾对凸轮轴调节器进行过拆装，但所有的装配都是按照奔驰的原厂维修手册WIS指导所进行的，中间不会有任何差错，并且是两个师傅施工，不存在施工错误的低级问题，但是为了验证，还是进行了正时检查，检查结果为正常，正时没有问题。之前检测过传感器线路，也没有问题，因为第一个故障码为传感器的功能故障，刚好进排气凸轮轴位置传感器零件号一样，便进行了对调，但对调之后故障依旧。分析两次的故障码，第一次为：P001685-进气凸轮轴（气缸列1）的位置与曲轴位置相比不可信，有一个信号高于允许的极限值。而这次的故障码是：P034100-进气凸轮轴（气缸列1）的位置传感器存在功能故障；P001177-进气凸轮轴（气缸列1）的位置偏离标准值，不能达到指定位置。

这两次的故障码有变化，而且给出的结果也不一样。因为是"不能达到指定位置为凸轮轴的调节问题"，且电脑引导又给出了结论，并且拆下进气凸轮轴调节链轮进行检查，目测没有发现异常。因为无法对进气凸轮轴调节链轮进行测量和检查，所以便按照电脑引导结果向厂家订了进气凸轮轴调节链轮及控制阀，到货后，分别对凸轮轴、调节链轮、控制阀进行了仔细的检查，对比原车的链轮、控制阀，没有发现异常，便小心翼翼地按照WIS标准进行安装，删除故障码并重新调校后，起动着车，发动机顺利起动，但是起动后发动机故障灯又亮了，读取故障码，同第二次的故障码一模一样：P034100和P001177。

难道是配件有问题？为何问题总是出在进气凸轮轴上？再次对正时进行检查，确保正时没有问题后，清除故障码并重新调校之后起动车辆。车辆起动正常，但故障码依旧是P034100和P001177。万般无奈之下，只好使用示波器对传感器进行波形分析，进气凸轮轴传感器波形如图 2-9 所示。

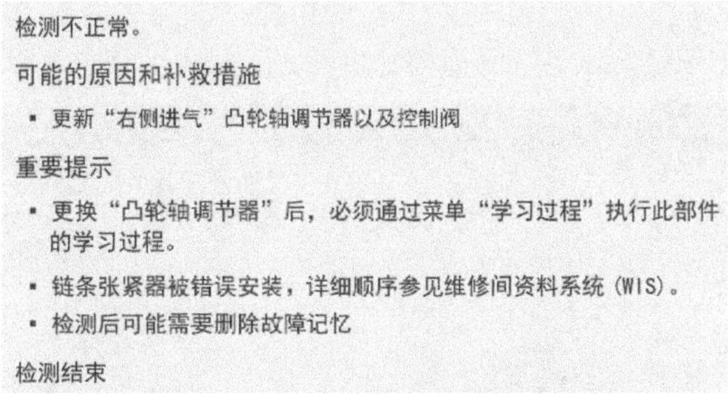

检测不正常。

可能的原因和补救措施
- 更新"右侧进气"凸轮轴调节器以及控制阀

重要提示
- 更换"凸轮轴调节器"后，必须通过菜单"学习过程"执行此部件的学习过程。
- 链条张紧器被错误安装，详细顺序参见维修间资料系统（WIS）。
- 检测后可能需要删除故障记忆

检测结束

图 2-8　故障码 P034100 的故障引导结果

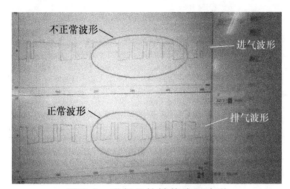

图 2-9　进气凸轮轴传感器波形

通过图 2-9 所示波形可以发现：进气凸轮轴两个信号波形出现了合并，从而导致传感器功能故障。引起信号合并的原因有：传感器硬件故障、传感器安装位置故障、信号发生器故障。因为之前曾调换过传感器，可以排除传感器硬件故障；由于传感器安装位置是固定的，于是便测量了凸轮轴 4 个信号叶片到固定传感器的位置，结果显示其中有一个信号叶片与其他三个信号叶片的距离大了不到 0.9mm。

故障排除　正是这 0.9mm 的距离导致了传感器信号采集出现了不正常。使用工具对变形的信号叶片进行校正，测量符合要求后，装好传感器、删除故障码，再次起动发动机，发动机故障灯不再亮起。外出试车，一切恢复正常。至此，该车的故障才真正彻底被排除。

技巧点拨　此车在更换完凸轮轴后出现故障时，过度依赖电脑给出的诊断结果，而忽略了第一个故障码的含义，也就是传感器的功能故障，更没有分析系统的控制逻辑，从而导致误判，且错换了本身没有故障的进气凸轮轴调节链轮及控制阀。由此可见，只有像侦破悬疑案那样，不放过任何蛛丝马迹，做到精准分析，精益求证，才能更快、更准确地找到真正的故障根源。

三、2013 款奔驰 C260 车偶尔自动熄火

故障现象　一辆 2013 款奔驰 C260 车，搭载 M271 发动机，行驶里程：10 万 km，驾驶人反映，该车偶尔自动熄火。

故障诊断　接车后试车，起动发动机，发动机怠速运转正常，等一会儿，发动机自动熄

火。用故障检测仪对车辆进行快速测试，发现发动机控制单元和燃油泵控制单元中均存储有故障码（图2-10和图2-11）。分析故障码，推断可能的故障原因有2种：一种为燃油供给系统故障，如燃油压力不足等；另一种为控制单元之间的通信存在故障。

读故障码

编号	描述	状态
U010900	与"燃油泵"控制单元的通信存在故障。	当前并且已存储
P008777	系统中的燃油压力过低。不能达到指定位置。	当前并且已存储
P000277	流量调节阀存在功能故障。不能达到指定位置。	当前并且已存储

图2-10　发动机控制单元中存储的故障码

起动发动机，用故障检测仪进入燃油泵控制单元，读取低压燃油压力实际值（图2-12），为5bar，偏大；保持发动机怠速运转，观察发动机熄火时低压燃油压力实际值的变化情况，结果当故障出现时，所有的实际值均消失（图2-13）。燃油泵控制单元的数据流为什么会突然消失？故障码提示的控制单元之间的通信是否存在故障？控制单元能够通信的前提条件为，控制单元的供电、搭铁、通信线路及其自身均正常。查看燃油泵控制单元控制电路（图2-14），得知燃油泵控制单元（N118）有2路供电（30g供电和15供电）和1路搭铁，CAN线连接至分配器X30/21上。首先脱开燃油泵控制单元导线插接器2检查CAN线，结果发现导线插接器（图2-15）连接不牢固，固定卡子没有扣到位，由此推断导线插接器未安全到位导致端子接触不良，从而使发动机偶尔自动熄火。

故障排除　重新连接燃油泵控制单元导线插接器2后反复试车，发动机未再出现自动熄火的故障，故障排除。

技巧点拨　该款发动机的燃油供给系统由低压回路和高压回路组成，低压回路由电动燃油泵提供3.8bar（$1bar=10^5Pa$）左右的燃油压力，然后低压燃油进入高压泵；流量调节阀集成在高压泵上，用于调节进入高压泵的燃油量；这样，燃油被压缩至120bar左右的高压，并通过喷油器喷入气缸。

编号	描述	状态
c10000	与"内燃机"控制单元的通信存在故障。	已存储
c11100	与"蓄电池"控制单元的通信存在故障。	已存储
c15500	与仪表板的通信存在故障。	已存储
c16800	与电子点火开关的通信存在故障。	已存储

图2-11　燃油泵控制单元中存储的故障码

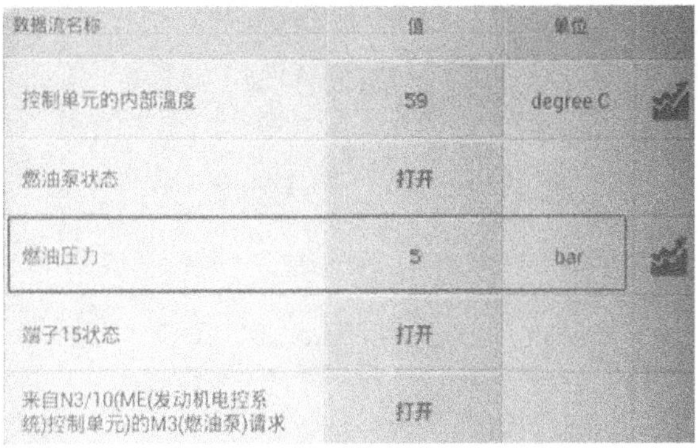

第二章　汽车发动机控制系统维修技能与技巧点拨

图 2-12　燃油泵控制单元的数据流

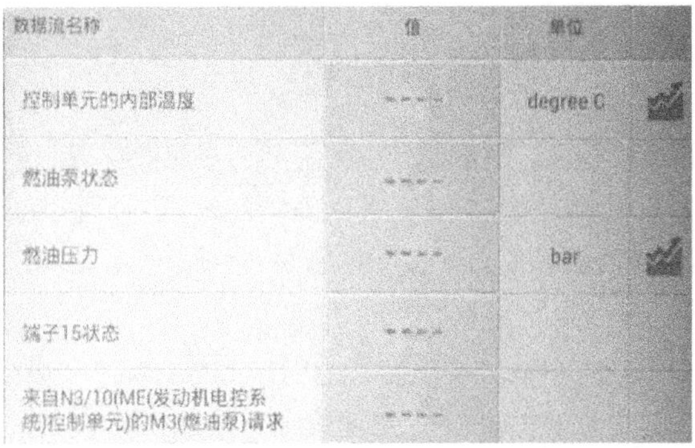

图 2-13　燃油泵控制单元的数据流消失

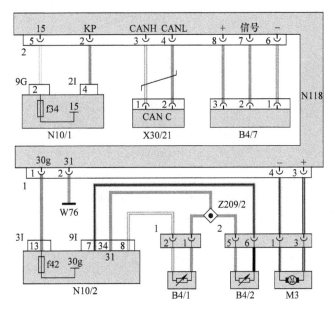

图 2-14　燃油泵控制单元控制电路
B4/1—左侧燃油液位传感器　B4/2—右侧燃油液位传感器　B4/7—燃油压力传感器　CAN C—驱动装置控制器区域网络
M3—右侧电动燃油泵　N10/1—前 SAM 控制单元　N10/2—后 SAM 控制单元　N118—燃油泵控制单元

53

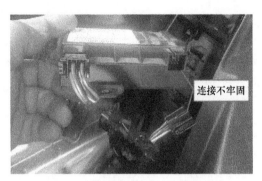

图 2-15　燃油泵控制单元导线插接器

四、2012 款奔驰 S350 车发动机故障灯异常点亮

故障现象　一辆 2012 款奔驰 S350 车，搭载 276 发动机，行驶里程：5.7 万 km。驾驶人反映，发动机故障灯异常点亮。

故障诊断　接车后试车，起动发动机，初次起动有些困难，起动着车后发动机故障灯异常点亮，但发动机运转良好。用故障检测仪（DAS）对车辆进行快速检测，发动机控制单元（ME）中存储了故障码“P008792——系统中的燃油压力过低 功能或说明有错误”（图 2-16）。分析故障码，推断该车燃油供给系统有故障。

MED 17.7 - 发动机电控直喷系统17.7				-f-
MB 号码	HW 版本	SW 版本	诊断版本	插针
2769010600	10.12.00	11.32.00	021E49	101

FW 号码	FW 号码'数据'	FW 号码'Boot-SW'
0009040300 2769024400 2769031001		

编码	文本	状态
P008792	系统中的燃油压力过低，功能或说明有错误	已存储的

图 2-16　发动机控制单元中存储的故障码

对高低压燃油管路进行目视检查，未见外部泄漏，未闻到燃油味。用故障检测仪读取低压燃油管路中燃油压力的实际值（由低压燃油压力传感器监测），为 5.1bar（标准值为 4.5～6.7bar，1bar = 10^5Pa），且发动机熄火一段时间后，该压力未出现明显下降；用燃油压力表测试低压燃油管路中的燃油压力，与故障检测仪检测的实际值基本一致，由此推断低压燃油供给系统工作正常。用故障检测仪读取高压燃油管路中燃油压力的实际值（即油轨压力，该值由高压燃油压力传感器监测），怠速时为 150.1bar（图 2-17），正常，但发动机熄

控制单元 MED17.7

编号	名称	标准值	实际值	单位
007	发动机转速	[672...772]	721	1/min
470	燃油温度		79	°C
693	流量控制阀的整个控制角度	[20.0...210.0]	21.0	°
647	油轨压力	[130.0...170.0]	150.1	bar

图 2-17　怠速时的发动机数据流

火约 2min 后，该值下降至 82.9bar（图 2-18），压力下降过快，说明高压燃油供给系统中存

控制单元: MED17.7

编号	名称	标准值	实际值	单位
007	发动机转速	[-50...50]	0	1/min
470	燃油温度		79	°C
693	流量控制阀的整个控制角度	[20.0...210.0]	20.8	°
647	油轨压力	[130.0...170.0]	82.9	bar

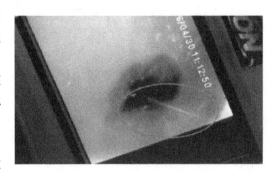

图 2-18 熄火时的发动机数据流

在泄压故障，推断可能的故障原因有：喷油器泄漏；高压燃油管路泄漏；高压燃油泵损坏。

由于目视检查时未见高压燃油管路存在泄漏现象，决定重点检查喷油器。发动机熄火后快速拆下火花塞，用内窥镜观察各气缸，发现 1 缸喷油器存在泄漏（图 2-19）。

图 2-19 1 缸喷油器存在泄漏

故障排除 更换 1 缸喷油器后试车，发动机能顺利起动着车，且发动机故障灯不再异常点亮，故障排除。

技巧点拨 对于执行器的故障，电控单元在记录相应的故障信息时并不能非常准确地确定故障发生的部位，这需要维修人员确定故障部位。

五、2012 款奔驰 ML350 发动机抖动严重

故障现象 一辆 2012 款奔驰 ML350，配备 272 型发动机，发动机抖动严重。

故障诊断 连接奔驰专用诊断仪，测得该发动机 2 缸、5 缸、6 缸有不定时失火现象。

检查高压点火，正常；测量缸压，偏低。用内窥镜检查 2、5、6 缸，发现其三缸严重拉伤，于是进行发动机大修。

大修后，发现 2、5、6 缸依然失火，更换火花塞时，发现 2、5、6 缸火花塞没有油污，较干，很明显是 2、5、6 缸喷油嘴没有喷油。于是进行清除学习值、编程、冷车和热车调试，故障依旧。

故障排除 在无奈之下，拆开发动机电脑板，更换新的喷油器驱动芯片（图 2-20）后试车，经过冷车和热车测试发动机一切恢复正常，至此故障排除。

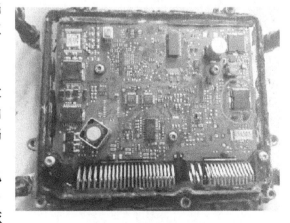

图 2-20 喷油器驱动芯片

技巧点拨 发动机偶尔失火,没有引起对电脑板的怀疑,以致走了一些弯路,由于喷油驱动芯片存在虚焊现象致使喷油信号时有时无,从而造成2、5、6缸间歇性失火,造成发动机抖动,长期以来就会造成发动机机械磨损、拉缸等。

六、2011款奔驰ML350无法着车

故障现象 一辆2011款奔驰ML350,搭载型号为M272的发动机和722.9的变速器,行驶里程:195327km,此车在地下车库停放三个多月,再次使用并起动车辆后没有任何反应。用救援蓄电池起动,发现起动机可以运转,但无法着车。

故障诊断 此车在地下车库停放时间过长,蓄电池电量已严重不足。首先用充电器给蓄电池充电,同时连接诊断电脑读取故障码,发现都是关于电压过低的故障码。将蓄电池电量充到正常水平以后,起动车辆发现仍然无法着车,但在起动机运转的最后几秒可以听到类似起动机空转的响声。根据故障现象初步判断原因有以下8点:①蓄电池亏损,起动电量不足;②起动机故障;③飞轮或曲轴位置传感器故障;④缸压不足;⑤三元催化转换器堵塞;⑥供油故障;⑦点火故障;⑧发动机电脑故障。

起动发动机,测量蓄电池的起动电压为10.48V(正常范围为10～12V)在正常范围内,蓄电池问题排除。将起动机拆下直接连接12V电源,起动机运转正常,吸拉开关工作也正常。用内窥镜从起动机安装孔观察飞轮齿与脉冲齿,没有发现异常。为彻底排除起动机的问题,将另外一个确保正常的起动机装上,起动发动机故障依旧,故排除了起动机与飞轮的问题。接下来检查曲轴位置传感器的线路,测量线路都导通,3号线有5V的电压(正常),供电正常。将一个新曲轴位置传感器装上,起动发动机仍无法着车,排除曲轴位置传感器及其线路故障。测量各个缸的缸压,压力都在10～11bar($1bar = 10^5 Pa$)左右,为正常范围。把三元催化转换器拆除,故障依旧。用油压表测量燃油压力为380kPa左右(正常),燃油压力正常。再检查喷油器,把油轨和喷油器拆掉装到另一台车上起动正常。

测量喷油阀的线路均导通(图2-21),1号端子电压为11.88V,2号端子为3.48V,与同款车相比电压值均在正常范围内,故排除油路系统。接下来检查点火系统,6个点火线圈与6个火花塞不可能同时出问题,可以排除。

检查点火线圈的导线(图2-22),1号端子是电源87,2号端子是车身接地,3号端子是发动机接地,4号端子是诊断触发线。测量1号线有11.88V的电压,测量2号线与车身搭铁正常,测量3号线与发动机的搭铁正常,测量4号线也导通(由于4号线是诊断触发线,在不着车的情况下无法测量其电压信号)。到这里把可能影响起动着车的因素都排除了,就剩下发动机电脑了。根据前面测量的结果也不能证明是ECU问题,且ECU是防盗件,不能进行调换测试,此时没了头绪。

回过头来重新整理思路,仔细回想一下是否遗漏了什么细节。这时想到在每次起动车辆时起动机都不能连续地运转,运转一会后就有类似起动机空转的声音,有点像电量不足的感觉,由于一直有充电器给蓄电池充电,故可以排除蓄电池的问题。怀疑有线路虚接的可能,这时又想到点火线圈的2号与3号线都是接地,无论与车身还是发动机都应该是导通的,测量2号线与3号线只在用万用表刚接触的瞬间接通一次,再测量2号线与发动机,3号线与

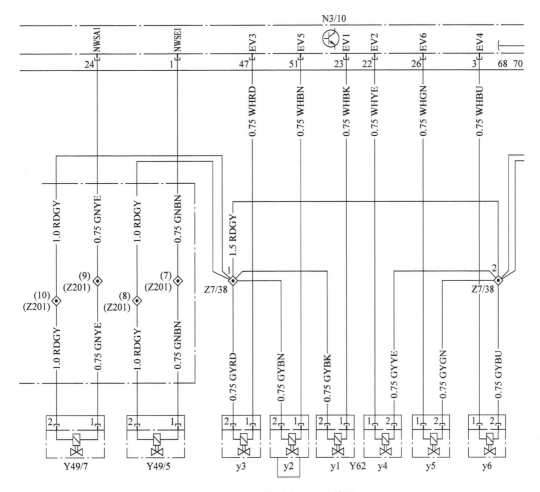

图 2-21 喷油阀所在位置电路图

车身也是在万用表刚接触的瞬间接通一次。

故障排除 由此可判断是发动机和车身的搭铁点出现了虚接。把搭铁点的螺栓松掉,发现接线柱已经锈蚀。用砂纸打磨接线柱后重新装回,起动车辆一切正常,故障彻底排除。

> **技巧点拨** 在排除故障时,逻辑思维一定要严谨,全面系统考虑,重视细小的异常现象,根据工作原理把可能引起故障的部分一一排除,找到最终的故障点。

七、2010 款奔驰 S600 车发动机故障灯点亮、车辆加速无力

故障现象 一辆 2010 款奔驰 S600 车,搭载 275 发动机,行驶里程:20 万 km。驾驶人反映,组合仪表上的发动机故障灯异常点亮,且车辆加速无力。

故障诊断 接车后首先询问驾驶人车辆的相关维修历史,得知上述故障已在 4S 店检修过,但是故障未能解决。接着,维修人员进行路试,在踩下加速踏板的过程中,发现发动机转速上升较慢,且感觉车辆加速无力。回厂后,用故障检测仪(DAS)进行快速测试,在发动机控制单元(ME)内存储有故障码"20E2——增压压力过高"和故障码"203F——

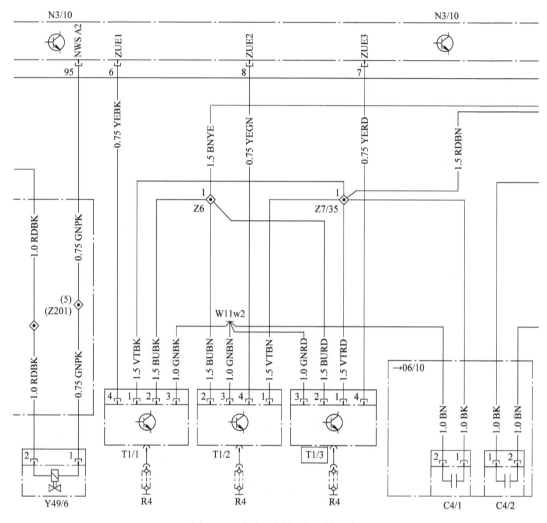

图 2-22　点火线圈相关控制电路

B28/6（节气门作动器前的压力传感器）"。对上述 2 个故障码进行分析，判断故障码 20E2 可能与故障现象有关。记录并尝试清除这 2 个故障码，故障码 203F 可以清除，故障码 20E2 却无法清除。由于该故障码指向涡轮增压器增压压力控制，那么究竟会是哪些原因导致增压压力过高呢？

Y31/5 上的脉冲宽度可调（PWM）信号占空比为 5%~95%，随着占空比增大，Y31/5 内部电磁阀增加通向大气的开启时间。

如图 2-24 所示，当 Y31/5 没有被促动时，增压空气冷却器的增压空气进入真空室，弹簧处于压缩状态，压缩操纵杆长的一端向左移动，从而使短的一端向右移动打开增压压力控制风门，这样就可以通过改变流经涡轮的气体流量来控制涡轮转速，以达到控制增压压力的效果。另外，真空室在增压压力约为 300mbar（1mbar = 0.1kPa，机械基本增压压力）时打开增压压力控制风门。

如图 2-25 所示，当 Y31/5 被促动时，真空室中不再有增压空气，大气压克服弹簧弹力，带动操纵杆长的一端向右移动，而短的一端则向左移动并将增压压力控制风门关闭，此时全

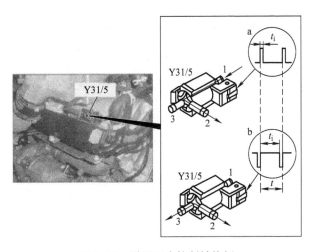

图 2-23 增压压力控制转换阀

1—来自增压空气冷却器的增压空气 2—通向真空室 3—通向大气

a—较小的占空比（t_i 小于 5%）促动 b—较大的占空比（t_i 大于 95%）促动 Y31/5—增压压力控制转换阀

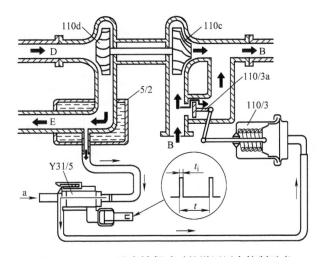

图 2-24 Y31/5 没有被促动时的增压压力控制示意

5/2—右气缸列增压空气冷却器 110/3—真空室 110/3a—增压压力控制风门 110c—涡轮
110d—压缩机泵轮 Y31/5—增压压力控制转换阀 a—大气 B—排气 D—清洁空气（空气滤清器下游） E—增压空气

部排气一起驱动涡轮，形成最大增压压力。

根据上述增压压力控制原理，认为造成增压压力过高的可能原因有：Y31/5 内部阀门一直通大气；Y31/5 至真空室的管路泄漏；真空室泄漏。其中，Y31/5 内部阀门一直通大气有 3 方面的原因：Y31/5 故障；来自 ME 的不间断促动；相关线路故障。

查阅 Y31/5 的控制电路，得知端子 1 和端子 2 分别为供电、搭铁端子。当发动机怠速时，用万用表测量 Y31/5 端子 1 与端子 2 之间的电压，约为 1V；当踩下加速踏板时，测量 Y31/5 端子 1 与端子 2 之间的电压，约为 12V，初步判断 ME 能够正常控制 Y31/5。接着，拆下 Y31/5，根据图 2-23，在接头 2 处吹气，接头 1 处可以听到气流声，说明接头 2 和接头 1 是相通的；在 Y31/5 上施加 12V 外接电源，可以听到 Y31/5 内部电磁阀的"咔哒"声，

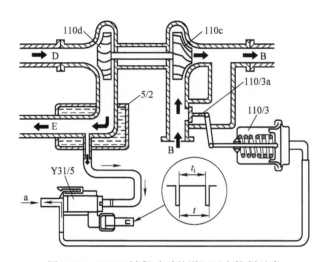

图 2-25 Y31/5 被促动时的增压压力控制示意

5/2—右气缸列增压空气冷却器　110/3—真空室　110/3a—增压压力控制风门　110c—涡轮　110d—压缩机泵轮
Y31/5—增压压力控制转换阀　a—大气压力　B—排气　D—清洁空气（空气滤清器下游）　E—增压空气

在接头 2 处吹气，接头 3 处可以听到气流声，说明接头 2 和接头 3 是相通的，由此排除 Y31/5 存在故障的可能性。拆下 Y31/5 至真空室的管路（图 2-26），在管路的一端吹气，另一端只能听到很微弱的气流声，说明管路堵塞严重。

故障排除　更换 Y31/5 至真空室的管路，进行路试，车辆加速恢复正常，且组合仪表上的发动机故障灯不再点亮，故障排除。

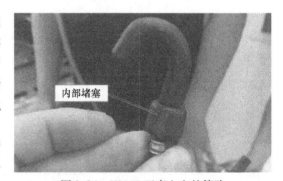

图 2-26 Y31/5 至真空室的管路

技巧点拨　查阅涡轮增压器增压压力控制原理，得知该款发动机配备双涡轮增压器，每侧气缸均有一个涡轮增压器。发动机控制单元通过增压压力控制转换阀（Y31/5）控制发动机增压压力。

第二节　宝马车系

一、2007 款宝马 750Li 车发动机无法起动

故障现象　一辆 2007 款宝马 750Li 车，搭载 N62 发动机，行驶里程：12 万 km，发动机无法起动。

故障诊断　接车后试车，起动发动机，起动机可以正常运转，但是发动机无法起动。连接故障检测仪，发现 PT-CAN 总线上的发动机控制模块（DME）、动态稳定系统控制模块

(DSC)、变速器控制模块（EGS）、驻车制动器控制模块（EMF）、电子减振控制模块（EDC）及中央网关（ZGM）等均无法通信。

测量 PT-CAN 总线的终端电阻，为 60Ω，正常；测量 DME 上 PT-CAN 总线的输出波形，无波形输出，且电压均为 0V；测量 PT-CAN 总线上其他控制模块的波形和电压，均无波形和电压输出。PT-CAN 总线上的控制模块一般不会同时损坏，推断 PT-CAN 总线上所有的控制模块均没有参与工作。查看图 2-27 所示相关电路，发现 PT-CAN 总线上的所有控制模块共用 1 根唤醒线，且唤醒线由车辆访问控制模块（CAS）控制。

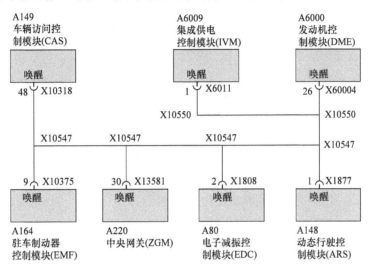

图 2-27 PT-CAN 总线上的模块

在线测量 CAS 导线插接器 X10318 端子 48 上的电压，为 0V，异常；挑出端子 48，测量 CAS 输出端的电压，为 10.59V，说明 CAS 正常，推断唤醒线对搭铁短路。从接点 X10547 处依次断开通往各控制模块的唤醒线，同时测量各唤醒线与搭铁间的电阻，发现通往 EMF 的唤醒线与搭铁间的电阻为 5.6Ω，其他控制模块的唤醒线与搭铁间的电阻为 ∞；脱开 EMF 导线插接器 X10375，再次测量通往 EMF 的唤醒线与搭铁间的电阻，为 ∞，由此推断 EMF 内部对搭铁短路。

故障排除 更换 EMF 后试车，发动机能够正常起动，故障排除。

> **技巧点拨** 宝马车上的 PT-CAN 为动力总线，由 3 根线组成，除了 2 根 CAN 线外，另外 1 根 WDS 是总线的唤醒导线，它从能源模块出发，首先连接到便捷进入及起动控制模块的 1 根导线，受点火开关 KL.15 控制。其正常工作电压肯定是 12V。电源电压只起到唤醒 PT-CAN 的作用。PT-CAN 被唤醒后，唤醒线就不起作用了。

二、2013 款宝马 525Li 车发动机无法起动

故障现象 一辆 2013 款宝马 525Li 车，搭载 N20 发动机，行驶里程：5.1 万 km。驾驶人反映，发动机无法起动。

故障诊断 接车后试车，起动发动机，起动机运转正，且有着机迹象，但立即就熄火

了。另外，还发现中央信息显示器（CID）黑屏。用故障检测仪（ISTA）检测，发现存储多个当前故障码：930745——总线端KL.30B_1输出端：对搭铁短路，930710——制动信号灯开关短路、断路或未连接等，且组合仪表、中央娱乐系统主机、触控盒（TBX）、控制器（CON）及后行李舱盖自动操作装置等均无法通信。执行故障码检测计划，查看相关电路（图2-28）得知，无法通信的模块供电均由总线端KL.30B继电器控制，分析可能的故障原因为便捷进入及起动系统控制单元（CAS）、总线端KL.30B继电器、后部熔丝盒及其线路故障。

检查后部熔丝盒上的燃油泵控制单元（EKPS）熔丝，没有电压；由于EKPS熔丝的电压由总线端KL.30B继电器控制，决定检查总线端KL.30B继电器。拔下总线端KL.30B

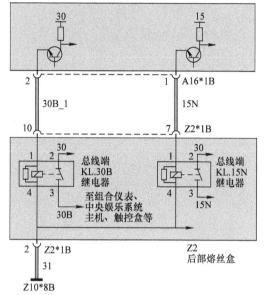

图2-28 总线端KL.30B继电器控制电路

继电器（图2-29），接通点火开关，测量其插座端子2的供电情况，为蓄电池电压，正常；测量端子1的供电，没有电压，异常。装复总线端KL.30B继电器，连接CAS导线插接器A16*1B适配器，测量适配器端子2的供电情况，无电压；断开蓄电池负极，测量端子2与搭铁之间的电阻，为3.8Ω（正常车为415kΩ），异常，由此推断该供电线路对搭铁短路。

脱开CAS导线插接器A16*1B，测得导线插接器A16*1B适配器端子2仍与搭铁短路；脱开后部熔丝盒导线插接器Z2*1B（图2-30），测得导线插接器A16*1B适配器端子2与搭铁之间的电阻为∞，推断后部熔丝盒内部线路对搭铁短路。查看该车维修记录，发现该车不久前才更换过后部熔丝盒。难道后部熔丝盒又损坏了？为了弄清楚其内部哪里发生了短路，决定拆解后部熔丝盒进行检查。

图2-29 总线端KL.30B继电器位置

图2-30 脱开后部熔丝盒导线插接器Z2*1B

拆解后部熔丝盒后发现，导线插接器Z2*1B端子10、端子11和端子12对应的后部熔丝盒上的端子是互相导通的（图2-31），其中端子11是空端子。脱开导线插接器Z2*1B，测量其端子 12 与搭铁间的导通情况，导通，说明该线路对搭铁短路；挑出导线插接器 Z2*1B 端子 12 后装复导线插接器 Z2*1B，发现导线插接器 A16*1B 适配器端子 2 不再与搭铁短路了，这说明后部熔丝盒正常，故障由导线插接器 Z2*1B 端子 12 上连接的线路对搭铁短路引起。

在 ISTA 上查找后部熔丝盒导线插接器 Z2*1B 的接线情况，没有找到端子 12 通往何处。顺着线路检查，发现端子 12 通往 DC/DC 控制单元。在 ISTA 上查找 DC/DC 控制单元电路（图2-32），发现后部熔丝盒导线插接器 Z2*1B 端子 12 通往 DC/DC 控制单元导线插接器 N6*1B 端子 4，仔细检查 30B_1 导线，发现 30B_1 导线绝缘层破损（图2-33），且对搭铁短路。

图 2-31　后部熔丝盒上的端子 10、
端子 11 和端子 12 互相导通

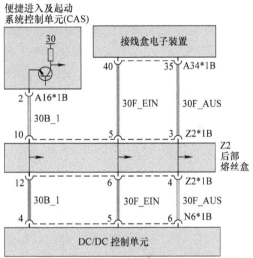

图 2-32　DC/DC 控制单元电路

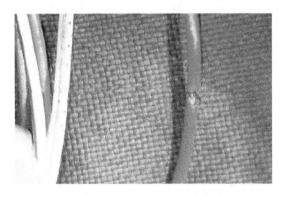

图 2-33　30B_1 导线绝缘层破损

故障排除　修复破损的 30B_1 导线，并重新固定后试车，发动机正常起动，故障排除。

技巧点拨　导线绝缘层破损是维修中比较常见的故障，但是这类故障在排除起来的难度非常高，需要综合各种因素进行详细的分析，最后才能大致确定故障部位。

三、2013 款宝马 X6 车发动机故障灯异常点亮

故障现象　一辆 2013 款宝马 X6 车，车型代号：E71，搭载 N55 发动机和 GA8HP45Z 自动变速器，行驶里程：6 万 km。驾驶人反映，车辆行驶过程中，发动机故障灯异常点亮，同时中央信息显示屏（CID）显示"传动系统，行驶稳定性有变化"。

故障诊断　接车后首先试车验证故障现象。接通点火开关，起动发动机，发动机顺利起动，怠速时发动机抖动，组合仪表上的发动机故障灯长亮。连接故障检测仪读取故障码，读得故障码"002FDB——曲轴位置传感器，信号：不可信"和故障码"00CF80——发动机控制信号：标准转矩请求"。根据故障码的提示，分析认为造成故障的可能原因有：曲轴位置传感器故障；曲轴位置传感器至发动机控制单元（DME）之间的线路故障；DME 故障；其他方面的故障。

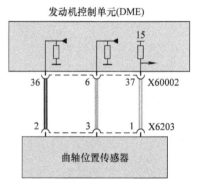

图 2-34　曲轴位置传感器电路

查阅相关电路（图 2-34）可知，曲轴位置传感器有 3 根线，其导线插接器端子 1 所对应的线路为电源线，由 DME 为传感器提供 5V 电压；端子 2 所在的线路为搭铁线，通过 DME 内部搭铁；端子 3 所在的线路为信号线。起动发动机，用万用表测量 DME 导线插接器 X60002 端子 37 的电压，为 5V；用示波器测量曲轴位置传感器信号线的波形（在 DME 导线插接器 X60002 端子 6 处测量），测得的波形如图 2-35 所示。将测得的波形与正常车的信号波形（图 2-36）进行对比，发现故障车的曲轴位置传感器信号波形比正常车的信号波形缺失 3 个齿的波形。拆检曲轴位置传感器，传感器表面无异物。拆检信号齿轮，发现信号齿轮吸附了一小块铁屑（图 2-37），可能是这个小铁屑，使得 DME 接收到错误的曲轴位置传感器信号，从而导致发动机故障灯异常点亮。

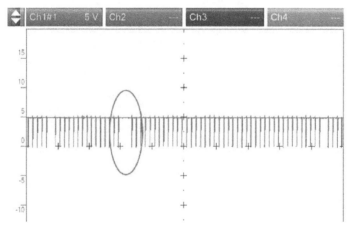

图 2-35　故障车的曲轴位置传感器信号波形

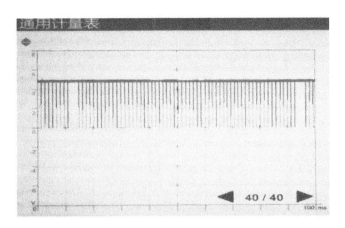

图 2-36　正常车的曲轴位置传感器信号波形

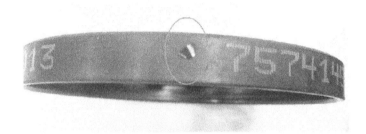

图 2-37　信号齿轮上吸附了一小块铁屑

故障排除　清除信号齿轮上的小铁屑，重新装复后试车，发动机故障灯不再点亮，故障排除。

技巧点拨　通过此案例，要求维修人员在故障诊断时思路要清晰，并具备专业的理论知识，才能快速准确地找到故障部位。同时需要提醒广大维修人员注意的是，在安装信号齿轮时，切记不能挤压、撞击，并远离金属碎屑，一些不规范的操作很可能会导致曲轴位置传感器输出信号故障。

第三节　丰 田 车 系

一、2014 款丰田 RAV4 无法加速行驶

故障现象　一辆 2014 款丰田 RAV4，配备自动变速器，行驶里程：15000km，驾驶人反映，踩下加速踏板无任何反应，无法加速行驶。

故障诊断　接车后首先验证故障现象，踩下加速踏板没反应，打开发动机舱盖，发现电子节气门也无任何反应，但发动机起动、怠速均正常，发动机故障灯也未点亮。

连接故障诊断仪，经检测无任何故障码存储。由于所在汽修厂规模较大，恰好有同款车型，为尽快解决故障，随即调换了加速踏板，但故障依旧。紧接着，又调换了电子节气门，

仍无法解决问题。

在准备更换发动机控制单元（ECU）之前，测量了一下加速踏板位置传感器工作电压，为4.5V，紧接着又拔下电子节气门插接器，测量了一下节气门位置传感器工作电压，也为4.5V。而节气门和加速踏板内置传感器工作电压均来自ECU，正常情况下，这个供电电压是5V。察觉到问题所在以后，取出变压器连接到本车蓄电池，把变压器输出电压调整到5V。然后把5V直流电压直接输送到节气门和加速踏板位置传感器的工作电源线上，重新起动车辆，发现车辆加速恢复正常。

故障排除　最后顺着电子节气门线束查到，变速器输出轴转速传感器电源线与车身搭铁处于半短路状态，把ECU所提供的给传感器的5V工作电压"拉低"成了4.5V，以至于相关传感器无法正常工作。于是重新包扎整理破损线束，并撤掉变压器，重新起动车辆，发现一切正常。

> **技巧点拨**　一般加速踏板位置传感器、节气门位置传感器、曲轴位置传感器和变速器输出轴转速传感器皆是霍尔式，其工作电压一般为5V。
>
> 本车由于变速器输出轴转速传感器工作电源线破损短路，致使5V工作电压被拉低成4.5V，进而使加速踏板位置传感器不能正常工作，所以出现无法加速现象。
>
> 尽管电压被拉低至4.5V，出现稍许偏差，但发动机和变速器控制单元均未存储相关故障码。

二、2014年雷凌ABS ECU和BCM损坏导致多个故障灯常亮

故障现象　一辆2014年雷凌，VIN：LVGBV87E7GG×××××，行驶里程：23116km。维修人员修复事故车辆后，测试发现ABS、气囊系统、电子转向助力系统故障灯常亮、仪表部分信号无输入（例如发动机转速等），如图2-38所示。

图2-38　仪表显示

故障诊断　维修人员检查车辆，连接GTS，发现显示无法通信。发动机可以正常起动、运转，仪表无发动机转速信号，故障再现。根据现象分析可能故障原因：①GTS诊断仪故障；②DLC3插接器相关电源、接地或通信故障；③CAN线路断路或短路；④CAN总线或支

线对电源或接地短路；⑤组合仪表或 ECM 内部故障；⑥ABS ECU、空调放大器、EPS ECU、SRS ECU、BCM 车身 ECU 等 CAN 支线控制器内部相关电路故障。

检查分析可能的故障原因，测量 DLC3 的 4 号和 16 号端子间电压为 12.37V（标准值为蓄电池电压），正常；连接 GTS 检查 DLC3，检查发现 CAN－H 和 CAN－L 显示"红色"标识，说明 CAN 网络通信异常；测量 DLC3 的 E18－6（CAN－H）和 E18－14（CAN－L）间电阻为 1.3Ω（标准值：54~69Ω），分别测量 E18－6（CAN－H）和 E18－14（CAN－L）与电源、接地间无短路现象；查看维修手册，参考 CAN 拓扑结构图，测量 ECM 以及车身 ECU 终端电阻均约为 120Ω；在 CAN 总线中依次断开支线上的相关 ECU，同时将万用表连接至 DLC3 的 E18－6（CAN－H）和 E18－14（CAN－L）测量其电阻，发现当断开 ABS ECU 后的电阻值为 2.0Ω（标准值：54~69Ω），说明 ABS ECU 内部故障或其插接器存在短路现象；ABS 插接器复位，断开车身 ECU 的 DLC3 的 CAN－H 和 CAN－L 间电阻值为 2.9Ω（标准值：54~69Ω），说明车身 ECU 同样也存在短路现象；于是同时断开 ABS ECU 以及车身 ECU 后，DLC3 的 CAN－H 和 CAN－L 间电阻值为 61.7Ω（标准值：54~69Ω）；GTS 诊断仪可以同车辆进行通信，仪表发动机转速恢复正常状态。

拆下 ABS ECU 以及车身 ECU 检查，未发现有进水等导致内部短路的现象；检查其插接器无腐蚀、针脚变形等迹象；如图 2-39 所示，此处大部分车身接地线路被撞断，而其他部分线路无任何异常，且此车未加装任何精品部件。由以上推测，应该是由于相关接地线路断路，使得 ABS ECU 以及车身 ECU 内部电路受异常电源输入所致。

故障排除 更换 ABS ECU 以及车身 ECU（图 2-40），装车，测试，车辆系统恢复正常，故障排除。

图 2-39 车身接地线路被撞断

图 2-40 ABS ECU 以及车身 ECU

技巧点拨 通过以上故障说明对于车载网络系统工作原理充分理解，有利于快速进行故障诊断，在日常维修作业时，特别对于电气电路相关的拆解，特别是接地点的拆除，尽量事先断开蓄电池负极，防止异常电路回路引起电气元件特别是控制单元损坏。

三、2013 款丰田卡罗拉发动机故障灯常亮

故障现象 一辆 2013 年丰田卡罗拉，型号：CA7160GL，自动档，行驶里程：4 万 km。在事故修复后，出现动力不足、急速抖动且故障灯常亮的故障现象。

故障诊断 接车后试车验证故障，接通点火开关，起动发动机，发动机能起动着车，但发动机怠速明显抖动、加速无力且故障灯常亮。

关闭点火开关，连接金奔腾彩圣故障诊断仪后，点火开关至 ON 位置，读取发动机电控系统的故障码，有代号为 P0353 的故障码一个且无法清除，P0353——点火线圈"C"初级或次级电路（注：C 表示第三缸）。故障码与故障现象相吻合，首先检查第三缸点火线圈及其相关线路。

关闭点火开关，拔下第三缸点火线圈插头，检查插头连接情况，正常。拆下第三缸点火线圈的固定螺钉，取出点火线圈，拆下第三缸火花塞，火花塞未见异常，将火花塞插入到点火线圈上，并将火花塞搭铁。起动发动机怠速运转，观察到该火花塞能正常跳火。

发动机怠速运转，用诊断仪做"执行元件"测试，选择"1 号气缸喷油器燃油切断"，选择"开"，按"确认"键，观察发动机转速变化，用同样的方法检测第二至第四缸，最终确认第三缸不工作，其他缸工作正常。

第三缸火花塞跳火正常，但该缸不工作，继续检查第三缸喷油器的线路。关闭点火开关，拔下第三缸喷油器插头，将试灯的两端分别与喷油器线束侧插头的两个端子连接，起动发动机怠速运转，发现试灯先闪烁 3s 左右后始终不亮。上述检查说明第三缸喷油器在发动机工作时，先喷油 3s 左右，然后停止了喷油，从而造成该缸不工作，这也从另一个侧面说明第三缸喷油器电路应无故障。

该车安装的型号为 1ZR - FE 发动机的点火线圈与发动机控制模块（ECM）的电路连接如图 2-41 所示。每个点火线圈有四个接线端子，1 号端子为供电（+B，ON 电源）、4 号端子为搭铁（GND）、3 号端子为初级线圈的搭铁控制（IGT）、2 号端子（IGF）给 ECM 提供

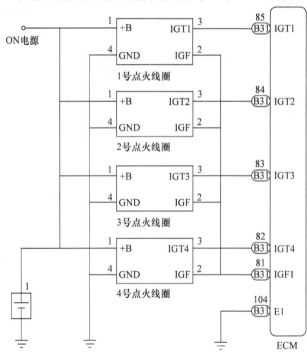

图 2-41　点火线圈与 ECM 的电路连接图

点火确认信号（图2-42中的黄色线）。每个点火线圈的点火确认线通过一个公共点连接后通过一根线再与ECM的B31插头81号端子连接。

上述第三缸火花塞跳火正常，说明第三缸点火线圈及其供电、搭铁及搭铁控制均正常。综合上述检查及分析，推断故障应源于第三缸点火线圈给ECM提供的点火确认信号（2号端子至ECM的B31插头81号端子之间的线路）或ECM自身。

故障排除 拆下蓄电池负极，拔下ECM的B31插头，用万用表的电阻档测量第三缸点火线圈线束侧插头2号端子与ECM线束侧B31插头81号端子之间的电阻值，测量值为无穷大，说明第三缸点火线圈的点火确认信号线与ECM之间存在断路故障。将第三缸与第四缸之间的发动机线束剖开，发现第三缸点火线圈（图2-42）的点火确认信号线已从公共的连接点处断开（图2-43）。重新连接后，消除故障码，起动发动机着车后检查，发动机怠速稳定、加速性能良好，故障灯熄灭，故障排除。

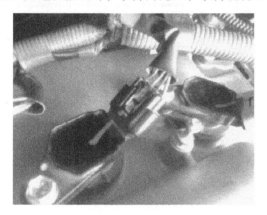

图2-42 点火线圈

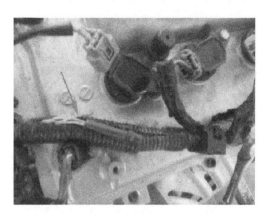

图2-43 第三缸点火线圈的IGF1线断路

技巧点拨 该车故障源于第三缸点火线圈的点火确认信号线断路，ECM无法接收到第三缸点火线圈的点火确认信号，ECM控制发动机故障灯常亮。同时，每次起动后ECM控制喷油器先喷油3s左右，然后切断喷油器的喷油，使该缸不工作，从而造成发动机怠速不稳、加速无力。

当ECM输出IGT信号控制点火线圈内的控制器使点火线圈内的初级线圈通电然后再切断电流的瞬间，点火线圈内的控制器会产生一个点火确认信号IGF1（方波信号）并反馈至ECM（图2-44）。发动机工作时，若ECM无法接收到上述第三缸点火线圈反馈的点火确认信号（其他正常），ECM仍然控制第三缸点火线圈正常点火，但会控制第三缸喷油器先喷油3s左右，然后停止喷油；若第三缸点火线圈的供电、搭铁及搭

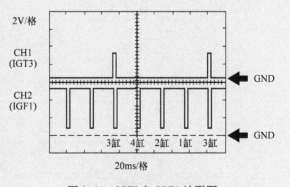

图2-44 IGT3与IGF1波形图

铁控制电路出现故障，则第三缸点火电线圈无法正常工作，第三缸的火花塞不可能跳火，同时点火线圈内的控制器也无法产生点火确认信号反馈给 ECM，基于减少 HC 排放以及防止三元催化转换器因温度过高而损坏，ECM 也会控制第三缸喷油器先喷油 3s 左右，然后停止喷油。

具有点火确认信号功能的点火线圈，在部分乘用车发动机上已得到应用，在维修中应注意控制策略的不同，以避免维修中走弯路。

四、2012 款丰田凯美瑞车发动机无法起动

故障现象 一辆 2012 款丰田凯美瑞车，搭载 5AR - FE 发动机，配备智能进入和起动系统，行驶里程：6 万 km。驾驶人反映，将车辆停放在地下车库一个晚上，第二天早上起动发动机，发动机无法起动，于是要求将车辆拖至 4S 店进一步检修。

故障诊断 接车后首先试车验证故障现象。踩下制动踏板，按下起动按钮，起动机不运转，故障现象确实如驾驶人所述。对发动机舱和驾驶室进行初步检查，未发现任何异常；用万用表测量蓄电池电压，为 12.6V，正常。将起动按钮切换到 ON 位置，转动转向盘，发现转向盘仍然处于锁止状态。连接故障检测仪读取故障码，读得的故障码为"B2781——转向锁 ECU 断路/短路，当前故障""B2786——转向锁 ECU 没有响应，历史故障"（图 2-45）。根据故障码提示，认为造成故障的可能原因有：转向锁 ECU 故障；认证 ECU 故障；相关线路故障。

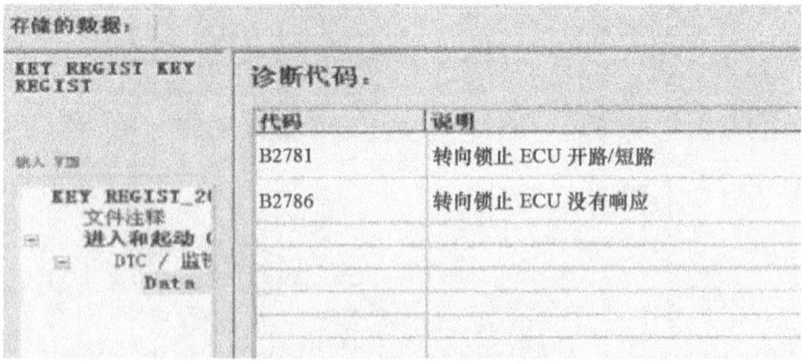

图 2-45 读得的故障码

查阅相关电路（图 2-46），维修人员首先拔下发动机舱熔丝盒内的熔丝 ECU - IG2 NO. 3

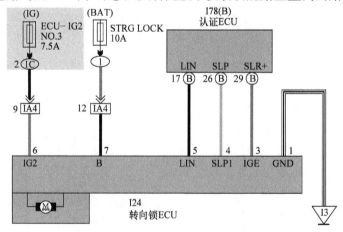

图 2-46 转向锁 ECU 控制电路

和熔丝 STRG LOCK，检查 2 个熔丝均未熔断。接着，拆下转向盘和转向柱饰板，检查转向锁执行器总成外观（图 2-47），正常；检查转向锁 ECU 导线插接器，连接牢靠。用万用表测量转向锁 ECU 导线插接器端子 7 的电压，为 12.6V，正常；将起动按钮切换到 ON 位置，测量端子 6 的电压，为 12.5V，正常；测量端子 1 与车身搭铁之间的电阻，为 0.4Ω，正常，说明转向锁 ECU 供电和搭铁正常。拆下手套箱，断开认证 ECU 导线插接器 I78，测量转向锁电动机工作指令信号线（认证 ECU 导线插接器 I78 端子 29 与转向锁 ECU 导线插接器端子 3 之间线路）的导通情况，导通良好；测量锁止杆位置信号线（认证 ECU 导线插接器 I78 端子 26 与转向锁 ECU 导线插接器端子 4 之间线路）的导通情况，导通良好；测量 LIN 通信线（认证 ECU 导线插接器 I78 端子 17 与转向锁 ECU 导线插接器端子 5 之间线路）的导通情况，导通良好，排除信号传输线和 LIN 通信线出现故障的可能性。

图 2-47　转向锁执行器总成

连接故障检测仪读取进入和起动系统相关数据流（图 2-48），发现 Sensor Value（转向锁执行器总成内位置传感器的故障记录）和 Motor Driver Short（转向锁执行器总成内电动机激活电路的故障记录）值均显示为"OK"，说明转向锁执行器总成内位置传感器和电动机激活电路均没有故障；Unlock Request Receive（转向解锁请求信号）值显示为"NG"，说明

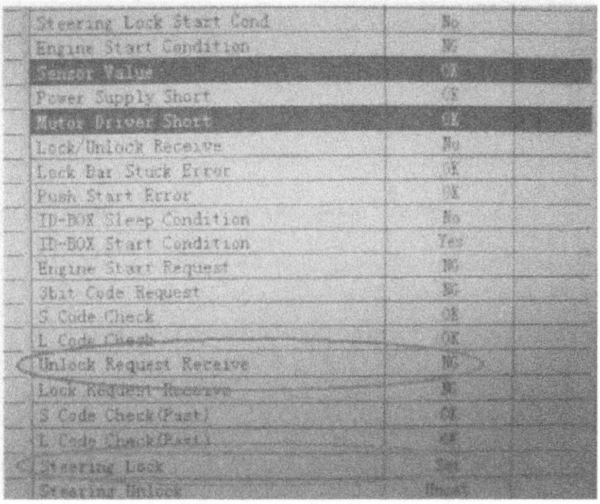

图 2-48　读取进入和起动系统相关数据流

认证 ECU 经过 10s 或以上接收不到转向解锁请求信号；Steering Lock（转向锁止）值显示为"Set"，Steering Unlock（转向解锁）值显示为"Unset"，说明转向柱处于锁止状态。读取电源控制系统相关数据流，发现 Str Lock/Unlock Wait T–Out（转向锁止或解锁故障）值显示为"Yes"，说明转向锁止/解锁超时（锁止杆卡滞等）。难道是转向锁执行器总成内的锁止杆出现卡滞故障？带着这个疑问，又找来一名维修人员，2 人相互配合，一边不停地按起动按钮和驾驶人侧车门控灯开关，一边用橡胶锤敲击转向锁执行器总成外壳，并且尝试转动转向盘，一段时间后，转向盘解锁，发动机能够顺利起动。为何锁止杆会出现卡滞故障？维修人员决定再次试验一次，将起动按钮切换到 OFF 位置，转动转向盘，转向盘处于锁止状态，将起动按钮切换到 ON 位置，故障现象再次出现，说明转向锁执行器总成内的锁止杆确出现了卡滞故障，即锁止杆不能正常复位，由此判定为转向锁执行器总成故障。

故障排除　更换转向锁执行器总成后试车，上述故障现象消失。至此，故障排除。

技巧点拨　此车故障主要原因是看似无关的故障竟然是息息相关的，所以在查找故障时一定要总体考虑，这更说明了自己对知识的系统掌握不够全面，以后还需多加努力！

五、2007 款雷克萨斯 LS460 燃油表指示不准确

故障现象　一辆 2007 款雷克萨斯 LS460，搭载 V8 1UR–FE 发动机，8 档手自一体的智能电子控制自动变速器，后轮驱动，行驶里程：2.5 万 km。驾驶人反映，燃油表不准，燃油表指示大概还有 1/3 时就需要加注燃油，否则无法正常行驶。

故障诊断　根据驾驶人描述和故障现象，可以知道是燃油箱内的燃油和仪表所指示的燃油不相符，燃油表指示不准。该车采用钢制鞍状燃油箱，以使传动轴可以从燃油箱中间部分的下方穿过（传动轴位于燃油箱底部凸起中心下方），燃油箱总成如图 2-49 所示，燃油表的控制框图如图 2-50 所示。

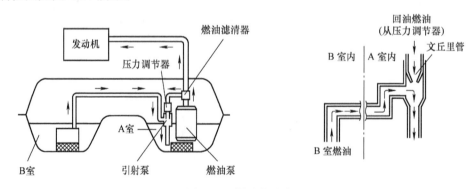

图 2-49　燃油箱总成

图 2-49 所示的燃油箱被分为 A 室和 B 室，为了更精确地测量燃油油位，A 室和 B 室各有一个燃油传感器（图 2-50），分别向仪表 ECU 输出两室的残油量，仪表 ECU 以这两个传感器的信号和来自发动机 ECU 的 EFI 控制信息为参数，计算出燃油的残油量，使燃油表工作指示当前燃油。当燃油油位较低时，该形状的燃油箱容易使燃油分散在 A 和 B 两个室内，B 室内的燃油不能泵出。为了防止发生这种情况，采用引射泵将燃油从 B 室输送到 A 室。

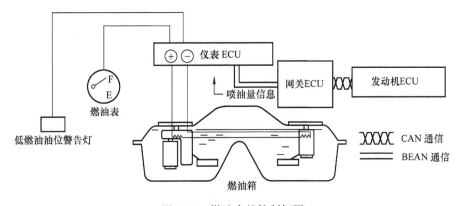

图 2-50 燃油表的控制框图

这个过程主要是通过引射泵利用燃油的流动来完成的，燃油通过文丘里管所产生的压差，可用于吸出 B 室的燃油并输送到 A 室。

根据驾驶人所描述的故障现象，判断可能出现的故障部位有：燃油箱燃油传感器；引射泵（B 室的燃油不能输送到 A 室）；燃油传感器连接线束存在短路或搭铁等。把两侧燃油传感器拆下，没有发现传感器浮子有卡滞和脱落现象。滑动燃油传感器浮子，燃油表可以准确地指示燃油油位，说明燃油传感器和线束连接没有问题。

故障排除 拆下汽油滤芯，检查引射泵，发现引射泵上的一密封圈挤压变形（图 2-51），更换新的密封圈，正确安装完成，起动车辆检测正常，后来几次电话回访驾驶人得知故障排除。看来此故障就是由于引射泵上的密封圈安装不到位而造成的故障。

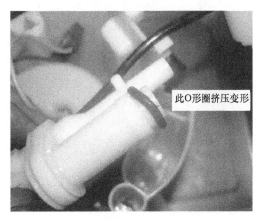

图 2-51 汽油滤芯上拆下的引射泵

技巧点拨 此种现象造成的原因是引射泵未能正常工作，从而使 A 室和 B 室两侧油位不一致，进而导致工作不正常的问题。

第四节 通 用 车 系

一、2015 款新科鲁兹车身漏水导致无法起动

故障现象 一辆 2015 款新科鲁兹，行驶里程：18167km，驾驶人反映无法起动，帮车搭电起动后来店检修。

故障诊断 到店后检测发现很多通信类和电源电压低的故障码。测量寄生电流，总是存在 200mA 的寄生电流。检查发现蓄电池安装槽中有水，电源稳压器模块插头已经泡水，出

现腐蚀迹象，备胎槽中也有积水。

当时大雨天气不断，怀疑是涉水进水或车身漏水。据驾驶人描述，该车没有涉水行驶，这几天一直停放，需要用车时，发现因无电无法起动。车辆停放的位置也不是低洼积水处。检查车身外观，在车头左前雾灯附近，可以看到积水漂浮物的痕迹，但是其他部位看不到积水漂浮物流挂的痕迹，不能说明车辆曾经泡在较深的积水中。

所以怀疑是车身漏水，造成蓄电池安装槽积水，导致电源稳压模块腐蚀、漏电引发无法起动的故障。下面就要查找车身漏水的部位。既然是行李舱内积水，重点在行李舱附近查找漏水的部位。拆掉行李舱中的所有内衬，仔细检查有无漏水的痕迹。

通过对积尘和水流痕迹的检查（图2-52），发现行李舱左后侧的减压阀下部，有很浅的流水后干燥的痕迹。然后通过淋水试验，确认漏水的部位（图2-53）。通过长时间对车身后端淋水，发现左后侧减压阀下部与车身相接的部位，有水漏进车身。

图2-52 对积尘和水流痕迹的检查

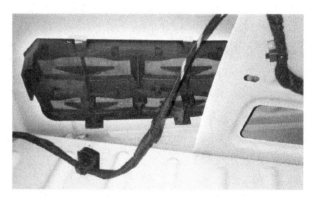

图2-53 漏水的部位

检查发现，由于车身钣金与减压阀（图2-54）接触的表面不平整，减压阀安装后，不能与车身完全贴合密封（图2-55），造成外部的水漏入车内。

图2-54 减压阀

图2-55 减压阀与车身结合处密封不良

故障排除 平整车身，更换减压阀后，淋水测试，未见有水漏入车内，密封良好。至此，故障排除。

技巧点拨 如果根据漏水的部位和车身结构特点分析，按常理来说，随着漏入的水量增加，绝大部分的水会流到备胎槽中，而不会流到蓄电池槽中（图2-56）。但是该故障，蓄电池槽中的水非常多，而备胎槽中的水很少，这是为什么呢？

该车很有可能是"左前侧车头低，右后车尾高"的姿态停放，这样绝大部分漏入的水，就会沿着车身左侧边缘，流入到蓄电池槽中。这就导致备胎槽积水少，而蓄电池槽被"淹没"的奇怪积水现象。

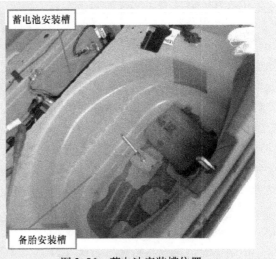

图2-56 蓄电池安装槽位置

二、2012款别克君越车防侧滑指示灯异常点亮

故障现象 一辆2012款别克君越车，搭载LDK发动机，行驶里程：23万km。车辆高速大负荷行驶后，在等红绿灯时，仪表板上防侧滑指示灯点亮（图2-57），且间歇性提示"请速检修车辆"，并伴随发动机抖动，此时轻轻踩下加速踏板或将发动机熄火后重新起动，故障现象消失。

故障诊断 接车后试车验证故障现象，接通点火开关，发动机顺利起动。仪表板显示正常，无故障灯点亮。用故障检测仪（GDS）调取故障码，发动机控制模块内存储了故障码P0366——排气凸轮轴位置传感器性能。记录并尝试清除故障码，故障码可以清除，试车故障依旧。根据上述故障码的提示，分析造成该故障的可能原因有排气凸轮轴位置传感器故障、排气凸轮轴变磁阻转子损坏、发动机控制模块故障、正时系统故障及相关线路故障等。

图2-57 仪表板上防侧滑指示灯点亮

检查排气凸轮轴位置传感器导线插接器，连接牢靠；拆检排气凸轮轴位置传感器，表面无异常；拆卸气门室罩盖，检查排气凸轮轴变磁阻转子，表面也无异常。将气门室罩盖和排气凸轮轴位置传感器装复，起动发动机，用故障检测仪读取进气和排气凸轮轴位置传感器激活计数，激活计数在5~255之间变化，由此暂时排除凸轮轴变磁阻转子和凸轮轴位置传感器故障的可能性。由于该车的行驶里程较多，检查发动机正时系统，发现导链板有破损脱落的现象，且正时链条松旷。在征得驾驶人同意后，决定更换排气凸轮轴、排气凸轮轴位置传感器、正时链条和链轮等配件。拆卸发动机油底壳，清除油底壳中的油泥和导链板脱落物，

更换上述配件后试车,故障依旧。

查阅该车凸轮轴位置传感器的工作原理,凸轮轴位置传感器电路由5V参考电压电路、低电平参考电压电路和输出信号电路组成。凸轮轴位置传感器是一种内部磁性偏差数字输出集成电路传感装置。传感器检测连接到凸轮轴上的4齿变磁阻转子的轮齿和槽之间的磁通量变化。当变磁阻转子的每个齿转过凸轮轴位置传感器时,所引起的磁场变化被传感器的电子装置用以产生1个数字输出脉冲。传感器返回1个频率变化的数字开/关直流电压脉冲,凸轮轴每转1圈就有4个宽度变化的输出脉冲。凸轮轴位置传感器输出信号的频率取决于凸轮轴转速,发动机控制模块对窄齿和宽齿模式进行解码,以识别凸轮轴位置。然后,此信息被用来确定发动机的最佳点火和喷油时刻。发动机控制模块还利用凸轮轴位置传感器输出信息来确定凸轮轴相对于曲轴的位置,以控制凸轮轴相位并进行应急模式操作。

凸轮轴位置传感器有信号,发动机控制模块也能接收到凸轮轴位置传感器的信号,说明进气、排气凸轮轴位置传感器及其线路没有问题,为什么还会存储排气凸轮轴位置传感器的故障码呢?会不会是发动机控制模块出了问题或凸轮轴传感器的信号间歇性出现了失真?连接示波器,等待故障出现时,读取进气、排气凸轮轴位置传感器的信号波形(图2-58),对比发现排气凸轮轴位置传感器的信号波形明显异常。

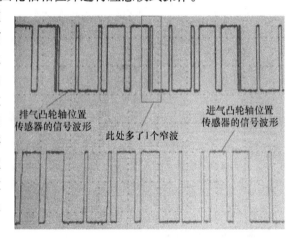

图2-58 故障车进气凸轮轴位置传感器和排气凸轮轴位置传感器的信号波形

正常情况下,凸轮轴旋转1圈,进、排气凸轮轴位置传感器应分别产生了4个波形,而故障车的排气凸轮轴位置传感器却产生了5个波形。接下来是要确定排气凸轮轴位置传感器为何产生5个波形,它的故障部位在哪里,鉴于之前排气凸轮轴位置传感器之前已经更换过,难道是排气凸轮轴位置传感器线路的故障?带着这个疑问,顺着排气凸轮轴位置传感器线路的走向,仔细检查排气凸轮轴位置传感器线束,发现在发动机漏油部位的线束上布满了机油,由于线束长期处于发动机舱高温环境下,已经出现严重老化、龟裂现象,怀疑排气凸轮轴位置传感器线束老化、龟裂,导致排气凸轮轴位置传感器的信号波形失真。

故障排除 更换发动机线束,并对发动机漏油部位进行处理后试车,故障现象始终没有出现,将车辆交付给驾驶人,并嘱咐驾驶人后期使用车辆过程中继续观察。交车1周后,打电话回访驾驶人,驾驶人反映之前的故障现象一直没有出现。至此,故障彻底排除。

技巧点拨 故障码P0366的设置条件为:发动机控制模块在1min内检测到曲轴旋转2转中凸轮轴位置传感器脉冲数不正确;发动机控制模块在4min内检测到曲轴旋转2000转中凸轮轴位置传感器脉冲数不正确。

第五节 大 众 车 系

一、2016 款奥迪 A4L 起动后抖动熄火

故障现象 一辆 2016 款奥迪 A4L，装备 CUJ 型发动机，行驶里程：59600km。发动机起动后故障灯点亮，随后发动机熄火。重新起动，发动机正常运行较短时间后，出现明显抖动并再次熄火。

故障诊断 接车后试车，故障属实。起动发动机，当冷却液温度升到99℃时，车辆开始出现明显抖动，随后熄火。期间，冷却液温度上升得非常快，几乎是1s上升1℃。

首先连接诊断电脑 ODIS 查询故障码，"01 发动机电控系统"中存储有下述故障信息：①传感器参考电压"A"过低，静态；②节气门电位计出现不可信的信号，静态；③由于接收到错误数值功能受限，静态；④发动机冷却液不足，静态。

结合故障现象和故障码分析，导致发动机抖动有可能是节气门故障。拆检节气门和插头线路，未发现异常，拔下插头后也未发现异常，于是更换节气门，但故障未发生改变，说明节气门正常，故障可能与参考电压过低的有关。

查询资料得知，发动机控制单元的某个端子给几个特定的传感器提供电压，这个电压被称为参考电压。参考电压是发动机控制单元程序设计好的模拟电压，一般为5V。参考电压分为两种：参考电压 A 和参考电压 B。此车的传感器电压 A 分配给 A35（T105/35）、A54（T105/54）、B32（T91/32）和 B33（T91/33）等端子。查询相关电路图如图2-59和图2-60所示。

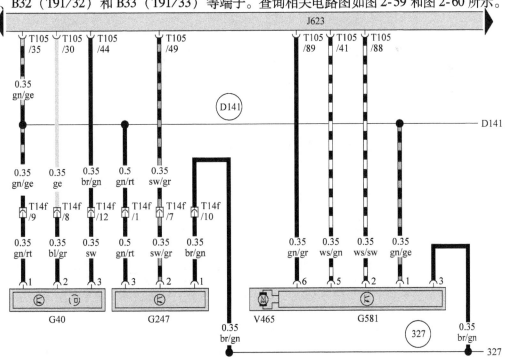

图 2-59　发动机控制单元电路图 1
J623—发动机控制单元　G40—霍尔式传感器　G247—燃油压力传感器
G581 和 V465—增压压力调节器总成　D141—参考供电电压 5V

由图2-59、图2-60得知，其中A35（T105/35）端子为以下传感器提供参考电压：发动机转速传感器G28、进气温度传感器G42、进气压力传感器G71和发动机温度调节执行元件N493。A54（T105/54）端子为节气门控制单元J338的2号端子提供参考电压，2号端子即为电位计传感器1和2的供电端子。A35和A54是控制单元程序设计好的参考电压A。因此，怀疑以上部件中某一个内部出现了短路现象，致使参考电压降低，从而导致节气门的供电电压不足，而无法正常工作。

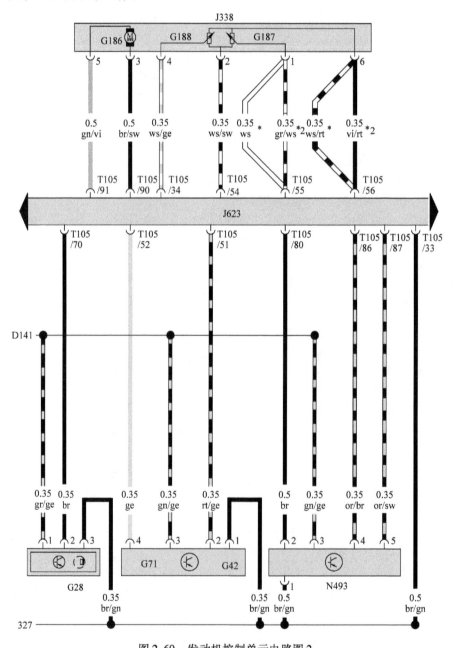

图2-60 发动机控制单元电路图2

G28—发动机转速传感器 G42—进气温度传感器 G71—进气压力传感器
J338—节气门总成 N493—发动机温度调节伺服元件 327—接地 D141—参考供电电压5V

测量节气门插头 T6/2 的供电电压为 1.8V，正常应为 5V 左右，说明供电电压过低，依次拔下电路图中涉及的传感器插头，并再次测量节气门处供电电压，当拔下发动机温度调节执行元件 N493 时，节气门端子 T6/2 的电压变为 5.01V，参考电压恢复正常。此时起动发动机，运行平稳，因此说明温度调节执行元件 N493 出现了问题。分解执行元件 N493（图 2-61），发现其内部渗入冷却液，元件已被腐蚀。

断开 N493 插头并读取故障码，"01 发动机控制单元"记录的故障码由之前的两个变成以下两个：①冷却液旁通阀起动，断路，静态；②冷却液不足显示传感器，电气故障，静态。

故障排除 由于温度调节执行元件 N493 和水泵为一整体，只好整体进行更换。重新订购一个 N493 和水泵总成，测量端子 1、2 之间的电阻，为 48Ω，装车试车，一切正常。

图 2-61 被拆解的温度调节执行元件 N493

技巧点拨 该车由于 N493 内部短路，拉低了参考电压 A 的供电电压，导致众多执行器和传感器无法正常工作，其中包括发动机转速传感器，因此发动机出现熄火故障。遇到电路方面的故障一定要站在全局的高度来考虑问题，如果局限在故障本身或只按照故障码提示，则容易被引入歧途。

二、2015 款奥迪 A4L 车发动机怠速抖动且多个故障灯点亮

故障现象 一辆 2015 款奥迪 A4L 车，搭载 CUJA 发动机，行驶里程：5.8 万 km。驾驶人反映，该车发动机怠速抖动，且组合仪表上多个故障灯异常点亮。

故障诊断 接车后试车，起动发动机，发动机怠速抖动，且组合仪表上的发动机故障灯、EPC 故障灯、防侧滑故障灯等多个故障灯异常点亮（图 2-62），与驾驶人所述一致。

用故障检测仪检测，发现发动机控制单元中存储了多个故障码（图 2-63），记录并清除故障码，发现故障码：P064200——传感器参考电压"A"，过低，P012100——节气门电位计，不可信信号，U112300——数据总线接收到的故障值，无法清除。重新起动发动机，发动机怠速转速约为 1500r/min，踩下加速踏板，发动机转速无变化，说明发动机进入跛行模式。

分析认为，引起故障码 P064200 的可能原因有：传感器基准电压 A 外部供电线路对搭铁短路；传感器基准电压 A 上的连接部件内部短路；发动机控制单元内部的传感器基准电压 A 电路脱焊。对故障码 P064200 执行故障引导测试（图 2-64），得知发动机控制单元的传感器基准电压 A 通过 4 个端子（端子 T105/35、端子 T105/54、端子 T91/32 和端子 T91/33）向多个传感器和执行器供电。传感器基准电压 A 上的连接部件见表 2-1。

图 2-62　组合仪表上的多个故障灯异常点亮　　图 2-63　发动机控制单元中存储的故障码

表 2-1　传感器基准电压 A 上的具体连接部件

发动机控制单元端子	连接部件及端子
端子 T105/35	霍尔式传感器（G40）端子 1、燃油压力传感器（G247）端子 3、增压压力调节器（V465）端子 1、发动机转速传感器（G28）端子 1、进气压力/温度传感器（G71/G42）端子 3、发动机温度调节执行元件（N493）端子 3
端子 T105/54	节气门控制单元（J338）端子 2
端子 T91/32	增压压力传感器（G31）端子 3、制动助力器压力传感器（G294）端子 3
端子 T91/33	加速踏板位置传感器 1（G79）端子 2

首先根据故障码：P012100——测量节气门控制单元（J338）端子 2 的供电，连接和脱开 J338 导线插接器时均为 5V，正常；接着测量增压压力传感器（G31）端子 3 的供电，连接和脱开 G31 导线插接器时均为 5V，正常，但是发现 G31 侧导线插接器内有水汽（图 2-65）。水是从哪儿来的呢？仔细检查节温器、冷却液截止阀及辅助冷却液泵，未见泄漏冷却液的现象。

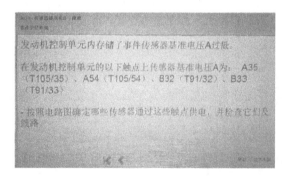

图 2-64　对故障码 P064200 执行故障引导测试　　图 2-65　G31 侧导线插接器内有水汽

吹干 G31 侧导线插接器内的水迹后装复试车，发现故障码可以清除，且发动机运转恢复正常。难道是 G31 侧导线插接器内的水汽导致传感器基准电压 A 偶尔对搭铁短路？由于没有测量到异常的电压，也没有找到故障点，心里没底，担心交车后故障会再现，于是反复试车。试车约 1h 后故障再现，且存储的故障码与之前一样，但是熄火后测量相关传感器和执行器上的基准电压 A，均为 5V，正常；重新起动发动机，发动机又恢复正常工作，且故障码变为偶发，可以清除。为了确认故障发生时的传感器基准电压 A 是否正常，决定用万用表实时监测 J338 端子 2 上的电压。试车一段时间，发动机突然开始抖动，此时 J338 端子 2 上的电压由 5V 变为 3.78V；测量 G31 端子 3 上的电压，为 3.76V（图 2-66）；测量其他传感器和执行器上的基准电压 A，均约为 3.8V。将发动机熄火，依次脱开传感器基准电压 A 上的连接部件，当脱开 G31 导线插接器时，传感器基准电压 A 恢复正常（图 2-67）。

故障排除　更换 G31 后反复试车，故障现象未再出现，故障排除。

图 2-66　G31 端子 3 上的电压为 3.76V

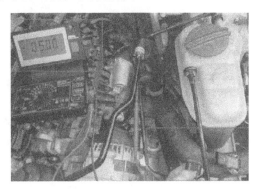

图 2-67　传感器基准电压 A 恢复正常

技巧点拨　仔细检查 G31，发现之前吹干的地方出现了油迹（图 2-68），由此推断 G31 端子密封不严，进气管路中的油气进入 G31 端子，使端子之间发生短路，从而影响了整个传感器基准电压 A，而之前发现的水迹也是由此引起的。

三、2013 款奥迪 Q5 行驶中冷却液温度过高

故障现象　一辆 2013 款奥迪 Q5，搭载型号为 CDZ 的 2.0T 发动机，行驶里程：1889km，车辆在行驶时冷却液温度偶尔达到 130℃，电子扇出现不工作现象。

故障诊断　车辆怠速时开启空调，7min 内冷却液温度达到 130℃，观察电子扇出现间断性工作，运转几秒钟后随即出现停止现象。用 5052A 进行检查，发现空调系统及发动机系统均存在与故障相关的故障码。故障码 1：发动机系统故障显示为散热器风扇驱动器 1 对地短路；故障码 2：空调系统故障显示为制冷剂压力机温度传感器超出上限。尝试用诊断仪做"执行元件测试"时发现电

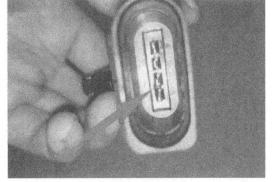

图 2-68　G31 端子处有油迹

子扇依旧不工作，根据故障码及"执行元件测试"的结果，判断电子扇出现故障的可能性较大。对电子扇进行直接供电后，电子扇正常运转，排除电子扇本身故障，根据相关电路图（图 2-69）进行检查。

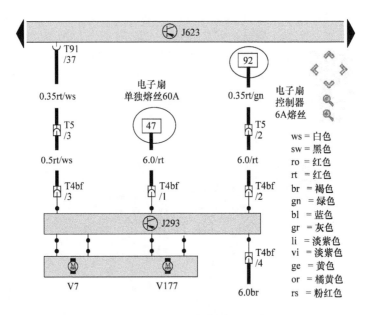

图 2-69 电路图

检查上述线路连接、供电及搭铁均正常,分析有可能是电子扇控制器故障致使接收 J623 的请求信号后无法激活电子扇,更换后故障依旧存在。根据排除法只有发动机控制单元 J623 的故障未排除(图 2-70),接下来测量发动机控制单元 J623 的电子扇激活指令波形图。正常车辆波形图:波形连续,无中断;电压值正常(图 2-71)。故障车辆的波形图:波形不连续;电压不正常(图 2-72)。

图 2-70 电子扇不工作原因

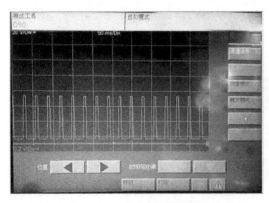

图 2-71 正常车辆波形图

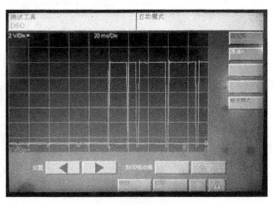

图 2-72 故障车辆波形图

故障排除 根据波形反映出来的结果更换发动机控制单元后进行试车故障依旧；在问题陷入僵局时，无意中拉动发动机控制单元线束时电子扇重新工作，于是再次检查线路连接及供电时发现电子扇主供电线路上无电压，检查 S42 号熔丝时发现存在虚接现象（图 2-73），熔丝固定螺栓未紧固。对松动的供电端子接线柱进行紧固，故障彻底排除。

技巧点拨 在出现供电线路或搭铁线路虚接状态时，所测量的波形会出现较大幅度的失真，针对此类型故障应先排除线路虚接，采用晃动和紧固螺栓等方法，再测量波形。

图 2-73 熔丝固定螺栓未紧固

四、2013 款奥迪 Q3 车 EPC 故障灯异常点亮

故障现象 一辆 2013 款奥迪 Q3 车，EPC 故障灯异常点亮，车辆行驶正常。

故障诊断 接车后，首先验证故障现象，确认驾驶人所述属实。连接故障检测仪进行检测，在发动机控制单元内读取故障码 "P3053——起动机起动，端子 50 返回信息对搭铁短路/断路静态"。根据故障导航测试了起动继电器的工作情况，起动继电器可以随着故障检测仪的控制完成吸合及断开的动作，说明起动继电器本身及控制线路无故障。

经询问驾驶人得知，该车 EPC 故障灯异常点亮是在事故维修后出现的，于是怀疑此故障可能是人为造成的。根据以往的维修经验，起动机搭铁不良容易导致此类故障码。由于起动机的搭铁是通过起动机壳体与发动机进行搭铁的，再加上之前事故维修时已经更换了起动机，所以怀疑发动机与车身的搭铁不良。检查发动机与车身之间的搭铁，发现之前事故维修时松开了搭铁线，喷漆时未对搭铁点进行保护，将油漆喷涂在了搭铁点上，造成搭铁不良。处理好搭铁点后，故障码变为偶发，清除故障码后试车，故障排除。

没过几天驾驶人又回厂，依旧报修 EPC 灯亮。读取的故障码和之前一样。看来除了搭铁不良外还有其他故障。分析故障码 P3053 中所述的端子 50 的反馈信号的作用，是用于起动发动机时将起动信号传递给稳压器 J532 进行电流稳压，同时也给发动机控制单元（J623）提供信号，监测起动机的工作状态。分析电路图（图 2-74），起动继电器（J907）将发动机起动信号传递给熔丝 SC19，检查熔丝 SC19 的电阻，为 0.02Ω（正常）。起动机起动的瞬间可以测到 11.5V 电压（正常）；测量熔丝 SC19 与 J532 的端子 T12d/4 间的电阻，为 0.02Ω

(正常); 测量熔丝 SC19 与 J623 的端子 T94/74 间的电阻, 为 0.03Ω (正常), 但在测量时发现 J623 的端子 T94/74 明显松动, 怀疑存在虚接现象, 拆开检查发现该端子已损坏 (图 2-75)。

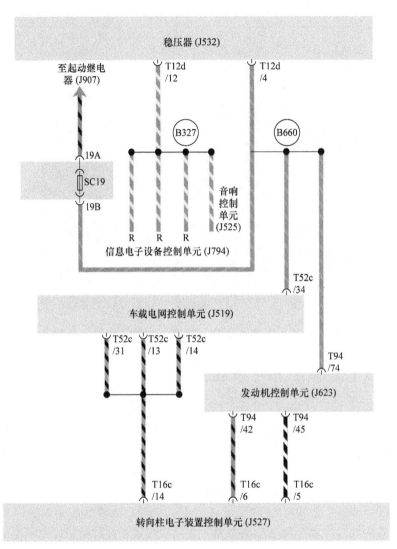

图 2-74 起动机电路

故障排除 更换 J623 的端子 T94/74 后试车, 故障彻底排除。

技巧点拨 电路中的端子虚接会造成 EPC 故障甚至是更大的故障, 可见汽车电路中的任何一个地方存在问题, 都会引发汽车某个部位的相应故障。

五、2017 款上汽大众途观车机油压力报警

故障现象 一辆 2017 款大众途观车, 搭载 2.0L 发动机和 7 档双离合变速器, 行驶里程: 3.9 万 km。驾驶人反映, 车辆行驶过程中, 组合仪表多信息显示屏出现机油压力报警提示。

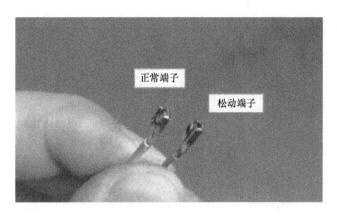

图 2-75 损坏的端子

故障诊断 接车后首先试车验证故障现象。接通点火开关,起动发动机,发动机顺利起动,缓慢踩下加速踏板,组合仪表多信息显示屏没有出现机油压力报警的提示,说明故障具有一定的偶发性。连接故障检测仪(VAS6150D)读取故障码,在发动机控制单元内存储有故障码:P164D00——用于较低油压的机油压力开关,功能失效。根据故障码的提示,结合以往的维修经验分析,认为造成故障的可能原因有:机油滤清器下部塑料止回阀上的O形圈损坏;发动机油底壳变形;机油泵限压阀泄压。

本着由简入繁的诊断原则,维修人员首先检查机油油位,油位正常。举升车辆,检查发动机油底壳,未发现发动机油底壳有磕碰及变形的现象。怀疑是机油滤清器下部塑料止回阀上的O形圈损坏,机油经过损坏的O形圈流回到发动机油底壳。拆下机油滤清器,取出塑料止回阀(图2-76),未发现O形圈有破损及老化的现象。

图 2-76 塑料止回阀

重新装复塑料止回阀和机油滤清器,起动发动机,待发动机冷却液温度达到90℃时,将发动机熄火,拆下机油压力开关,连接机油压力表,重新起动发动机,怠速时测得的机油压力约为0.9bar(图2-77,$1bar = 10^5 Pa$),机油压力过低(正常情况下,怠速时的机油压力应约为1.6bar)。拆下发动机油底壳,检查机油泵吸油管处的滤网,未发现滤网被杂质堵塞。拆下机油泵,拆下机油泵上的吸油管,从机油泵的进油口处倒入机油,并且用手堵住机油泵的出油口,转动机油泵上的驱动齿轮,发现机油泵上的限压阀(图2-78)处有机油漏出,由此判断机油泵的限压阀功能失效。

故障排除 更换机油泵,连接机油压力表测量机油压力,怠速时测得的机油压力约为1.7bar,正常。进行路试,组合仪表多信息显示屏没有出现机油压力报警提示。至此,故障排除。

 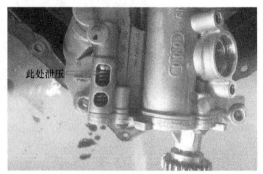

图 2-77　急速时测得的机油压力　　　　图 2-78　机油泵限压阀

技巧点拨　本例故障在于机油泵的限压阀问题导致机油压力报警，对于此类问题，如果机油质量及油量没有问题，往往就会采取更换机油泵的方法。

六、2012 款迈腾行驶中突然出现异响且机油警告灯点亮

故障现象　一辆 2012 款 1.8TFSI 的迈腾，因轻微碰撞更换了油底壳，驾驶人反映交车后行驶途中突然出现异响且机油警告灯点亮的故障。

故障诊断　接车后连接 VAS5051 故障诊断仪，读取为"凸轮轴位置传感器电路范围/性能"的故障码且能清除。路试很长时间驾驶人所述的故障现象才出现。机油警告灯点亮的故障是在凹凸不平、起伏较大的路况上出现的，异响好像是从底盘发出来的，故障码也是在此时重现，而且故障现象是同时出现的。怀疑机油压力有问题，于是检查各工况下的机油压力值均在正常范围内，然后询问该车辆的维修人员，更换油底壳时也目测检查了机油泵无碰撞痕迹。依据故障现象，认为故障码与故障现象是同时出现的，因此有必要以故障码为切入点。

从原理上对凸轮轴位置传感器（图 2-79）进行分析及相关检查：故障码清除后又重现，由此说明是硬性故障。考虑到凸轮轴位置传感器 G40 有故障也会出现类似故障码，更换新件后故障依然存在。

因 G40 为第一缸及第四缸的判缸信号，它同 G28 发动机转速传感器进行比较后判缸，它们之间有相位关系，从两者工作原理及维修实际经验得知，如果它们之间的相位存在差异，也会报"凸轮轴位置传感器电路范围/性能"的故障码。

图 2-79　凸轮轴位置传感器位置

于是进入 01 -08 -090、091、92、093 数据流组检查凸轮轴正时调整的角度，与一辆新车的

数据比较后，结果证明相位没有问题。

考虑到该车辆碰撞了油底壳，怀疑曲轴上的信号齿圈变形，导致 G28 发动机转速传感器信号偏差报此故障码，询问维修人员得知，油底壳只是小撞了一下，当时拆装油底壳时维修人员也检查了靠近齿圈的油底壳部分，没有变形。那么故障原因在哪里呢？为什么故障码总是不能消除？这个故障码与机油警告灯点亮是否有直接的关系呢？从驾驶人口中了解到，碰撞之前没有此故障，故障是碰撞之后产生的。

按照驾驶人的提示进行试车，在速度为 40km/h 左右，向左打方向时，没有故障现象出现，当向右猛打方向时，发动机内部出现类似"突突"回火声音，此时机油警告灯点亮，多功能显示器上出现"发动机故障"字样，"凸轮轴位置传感器电路范围/性能"的故障码再次出现。

此时断定上述故障现象一定有关联，维修人员反映所谓的底盘异响，这是正时调节滞后所引起发动机回火的响声。有哪些原因会同时影响正时滞后、机油警告灯报警、"凸轮轴位置传感器电路范围/性能"故障码的同时出现呢？怀疑如果正时不对，可能会引起发动机回火、凸轮轴的故障码出现，但不会影响到机油警告灯报警，况且上述已检查了发动机数据流正时组没有问题；如果机油压力有问题，在行驶过程中或急速时就会亮灯，但该车机油警告灯仅在向右猛打转向盘时才点亮，并且同时发动机出现异响及故障码。从上述故障现象分析机油压力系统有故障。考虑到该车故障现象是在碰撞油底壳之后出现的，但维修人员反映更换油底壳时已目测检查过，机油泵没有碰撞的痕迹。

故障排除 再次拆下油底壳及机油泵进行仔细检查，果然发现机油泵壳体外部有一小块裂隙，因裂隙被机油泵螺栓固定，不拆下机油泵肉眼外观检查难以察觉（图 2-80、图 2-81），就此验证了上述试车时所产生的奇特故障现象，一定车速下向右打猛打转向时，或行驶在凹凸不平、起伏较大的路面上，此时油底壳内一边机油多，一边机油少，因机油泵有裂隙，右打转向时裂隙处吸入了空气，从而机油泵油量减少，导致了机油压力不足，机油警告灯点亮的故障；此时为什么会出现凸轮轴的故障码呢？这是因为迈腾 1.8TFSI 发动机为无级可调式进气凸轮轴正时，由 N205 凸轮轴调节器经 PWM 脉宽调制信号调整机油压力实

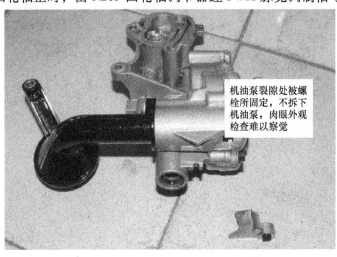

图 2-80　机油泵壳体外部有一小块裂隙

图 2-81 机油泵裂隙处被螺栓固定

现这一功能,它可以提高发动机的功率、转矩、运转的平稳性并降低发动机排放。因机油泵裂隙,在右转向时油泵吸入空气而导致了机油压力不足,此时又是急加速工况,发动机此时必须通过 N205 凸轮轴调节阀进行正时功率调节,但由于机油泵故障无法建立正常油压进行调整,于是便出现急加速时正时滞后所导致的发动机回火声,同时又产生凸轮轴范围性能的故障码。

技巧点拨 通过上述故障诊断分析的思路,获取如下诊断经验。一是问诊很重要,驾驶人通常是第一故障现象的见证人,从驾驶人口中可以了解到故障产生的时机、路况、规律性,以此能成为分析诊断故障的重要线索;二是路试的必要性,作为一名技术过硬的维修人员,可以通过对驾驶人的问诊,了解故障产生的时机、路况、规律,然后通过路试加以验证。验证过程中又可通过诊断仪对涉及可能产生故障的部件进行相关监控,然后对故障的特点加以分析,从而找到故障点。假如驾驶人没有提供弯路上转向时出现故障的信息,或许在诊断过程中还要走弯路。

第六节 路 虎 车 系

一、2015 款路虎揽胜极光车急速转速忽高忽低

故障现象 一辆 2015 款路虎揽胜极光车,搭载 2.0T 汽油机,行驶里程:3.2 万 km。驾驶人反映,该车急速转速忽高忽低,很不稳定。

故障诊断 接车后试车验证故障,发现无论是冷机还是热机,发动机急速转速总是忽高忽低,很不稳定,但发动机故障灯未点亮。与驾驶人沟通得知,该故障是在其他修理厂更换进气凸轮轴后出现的,为此更换了点火线圈和火花塞,并清洗了节气门、进气管路及燃油系统,但故障依旧。

用故障检测仪 SDD 检测，发现发动机控制单元中存储了故障码"P0505-27——怠速控制系统"。查看维修手册，得知引起该故障码的原因有：发动机转速信号变化太快；进气系统堵塞；前端辅助驱动过载、故障或部件卡滞。由于故障是在更换进气凸轮轴后出现的，怀疑发动机正时有偏差。

检查发动机正时，无异常。连接示波器 Pico Scope，读取故障车发动机正时波形（图 2-82）和正常车发动机正时波形（图 2-83），经对比，发现故障车与正常车的凸轮轴位置传感器波形一致，而曲轴位置传感器波形有偏差，怀疑曲轴位置传感器信号盘损坏。

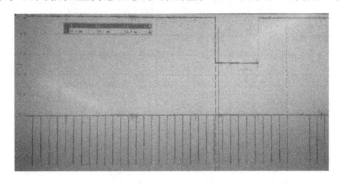

图 2-82　故障车发动机正时波形

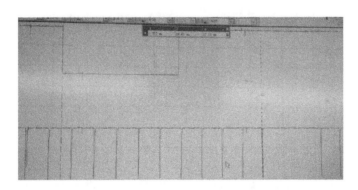

图 2-83　正常车发动机正时波形

拆下故障车曲轴位置传感器信号盘，与正常车曲轴位置传感器信号盘对比，发现故障车曲轴位置传感器信号盘发生扭转（图 2-84），推断之前的维修人员未按照标准流程紧固曲轴位置传感器信号盘螺栓，导致瞬时大转矩使曲轴位置传感器信号盘发生扭转。

故障排除　更换曲轴位置传感器，按标准流程紧固曲轴位置传感器信号盘螺栓后试车，发动机怠速转速稳定，故障排除。

技巧点拨　由于此故障是在更换凸轮轴后出现的，此时应着重检查凸轮轴，并与旧件对比。

二、2014 款路虎揽胜车燃油表指示不准

故障现象　一辆 2014 款路虎揽胜车，搭载 3.0L 机械增压汽油发动机，行驶里程：

图 2-84　曲轴位置传感器信号盘发生扭转

5 万 km。驾驶人反映，该车加满燃油时，燃油表指示燃油存量约为 3/4。

故障诊断　接车后试车验证故障，陪同驾驶人去加油站加注燃油，加满燃油箱后，组合仪表上的燃油表指示燃油存量约为 3/4（图 2-85），说明驾驶人反映的故障确实存在。

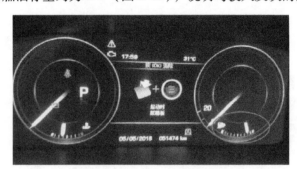

图 2-85　燃油表指示燃油存量约为 3/4

用故障检测仪 SDD 检测，发现车身控制模块（BCM）中存储了故障码 B1A76-1C——2 号燃油发送器，电路电压超出范围；尝试清除故障码，故障码可以清除，但燃油表指示依旧不准。该驾驶人、副燃油箱中均有 1 个燃油位置传感器（在主、副油浮子内部），燃油位置传感器将电阻信号传送至中央接线盒（CJB），CJB 根据电阻信号计算燃油存量，然后通过中速 CAN 线将燃油存量信号传送至组合仪表，最后由组合仪表显示燃油存量。

读取相关数据流，发现"燃油液位输入"为 83.5%，由于可以读取到燃油存量数据，初步认为主、副燃油位置传感器的线路均正常。结合故障码 B1A76-1C 进行分析，推断副燃油位置传感器脏污或卡滞，导致其电阻信号失准，从而使燃油表指示不准。

排空燃油箱中的燃油，拆下主、副油浮子，将浮子调至最高液位时，燃油位置传感器的电阻最低；将浮子调至最低液位时，燃油位置传感器的电阻最低。测量主油浮子上的燃油位置传感器电阻，在最高液位时，为 993Ω，在最高液位时为 52Ω，均正常。测量副油浮子上的燃油位置传感器电阻，在最低液位时，为 1036Ω，正常；在最高液位时为 132.8Ω，偏大，正常应为111.3Ω。分解副油浮子，发现副油浮子内部脏污（图2-86），且有大量铁屑，怀疑故障是由此引起的。

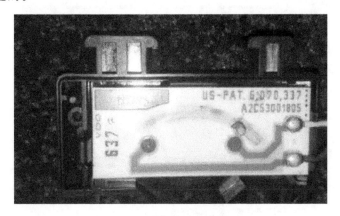

图2-86　副油浮子内部脏污

故障排除　清除副油浮子内部附着的铁屑后装复试车，燃油表指示正常，故障排除。

技巧点拨　燃油表指示不准，一般是燃油箱内浮子的问题，应优先拆卸浮子进行诊断。

三、2011年路虎神行者2车发动机加速不良

故障现象　一辆2011年路虎神行者2车，VIN：SALFA2BD9BH245×××，搭载型号为TD4发动机和自动变速器，行驶里程：2万km，因发动机加速不良而进厂检修。

故障诊断　接车后试车验证故障，故障现象确实存在。接通点火开关，尝试起动发动机，发动机能顺利起动着车，发动机怠速转换约为800r/min，且较稳定，但仪表信息中心提示发动机性能受限。对车辆进行路试，发现当车速达到80km/h时，发动机噪声增大，加速不良。

连接故障检测仪调取故障码，得到的故障码：P0238-00——增压涡轮主力传感器A-电路过高，P2263-21——涡轮增压助力系统性能和P0047-77——涡轮增压助力电磁阀-电路过低。记录并尝试清除故障码后对车辆进行路试，故障码P0238-00——涡轮增压主力传感器A-电路过高依然存在。

根据上述检查结果，判断故障原因可能是涡轮增压器、涡轮增压器控制模块及其相关线路故障。

查阅相关电路图（图2-87）可知，涡轮增压器控制模块由PCM提供供电和搭铁。测量导线插接器C1E432B的端子5和端子4之间的电压，为12.49V，正常；接着检查涡轮增压器控制模块内置传感器的供电，测量导线插接器C1E432B的端子2与端子1之间的电压，为5V，正常；检查传感器的信号线，测量导线插接器C1E432B的端子3与端子1之间的电压，为4.62V，用手推动连杆使涡轮增压器的叶片转动，信号电压却没有发生任何变化，判断涡轮增压器控制模块内部故障。

断开点火开关，断开蓄电池负极电缆，断开涡轮增压器控制模块导线插接器C1E432B，

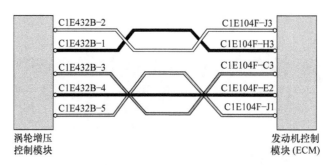

图 2-87 涡轮增压器电路

发现其端子有锈蚀的痕迹（图 2-88），对导线插接器端子进行处理后试车，故障依旧。怀疑是涡轮增压器控制模块密封不良导致内部进水短路。

图 2-88 涡轮增压器控制模块导线插接器端子锈蚀

故障排除 更换涡轮增压器总成后试车，故障排除。

技巧点拨 汽车诊断过程中仔细观察相应的故障发生部位，进行简单的拉伸、拽动、挤压等也会使故障重现或故障现象消失，此时可找到故障发生部位。

第三章

汽车车身控制系统维修技能与技巧点拨

第一节 安全气囊系统维修技能与技巧点拨

一、2015 款奔驰 E180 车安全气囊警告灯点亮

故障现象 一辆 2015 款奔驰 E180 车，搭载型号为 M274 的 4 缸直喷汽油发动机，行驶里程：2.3 万 km，因安全气囊警告灯点亮而进厂检修。

故障诊断 接车后试车验证故障，故障现象确实存在。接通点火开关，起动发动机，仪表板上红色的安全气囊警告灯一直点亮，仪表信息中心有"左前侧故障，请去授权服务中心"的黄色提示信息（图3-1）。对车辆进行初步检查，确认无任何加装和改装；查阅该车的维修记录，无事故及相关维修信息。

图 3-1 故障车的仪表板

连接故障检测仪，对车辆进行快速测试，读取到的故障码如图3-2所示，含义为"B000213——驾驶人侧安全气囊引爆装置第2级存在功能故障，存在断路"和"B000113——驾驶人侧安全气囊引爆装置第1级存在功能故障，存在断路"。查看驾驶人侧安全气囊相关实际值，均显示电阻过高（图3-3）。实际值明显异常，说明驾驶人侧安全气囊回路确实存在故障。

根据上述检查结果，判断故障原因可能有驾驶人侧安全气囊引爆装置与安全气囊控制单元之间的线路存在故障，驾驶人侧安全气囊引爆装置内部断路，安全气囊控制单元内部故障等。

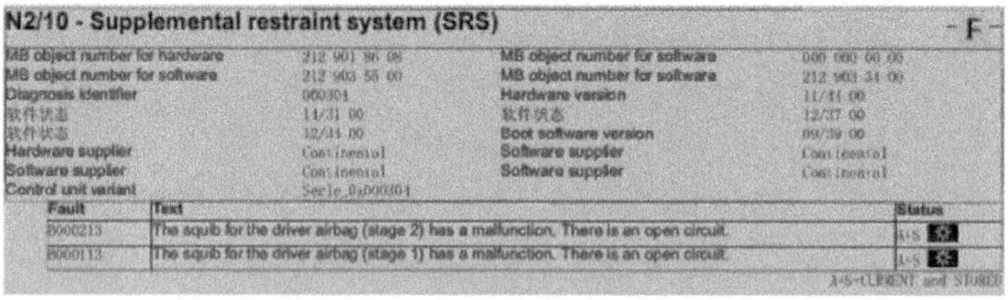

图3-2 故障检测仪读取到的故障码

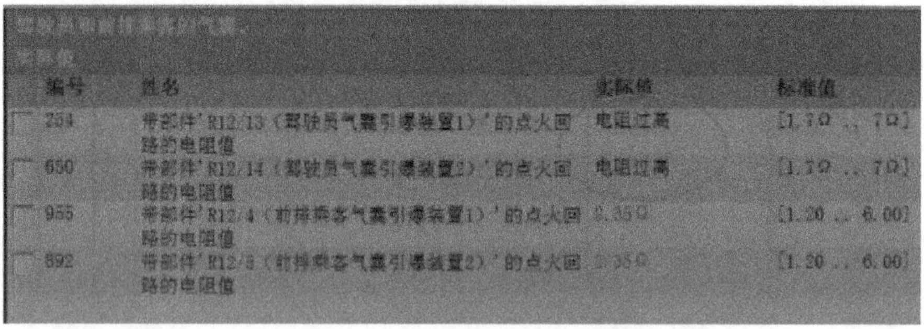

图3-3 驾驶人侧安全气囊实际值

根据相关电路（图3-4），对驾驶人侧安全气囊相关线路进行检查。首先检查驾驶人侧安全气囊的导线插接器，未见松动等异常现象。本着由简到繁的原则，维修人员首先测量了安全气囊引爆装置与导线插接器A45之间的线路，结果测得这4根线均无短路、断路和接触不良等情况；接着测量驾驶人侧安全气囊引爆装置1（R12/13）和驾驶人侧安全气囊引爆装置2（R12/14）的电阻，均为2.5Ω，正常；测量安全气囊控制单元（N2/10）与转向柱模块（N80）之间的线路，正常。将转向柱模块拆下，测量其内部与安全气囊相关的线路，测量发现，其端子2与端子9、端子3与端子10之间的电阻为∞，说明线路断路；测量端子1与端子8、端子4与端子11之间的电阻，为0.2Ω，正常。检查结果表明，转向柱模块N80内部的驾驶人侧安全气囊引爆装置的线路存在断路，因此需更换转向柱模块N80。

故障排除　更换转向柱模块N80后试车，故障排除。

技巧点拨　安全气囊系统在汽车上是单独布线的，而且安全气囊系统的所有连接均带有保护功能，安全气囊系统在引爆后所有部件要全部更换。

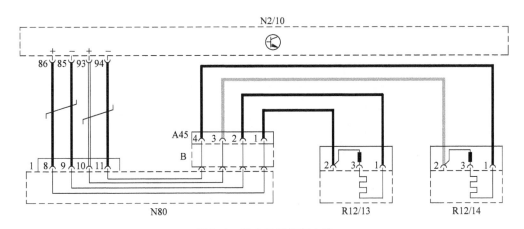

图 3-4 安全气囊控制电路
N2/10—安全气囊控制单元　N80—转向柱模块　R12/13—驾驶人侧安全气囊引爆装置 1
R12/14—驾驶人侧安全气囊引爆装置 2

二、2015 款奔驰 R400 车预防性安全系统停止运作

故障现象　一辆 2015 款奔驰 R400 车，行驶里程：5000km，搭载型号为 M276 的双涡轮增压发动机，配有预防性安全系统。该车因仪表板上的信息中心多次出现预防性安全系统停止运作的提示信息而进厂检修。

故障诊断　接车后试车验证故障，起动发动机，仪表板上的信息中心显示"预防性安全系统停止运作参见用户手册"的警告提示信息（图 3-5），车辆其他功能均正常，仪表板上也没有故障灯点亮。经询问驾驶人得知，提车后不久就曾出现过上述故障，有时提示信息会自动消失，有时又会再次出现，无规律可循。

连接 Star-D 对车辆进行快速测试，发现在右前安全带拉紧器控制单元中存储有故障码"B228B62——可反向的安全带紧急拉紧器控制单元存在功能故障。信号比较有故障"（图 3-6）。

图 3-5 仪表板上的信息中心提示"预防性安全系统停止运作参见用户手册"

查看相关资料可知，奔驰 R400 车预防性安全系统（PRE-SAFE）由左前安全带拉紧器

RevGUS-VL-左前可转换的安全带拉紧器				-√-
MB号码 2519014900	HW版本 12.40.00	SW版本 11.22.00	诊断版本 00030B	插针 101
FW号码 2519021900	FW号码(数据)		FW号码(Boot-SW)	
RevGUS-VR-右前可转换的安全带拉紧器				-f-
MB号码 2519015000	HW版本 12.40.00	SW版本 11.22.00	诊断版本 00030B	插针 101
FW号码 2519021900	FW号码(数据)		FW号码(Boot-SW)	
编码	文本			状态
B228B62 "可反向的安全带紧急拉紧器"控制单元存在功能故障。已存储的信号比较有故障。				

图 3-6　Star-D 读取到的故障码

和右前安全带拉紧器组成，并在可能发生碰撞事故的情况下工作。在发生实际碰撞之前触发此功能，可以为乘客提供最有利的碰撞保护。

预防性安全系统所需的数据由电控车辆稳定行驶系统（ESP）控制单元提供，左右两侧的安全带拉紧器控制单元通过传动系统控制区域网络（CAN C）从 ESP 控制单元获得车辆的行驶数据，当判断到车辆存在碰撞风险时，会及时促动安全带拉紧器工作，将安全带收紧，从而有效避免驾驶人和前排乘客因碰撞发生时的惯性而受到伤害。当碰撞风险解除或碰撞事故发生后，安全带拉紧器控制单元会控制安全带拉紧器将安全带放松，以满足驾驶人和前排乘客的舒适性要求，以及在碰撞事故发生后为乘客离开车辆提供便利。

预防性安全系统（PRE-SAFE）所需的数据来自电控车辆稳定行驶系统（ESP）控制单元，而 ESP 控制单元及其他相关控制单元中均无任何故障码，说明预防性安全系统停止运作与 ESP 控制单元无关；预防性安全系统由左前安全带拉紧器和右前安全带拉紧器组成，而左前安全带拉紧器控制单元中无相关故障码，说明预防性安全系统停止运作也与其无关。故障原因只能是右前安全带拉紧器控制单元及其相关线路故障。

根据如图 3-7 所示相关电路图，对右前安全带拉紧器控制单元及其相关线路进行检查。首先查看了右前安全带拉紧器控制单元的导线插接器及其端子，未发现松动和腐蚀迹象；接着测量右前安全带拉紧器控制单元端子 4 和端子 6 的供电电压，均为 12.6V，正常；测量端子 5 与搭铁之间的电阻，为 0.3Ω，也正常。由于该故障是偶发故障，推断故障点可能是右前安全带拉紧器控制单元存在间歇性故障或线路存在接触不良的故障，但在测量时未出现故障。

为此，维修人员在清除故障码后，决定对车辆进行路试，寻找故障发生的规律，如果能找到规律，一般是线路问题；如果确实无规律可循，则可能是右前安全带拉紧器控制单元存在间歇性故障。经过反复路试，维修人员发现车辆在经过颠簸路面时故障现象出现较频繁。再次仔细检查相关线路，当检查到右前安全带拉紧器控制单元的搭铁点 W17 时，发现该搭铁点的固定螺母松动（图 3-8）。

故障排除　紧固搭铁点后试车，没再出现故障，数周后电话回访，确认故障排除。

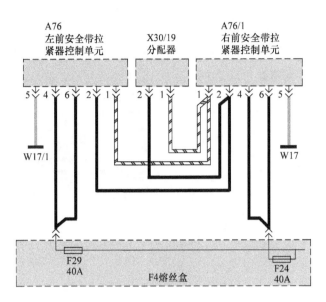

图 3-7 安全带拉紧器电路

图 3-8 搭铁点的固定螺母松动

技巧点拨 在排查偶发故障时，应尽量反复测试，找到故障出现的规律，有助于准确找到切入点。

三、2012 年别克昂科雷仪表气囊灯报警

故障现象 一辆 2012 年别克昂科雷，VIN：5GAKV7ED0CJ××××××，行驶里程：152310km。驾驶人反映，仪表气囊灯报警。来店后检查，确认故障现象存在。

故障诊断 连接故障诊断仪检测到 B101D 3B ECU 硬件性能内部自检失败，如图 3-9 所示。本着先简后繁的原则，首先从外观上检查了熔丝与气囊模块的插头状况，未发现异常。根据故障分析，可能存在以下故障：①线路系统存在故障；②传感器与执行器存在故障；③相应的模块存在故障。

查阅电路图（图 3-10），测量 X1 的 9 号端子与 X1 的 17 号端子，电压正常，X1 的 19 号端子接地正常。由于模块的电源与接地都正常，建议更换安全气囊模块。

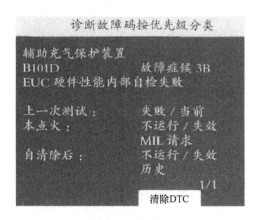

图 3-9 故障码

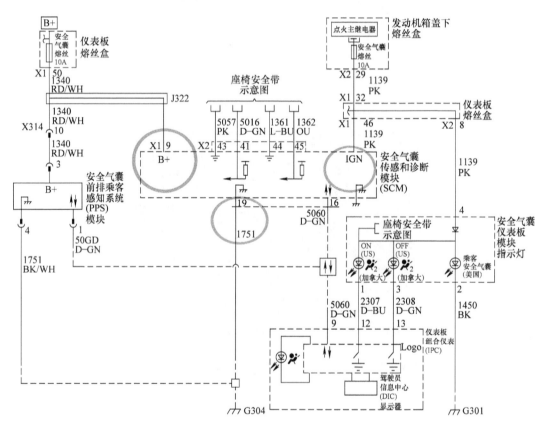

图 3-10 电路图

更换安全气囊模块的操作过程中，在编程中系统显示停止，无法编程（图 3-11）。联系相关技术部门后确认，需在模块内部添加数据才可以编程。通过数据添加及与主机厂相应部门联系，重新编程与配置后，气囊灯仍点亮且故障现象仍存在。

由于无法清除故障码，再次查询维修手册。

电路/系统说明：在控制模块内进行故障检测，故障诊断码说明中所列的症状字节只作工程参考，不涉及外部电路诊断。

诊断与帮助内部说明：故障现象为历史故障码时，不要更换安全气囊模块与乘客感知检测模块。

因为存在当前故障现象，结合先前的线路图，确认故障现象可能是与乘客感知检测模块相关。

于是检查了前排乘客座椅的感知模块插头，发现插头有腐蚀现象（图3-12），清洁腐蚀部位后检测，故障现象仍存在。

故障排除 测量感知模块与气囊模块的线路正常，怀疑已造成内部故障。与同款车型对换乘客感知模块，故障排除。

> **技巧点拨** 由于该车辆曾经进过水，而且停放时间过长，维修人员在维修完成后才了解到这个情况。如果提前掌握这样的信息，或许在维修中能进一步理清思路，辨明诊断的方向。

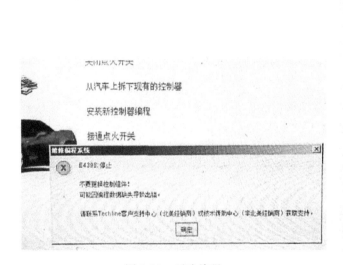

图3-11 无法编程

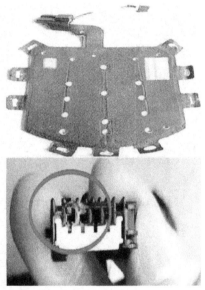

图3-12 插头有腐蚀

四、2011年雪佛兰SPARK安全气囊警告灯报警

故障现象 一辆进口2011年雪佛兰SPARK，驾驶人反映，安全气囊警告灯报警。

故障诊断 该故障曾经检查过，当时维修人员看到的是历史故障码"DTC B0014 0D——驾驶人座椅侧面安全气囊展开回路电阻过大"。使用"Nyogel 760G电气触点润滑脂"处理驾驶人侧面气囊插头，清除故障码，将车交给驾驶人观察。两天后，驾驶人再次因气囊警告灯报警来站检修。

查询仍是历史故障码"DTC B0014 0D"，查阅维修手册，设置故障码的条件：安全气囊展开回路电阻大于4.2Ω并持续2s。读取数据，侧面气囊电阻3.8~3.6Ω（变化）。读取正常车侧面气囊电阻是2.2Ω（稳定不变）。由此看来，该车侧面展开回路的电阻是不正常，目前处于正常阻值极限范围（1.7~4.2Ω之间），若超出范围，将会记忆"DTC B0014 0D"故障码。

出现电阻大的情况，多为插头接触电阻导致，所以需要对展开装置至SDM的每个插头进行检查。通过电路图（图3-13）分析线束结构有侧面气囊部件插头、气囊模块SDM插头。出现这种电阻过大的插头，多为线束经常移动的插头，SDM对展开回路的电阻检测是非常准确的。当阻值增加到一定程度，就会使SDM记忆电阻过高的故障码。经常移动的线束、插头，最易出现这种情况的。

在观察诊断仪上展开回路电阻数据的同时，晃动线束，判断哪个插头导致故障。SDM插头线晃动时，没有异常变化。晃动座椅靠背和敲击座椅时，电阻值跳变超出4.2Ω，气囊警告灯闪亮，故障码变为当前故障码。

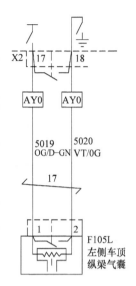

图3-13 左侧车顶纵梁气囊插头

由此可见，座椅靠背内的展开装置上的插头最有可能存在故障。剥离座椅靠背的蒙皮，看到展开装置，装置上有一段导线从中延伸而出，连接到座椅下面的插头。导线的另一端在展开装置内，被包裹在折叠的气囊中。要看到插头，需要进一步剥开展开装置的气囊，这已经超出了常规维修范围。

为了一看究竟，经驾驶人同意还是剥开折叠的气袋，最终看到了气体发生器上的插头（图3-14）。晃动插头，电阻变到2.1Ω，不再变化。看来剧烈的晃动使端子间的氧化层被破坏，恢复到正常接触的状态下，所以电阻正常了。连接这个插头的线束（座椅内线束），在插头处没有绑扎，随着靠背的挤压和车辆的振颤而运动，这是导致插头端子接触不良的原因。

故障排除 用"Nyogel 760G电气触点润滑脂"处理端子，将线束绑扎在座椅骨架上，线束不会随靠背挤压和振颤而移动，故障排除。

图3-14 气体发生器插头

技巧点拨 测试仪器、维修手册及掌握它们的维修人员，这是完成故障诊断和排除的必要条件。具体表现在要了解当前故障码和历史故障码的含义及关系，注意，这里展开回路电阻是用故障诊断仪测出的，而不能用万用表来测量。

五、2015年斯巴鲁森林人安全气囊灯常亮

故障现象 一辆2015年斯巴鲁森林人，配置2.5L发动机和无级变速器，VIN：

JF1SJ92D7FG××××××，行驶里程：5797km。驾驶人来店检修安全气囊灯常亮故障。

故障诊断　打开点火钥匙，仪表显示安全气囊灯报警，如图3-15所示。连接故障诊断仪，能读取到的故障码是：B1675——卫星保护传感器故障（图3-16）。

图3-15　故障现象

图3-16　故障码

根据故障码内容，查阅相关的维修手册后，基本判断为卫星保护传感器或气囊模块故障。按电路图（图3-17），检查测量了卫星安全保护传感器1号端子和气囊模块14号端子线束电阻为0.3Ω；2号端子和15号端子线束电阻为0.3Ω。从检查结果来看，线束没有问题，不存在短路、断路现象。因为气囊数据中无法看到传感器的动态数据，维修人员只能按照以往经验采取换件法。按故障码提示，首先和试驾车对换了卫星保护传感器，发现故障灯熄灭。

故障排除　故障原因确认，更换一个新的卫星保护传感器，故障排除。

技巧点拨　由于车型的不同，各车的配置设计也有很大的区别，引起气囊警告灯点亮的原因需要维修人员熟悉该车的技术资料才能作出判断。所以对维修手册的学习，是日常修理中必不可少的课程。

图 3-17 电路图

第二节 座椅控制系统维修技能与技巧点拨

一、2011 款宝马 523Li 驾驶人侧座椅加热失效

故障现象 一辆 2011 款宝马 523Li，车型：F18，行驶里程：27000km。驾驶人反映，驾驶人侧座椅加热装置失效。

故障诊断 接车后首先验证驾驶人反映的故障现象，按下位于空调操作面板上左侧座椅加热按钮开关，开关上的 3 个绿色的 LED 指示灯立即点亮，但 5s 左右后，开关上的指示灯又立即熄灭。反复测试几次，一直是这个结果。用手感觉座椅的坐垫和靠背，一直冰凉，没有丝毫加热的效果。按下位于空调操作面板上右侧座椅加热按钮开关，这个开关是乘客侧座椅的加热开关，打开开关指示灯就一直点亮。一会儿，乘客侧的座椅坐垫和靠背慢慢变热，说明驾驶人侧座椅加热功能失效，乘客侧座椅加热功能正常。座椅加热开关如图 3-18 所示。

座椅靠背面内有一个座椅加热垫。座椅面内集成了两个座椅加热垫。两个座椅加热垫都由座椅模块供电。靠背面和座椅面的座椅加热垫分别带有一个 NTC 电阻，该电阻用于调节

图 3-18 座椅加热开关位置

温度。座椅加热装置电路如图 3-19 所示。

所选加热档的显示由座椅模块控制，该信号必须通过多个总线系统发送。只能从总线端 15 接通起启用座椅加热装置。CAS4 通过 K – CAN2 提供总线端 15 接通的状态信号，因此 JBE 得到总线端 15 的状态信息。ZGM 将信号发送到 K – CAN 上。座椅模块连接在 K – CAN 上，因此也会得到总线端 15 的状态信息。座椅加热装置模块连接在总线端 30B 上，以便提供座椅加热负荷电流，座椅加热装置的功能仅由座椅模块负责。自动恒温空调分析按钮状态并将按钮状态信息通过 K – CAN 发送给座椅模块。座椅模块分析所需加热档的请求信息，控制并监控座椅加热装置的功能。座椅加热垫连接在座椅模块上。为调节温度，系统监控座椅加热垫中的 NTC（负温度系数）电阻。座椅模块根据加

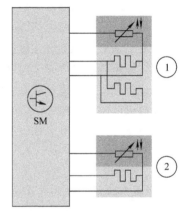

图 3-19 座椅加热装置电路
1—靠背面座椅加热垫内的 NTC 电阻
2—座椅面座椅加热垫内的 NTC 电阻

热档将启用按钮 LED 功能指示灯的请求信息发送给自动恒温空调。

如果座椅加热装置启用时按压按钮的时间超过 1.2s，就会关闭座椅加热装置。座椅加热有 3 个档位，通过按钮上的 LED 指示灯来显示，3 个指示灯都亮起表示最高加热级别；2 个指示灯亮起表示中等的加热级别，1 个指示灯亮起则表示最低级别的加热。指示灯都熄灭则表示座椅加热装置关闭。座椅加热装置出现功能故障时，座椅模块的故障码存储器会存储一条记录。

接下来连接 ISID 进行诊断检测，读取座椅加热相关的故障内容为："SMFA 8029AB 坐垫加热区：对地短路或断路"。查看故障码的细节描述，见表 3-1。

表 3-1 SMFA 8029AB 坐垫加热区：对地短路或断路

故障描述	驾驶人座椅模块、坐垫加热区输出端已识别到对地短路或断路
故障识别条件	通过按钮打开座椅加热装置后，在座椅模块中测量的电流低于 0.6A 的阈值。故障识别条件供电电压大于 10V，总线端 KL.15 接通
故障码存储记录条件	50ms
保养措施	检查插头和导线，检查加热区的电阻
故障影响和抛锚说明 驾驶人信息，服务提示	无

调用控制模块功能，通过功能测试功能对驾驶人侧座椅加热装置进行功能测试，其数据流如图3-20所示。座椅加热装置开关按钮状态显示为"未操作"，座椅加热档状态正常显示为3档，坐垫一直没有加热，显示为环境温度22℃。

选择故障内容执行检测计划，ISTA系统分析建议，如果借助功能测试确认了故障：①检查驾驶人座椅模块（SMFA）和相应加热垫之间的导线和插头连接；②进行加热垫检测。

功能和状态显示	
-座椅加热装置	
功能：	座椅加热装置加热档
状态：	3档
功能：	坐垫温度
状态：	22.00℃
功能：	按钮座椅加热装置
状态：	未操作

图3-20 功能测试

检查驾驶人座椅模块（SMFA）和相应加热垫之间的导线和插头连接，连接牢固，没有问题。测量加热垫的电阻值为2Ω左右，正常的阻值为1~4Ω，加热垫的阻值在正常范围之内，加热垫正常。最终分析认为是驾驶人座椅模块（SMFA）内部有故障。为了验证分析的结果是否正确，把驾驶人侧座椅模块和乘客侧座椅模块对调进行测试，按压驾驶人侧座椅加热按钮，不一会儿，驾驶人侧坐垫和靠背慢慢变热，确定为驾驶人侧座椅模块故障。

故障排除 更换驾驶人座椅模块，对车辆进行编程设码，故障排除。

> **技巧点拨** 在这款车上配置有带有座椅模块的座椅加热装置，因此由座椅模块负责座椅加热装置功能。座椅加热装置按钮位于IHKA/音响系统的操作面板上，该操作面板连接在自动恒温空调的控制模块上。

二、2012款奔驰C200车前排乘客侧电动座椅无法调节

故障现象 一辆2012款奔驰C200车，行驶里程：3.4万km。该车因前排乘客侧电动座椅无法调节而进厂检修。

故障诊断 接车后试车验证故障，故障现象确实存在，尝试操作前排乘客侧座椅开关对座椅进行调节，发现各个方向均无法调节。经询问驾驶人并查阅该车的维修记录，得知该车并无涉水及相关的维修记录。

连接STAR-D调取故障码，得到关于前排乘客侧电动座椅的故障码如图3-21所示。根据故障码的提示，决定先对前排乘客侧座椅进行标准化设置，结果无法进行标准化设置（图3-22），系统提示"未发现新的控制模块软件，控制单元已用当前软件版本编程。"（图3-23）。反复对前排乘客侧座椅进行标准化设置，结果均失败。

• 9D9B54	座椅前后位置调节的标准化未进行。校准缺失。	当前
• 9DAA54	座椅高度调节的标准化未进行。校准缺失。	当前
• 9DAB54	头枕调节的标准化未进行。校准缺失。	当前
• 9DAC54	靠背调节的标准化未进行。校准缺失。	当前
• 9E0454	座垫倾斜度的标准化未进行。校准缺失。	当前

图3-21 STAR-D读取到的故障码

第三章 汽车车身控制系统维修技能与技巧点拨

> - 控制单元"'前排乘客'电动座椅调节"的编码
> - 控制单元"'前排乘客'电动座椅调节"的学习
>
> 标准化未成功进行。
> 中断的原因： 控制单元'N32/1(驾驶人座椅控制单元)'的供电电压过高(过电压)。

图 3-22 前排乘客侧座椅标准化设置未成功执行

> "前排乘客"电动座椅调节
> 未发现新的控制模块软件，控制单元已用当前软件版本编程。

图 3-23 系统提示"未发现新的控制模块软件，控制单元已用当前软件版本编程。"

系统提示标准化设置失败的原因是驾驶人侧座椅控制单元供电电压过高（图 3-22）。于是决定逐一对前排乘客侧座椅控制单元供电及驾驶人侧座椅控制单元的供电进行检查。根据相关电路图（图 3-24），测量前排乘客侧座椅控制单元的电压，为 12.5V，正常；检查前排乘客侧座椅控制单元的搭铁，正常；检查驾驶人侧座椅控制单元的供电和搭铁，均正常。接着又检查了前排乘客侧座椅控制单元 CAN 线的波形（图 3-25），也正常。

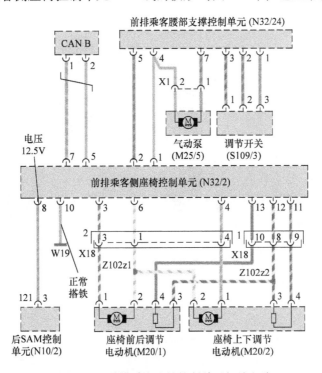

图 3-24 前排乘客座椅控制单元相关电路

座椅控制单元的供电和搭铁均正常，而 CAN 线的波形也是正常的，怀疑是前排乘客侧座椅控制单元本身有问题。为验证这一猜测，维修人员分别给各前排乘客侧座椅调节电动机单独供电，各电动机均能正常运转。由此可知，前排乘客侧座椅控制单元确实已损坏。

图 3-25　前排乘客侧座椅控制单元的 CAN 线波形

拆检前排乘客侧座椅控制单元，发现电路板已烧蚀（图 3-26）。至此，故障原因查明，是前排乘客侧座椅控制单元内部的电路板损坏，导致前排乘客侧座椅无法进行标准化设置。是什么原因导致前排乘客侧座椅控制单元损坏的呢？怀疑线路有短路的情况。根据以往的维修经验，座椅的折叠处是线束容易磨损的位置。将座椅靠背拆下检查，并没有发现问题。

进一步检查发现前排乘客侧座椅控制单元与前排乘客腰部支撑控制单元之间的线路有破损（图 3-27）。查阅相关电路图（图 3-24）得知，该线是前排乘客侧座椅控制单元给前排乘客腰部支撑控制单元供电的，该线破损并对搭铁短路造成前排乘客侧座椅控制单元内部损坏，导致前排乘客侧座椅无法调节。

图 3-26　烧蚀的前排乘客侧座椅控制单元电路板

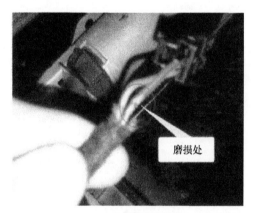

图 3-27　线束破损位置

故障排除　对破损线束进行处理并更换前排乘客侧座椅控制单元后试车，故障彻底排除。

技巧点拨　对于线束破损导致搭铁造成的故障在日常的维修中屡见不鲜，怎样避免类似问题故障的发生，一方面是生产厂家的布线要规范，另一方面避免后期的改装、改线等不规范的情况。

三、2015 款大众 CC 车前排乘客侧座椅加热功能不可用

故障现象　一辆 2015 款大众 CC 车，搭载型号为 CEA 的发动机（发动机功率为

118kW），行驶里程：6万km。因前排乘客侧座椅加热功能不可用而进厂检修。

故障诊断 接车后试车验证故障现象，尝试开启驾驶人侧座椅加热开关和前排乘客侧座椅加热开关，等待一段时间后，驾驶人侧座椅升温明显，而前排乘客侧座椅则没有加热。

连接大众专用故障检测仪（VAS 6150B），进入地址"08 空调电控系统"，查询"02 故障存储"，无故障码存储。随后读取空调电子控制系统的数据流，发现驾驶人侧座椅加热开关和前排乘客侧座椅加热开关调节值的等级数据均显示为"3"（图3-28）。

测量值名称	ID	值
左侧加热式座椅等级	IDE01217	
-无显示-	MAS00194	3
右侧加热式座椅等级	IDE01218	
-无显示-	MAS00194	3

图 3-28 座椅加热开关的相关数据

分析可知，驾驶人侧座椅加热开关和前排乘客侧座椅加热开关调节值的等级数据均显示为"3"，说明通过操作空调控制面板，可以对驾驶人侧座椅加热开关和前排乘客侧座椅加热开关进行调控，且两个座椅加热开关的加热等级均能正常显示。结合驾驶人侧座椅加热正常，前排乘客侧座椅却不能加热的故障现象，判断可能的故障原因有：前排乘客侧座椅加热丝损坏；前排乘客侧座椅温度传感器（G60）故障；座椅加热控制单元（J774）故障；相关线路故障。

遇到过几起J774供电问题和控制单元内部问题导致单侧座椅加热系统不工作的故障，于是决定先按照电路（图3-29）对J774的供电和搭铁进行检查。J774安装在驾驶人侧座椅下方，且该控制单元同时控制驾驶人侧座椅和前排乘客侧座椅的加热。检查J774供电线路上的熔丝SC30，未见异常；分别测量J774导线插接器T8ac的端子3和端子6的供电电压（供电线路有2路），均正常；测量J774导线插接器T8ac的端子7与搭铁之间的导通情况，也正常。这说明J774的供电和搭铁都是正常的。

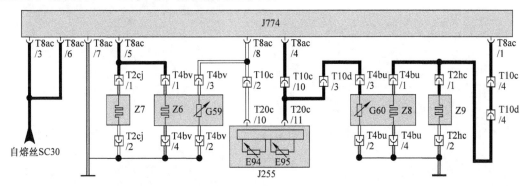

图 3-29 座椅加热控制单元（J774）相关电路

E94—驾驶人侧座椅加热开关 E95—前排乘客侧座椅加热开关 G59—驾驶人侧座椅温度传感器
G60—前排乘客侧座椅温度传感器 J255—空调控制单元 J774—座椅加热控制单元 Z6—驾驶人侧座椅加热丝
Z7—驾驶人侧座椅靠背加热丝 Z8—前排乘客侧座椅加热丝 Z9—前排乘客侧座椅靠背加热丝

既然已经排除了J774线路故障的可能，下一步决定对J774进行排查。为了便于快速确认故障点，维修人员将故障车的J774与同款车型相同配置车辆的J774进行互换后试车，故障依旧。初步排除J774本身问题导致故障的可能性。

接下来，维修人员对前排乘客侧座椅加热系统（座椅加热垫和加热靠背）的供电进行检查。接通前排乘客侧座椅加热开关，在线测量导线插接器T10d端子4的电压，测量发现仅在前排乘客侧座椅加热开关接通的瞬间有约10V的电压；接上试灯测量，试灯也是亮一下就灭。显然前排乘客侧座椅加热系统的供电存在问题。是什么原因导致前排乘客侧座椅加热系统的供电一闪即逝呢？怀疑是J774发现系统存在问题而主动切断了前排乘客侧座椅加热系统的供电。

对电路图进行分析可知，J774是根据前排乘客侧座椅温度传感器（G60）的反馈信号对座椅加热系统进行控制的。G60的电阻随着座椅温度的变化而变化，进而引起电路中的电压变化，J774根据电压变化判断座椅的温度，再结合座椅加热开关选择的加热等级对座椅加热系统进行控制。怀疑G60有问题，导致前排乘客侧座椅加热系统不能正常工作，于是重点对G60进行检查。

断开G60导线插接器T4bu，用万用表测量端子2和端子3之间的电阻，为∞（图3-30），维修人员对正常车辆的G60进行测量，在常温状态下，测得G60的电阻为11.4kΩ，说明故障车的G60确实有问题。而随着座椅加热系统的工作，座椅温度上升后，正常车辆G60的电阻降至约6.5kΩ，说明G60是负温度系数热敏电阻。

为了确认故障点，维修人员使用大众专用工具VAG1630在前排乘客侧座椅温度传感器的线路上串联了一个6.8kΩ的电阻（图3-31），然后起动发动机，在空调控制面板上调整前排乘客侧座椅加热开关，前排乘客侧座椅加热系统开始工作。至此确定故障原因就是G60失效，导致J774得不到G60的信号，而主动停止了前排乘客侧座椅加热系统的供电。

图3-30　故障车前排乘客侧座椅温度传感器的电阻

图3-31　在前排乘客侧座椅温度传感器的线路上串联电阻

故障排除　由于G60集成在座椅加热垫中，无法单独更换，只能更换座椅加热垫总成。

更换座椅加热垫总成后试车，座椅加热系统恢复正常，实测座椅温度达到35.1℃（图3-32），至此，故障彻底排除。

> **技巧点拨** J774是如何控制座椅加热的呢？是直接提供12V的电源电压还是通过占空比来控制呢？由于手头没有示波器，维修人员接上试灯，发现试灯是按一定频率闪烁的，这基本可以说明J774为座椅加热的供电是占空比供电。

图3-32 座椅加热系统恢复正常

四、2017款凯迪拉克XT5车座椅记忆功能失效

故障现象 一辆2017款凯迪拉克XT5车，行驶里程：278km，无法设置座椅记忆功能，座椅记忆功能失效。

故障诊断 接车后首先确认故障现象，起动车辆后，按住驾驶人车门面板上的"SET"按钮（图3-33），车辆会发出"哔哔"声，但在按住"SET"按钮后，快速地按住其余按钮，系统都无任何提示反应（正常情况下，按住"SET"按钮后，快速按住其余按钮，会有2次"哔哔"声），说明该车确实无法设置座椅记忆功能，故障确实存在。

用故障检测仪检测，车辆系统无任何故障码存储，在座椅记忆模块中采集

图3-33 驾驶人侧车门上的按钮

相关动态数据流进行分析。如图3-34所示，故障车在按住记忆按钮"1"或"2"时，数据流显示无任何动作，在按住"SET"按钮后，数据流显示激活，这说明对于故障车，当按住记忆按钮"1"或"2"时，座椅控制模块未接收到相关信息。正常车数据流如图3-35所示。

根据座椅记忆电路（图3-36），拔掉座椅控制模块的X6导线插接器，测量端子11的电压，无电压，说明信号线路没有对电源短路；座椅控制模块（K40）与座椅位置记忆开关间

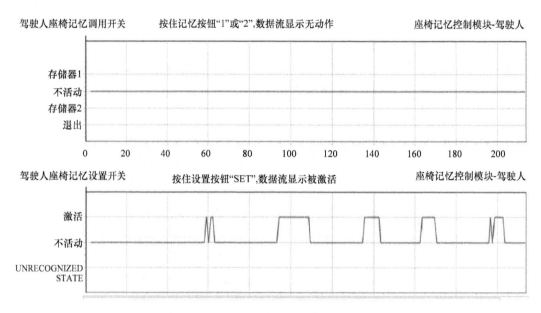

图 3-34　故障车数据流

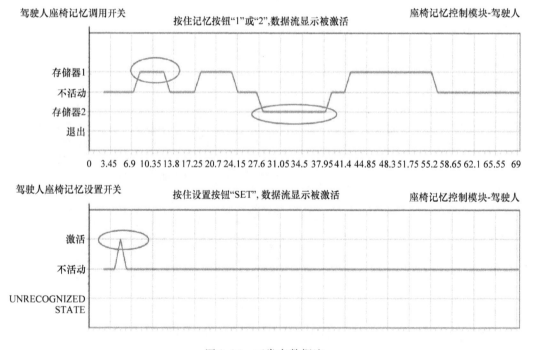

图 3-35　正常车数据流

是个上拉电路，重新插上 X6 导线插接器，从座椅控制模块的 X6 导线插接器的端子 11、12 分别引 2 根线出来，测量座椅控制模块的信号电压是否正常，以此来判断座椅控制模块是否正常。通过测量发现，座椅控制模块的端子 12 和 11 之间有 11.40V 的电压（在测量座椅控制模块的信号电压之前，必须先断开座椅控制模块导线插接器，测量判断信号线路是否对电源短路），这说明座椅控制模块是正常的。当按住记忆按钮"1"或"2"时，座椅控制模块 X6 导线插接器端子 11 和 12 之间的电压依然为 11.40V，无变化，因此判断是线路或座椅位置记忆开关有故障。

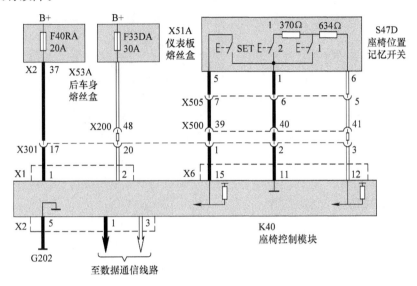

图 3-36 座椅记忆电路

拆下驾驶人侧车门面板，测量记忆开关（端子 1 和 6 之间）的电阻，按下按钮"1"时，电阻为 0.637kΩ（图 3-37a），按下按钮"2"时，电阻值为 0.199kΩ（图 3-37b），均符合车辆维修手册要求，说明座椅位置记忆开关是正常的。根据上述检测结果分析，座椅控制模块和记忆开关正常，故障点应该还是在线路上。根据图 3-36 可知，此时需要测量座椅位置记忆开关（S47D）的端子 6 与座椅控制模块（K40）X6 导线插接器的端子 12 之间的线路，以及座椅位置记忆开关（S47D）的端子 1 和座椅控制模块（K40）X6 导线插接器端子 11 之间的线路。由于按住座椅位置记忆开关上的"SET"按钮，系统能够发出"哔哔"声，这说明 X6 导线插接器端子 11 的低参考回路正常，无需测量。拔下 X505 导线插接器，测量端子 5 的电压，电压为 0V，无 12V 信号电压，异常；拔下 X505 导线插接器，测量 X505 导线插接器的端子 5 与座椅控制模块（K40）X6 导线插接器的端子 12 之间的电阻，为 ∞，说

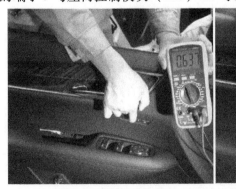   

a) 按下记忆按钮"1"时的电阻　　　　　　b) 按下记忆按钮"2"时的电阻

图 3-37 座椅位置记忆开关电阻的检测结果

明断路。根据图 3-36，断开左前 A 柱处的 X500 导线插接器对线路进行分段测量检查，当断开 X500 导线插接器检查时发现，其端子 41 弯曲（图 3-38），从而导致线路断路。

故障排除 重新处理 X500 导线插接器端子 41，装复后测试，按住座椅位置记忆开关按钮"1"时，座椅控制模块 X6 导线插接器端子 11 和端子 12 之间的电压约为 3.15V，正常；按住座椅位置记忆开关按钮"2"时，座椅控制模块 X6

图 3-38　X500 导线插接器端子 41 弯曲

导线插接器端子 11 和端子 12 之间的电压约为 6.16V，正常。对座椅记忆功能进行设置，座椅记忆功能能够正常设置，故障排除。

在本案例中，线路中的导线插接器接触不好导致故障出现，那么既然是线路故障，为什么座椅控制模块中没有存储故障码呢？原因很简单，由于座椅位置记忆开关上的按钮"1"和"2"只是个开或关的按键，座椅记忆电路是个上拉电路，系统正常时按下座椅位置记忆开关按钮"1"或"2"，座椅控制模块检测到的电压是 3.15V 或 6.16V，不按座椅位置记忆开关按钮"1"或"2"时，座椅模块检测到的是 12V 信号电压。因此，当座椅位置记忆开关的端子 6 与座椅控制模块的端子 12 之间的线路出现断路时，座椅控制模块有可能误认为没按下座椅位置记忆开关按钮"1"或"2"而已，因此车辆系统才未报故障码。

技巧点拨 在维修过程中，很多维修维修人员在检查故障时喜欢通过对调部件来判断排除故障，其实只要理解了电路图的控制关联，完全可以通过检测线路中的电压降来判断故障点。

五、2014 年福特翼虎车驾驶人侧电加热座椅故障

故障现象 一辆 2014 年长安福特翼虎车，搭载 2.0L 涡轮增压发动机和 6 档自动变速器，行驶里程：2.3 万 km，因驾驶人侧电加热座椅故障而进厂检修。

故障诊断 接车后试车验证故障，故障现象确实存在。调节电加热座椅调节开关至最高档时，驾驶人侧电加热座椅只是微微发热，与前排乘客侧电加热座椅存在显著差别。连接 IDS 调取故障码，无故障码。根据上述检查结果分析，判断故障原因可能有电加热座椅调节开关故障、电加热座椅模块故障、坐垫加热器故障、相关线路故障等。

本着由简到繁的原则对上述可疑故障点进行排查。首先检查电加热座椅调节开关，查阅电加热座椅调节开关电路图（图 3-39）可知，电加热座椅调节开关背景灯及前排乘客侧电加热座椅调节开关的调节功能正常，说明电加热座椅调节开关的供电和搭铁是正常的。接下来需要对驾驶人侧电加热座椅调节开关的调节功能进行验证。用万用表测量电加热座椅模块导线插接器 C359A 的端子 2 的电压（开关信号），在电加热座椅调节开关处于 1 档位置时，测得电压为 5.85V，逐档调节电加热座椅调节开关，测得的电压依次为 6.48V、7.25V、

8.26V 和 9.60V，说明电加热座椅调节开关调节正常。

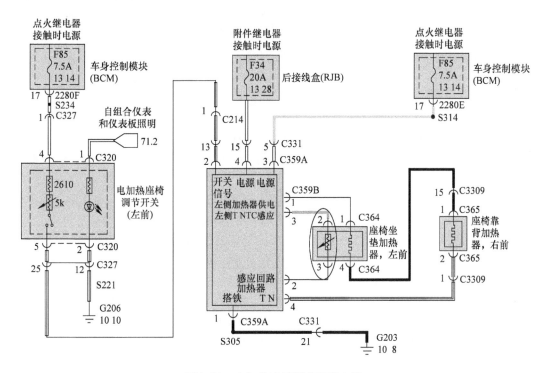

图 3-39　电加热座椅调节开关电路

接下来对驾驶人侧电加热座椅模块进行检查。测量驾驶人侧电加热座椅模块的供电和搭铁，均正常；测量驾驶人侧电加热座椅模块给坐垫加热器输出的供电电压（导线插接器 C359B 端子 1 的电压），为 13.84V，也正常，说明驾驶人侧电加热座椅模块及其相关线路均正常。

之后按照线路图检查坐垫加热器及其相关线路。测量坐垫加热器的导线插接器 C359B 端子 1 与端子 4 之间线路的导通情况，导通良好（坐垫加热器与靠背加热器为串联电路），初步判断加热器元件部分是正常的。接着使用万用表测量坐垫加热器内温度传感器（图 3-39 中黑圈部分）的电阻，测得导线插接器 C364 的端子 2 与端子 3 之间的电阻为 2.2MΩ，远远大于正常阻值（正常电阻应为 311Ω~269kΩ），经按压坐垫的不同位置，同时观察万用表变化，发现在按压坐垫中部时，温度传感器的电阻为转变 5kΩ，并且此刻开启电加热座椅调节开关，感觉到电加热座椅温度明显上升，说明故障点就在此处，判断时因为温度传感器相关线束存在接触不良的情况。

故障排除　因车辆还在质保期内，且出于对驾驶人负责的态度，于是更换坐垫加热器总成后试车，故障排除。

技巧点拨　对于处在车辆质保期的非易损件来说，出了问题是可以免费更换的。

第三节　电动车窗与天窗系统维修技能与技巧点拨

一、2015 年宝马 320Li 驾驶人侧玻璃不能一键升降

故障现象　一辆 2015 年宝马 320Li（F35），配置 N20 发动机，行驶里程：16942km。驾驶人反映，驾驶人侧玻璃不能一键升降。

故障诊断　首先验证故障现象，只有驾驶人侧玻璃不能一键升降，并且持续按压升降时也不是连续的，只能断断续续地进行开关。根据故障现象，判断为初始化故障或升降机故障，FEM 故障。

车辆测试有故障码：030006——驾驶人侧车门车窗升降机，霍尔式传感器损坏或断路；03000D——驾驶人侧车门电动车窗升降机，霍尔式传感器对正极短路。删除故障码，进行初始化设置，提示初始化失败。于是更换车窗升降电动机，更换后故障依旧。每次故障码都可以删除，但是只要操作玻璃升降后，故障码会再现，所以确定故障在线路或者 FEM。检查左前门铰链插头和电动机插头正常。

测量 FEM 插头 A173*4B 的 21~23 号驾驶人侧霍尔式传感器波形，断续升降时波形变化正常。对比测量乘客侧霍尔式传感器波形，电压变化幅度一致，没有发现异常。测量 FEM 到驾驶人侧升降电机线路正常。插拔 FEM 玻璃升降插头 A173*4B 后，故障码竟然可以删除了，玻璃也可以一键升降了。全部复原后，故障再现，再次插拔 A173*4B 插头后，故障再次消失。

检查 FEM 的 A173*4B 插头，挑开 21~23 号端子（图 3-40），检查正常。检查左前霍尔式传感器在 FEM 上的端子正常，无虚接，每次拔下此插头后，升降机可以一键升降几次，但是多次操作后，故障再现。

检查 FEM 对应的升降机霍尔式传感器输入端子正常，无虚接腐蚀等现象，如图 3-41 所示。左前玻璃升降机电路图，如图 3-42 所示，22 和 23 号端子连接霍尔式传感器，21 号端子是共用接地端。

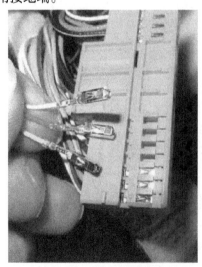

图 3-40　A173*4B 插头

图 3-41　端子输入端

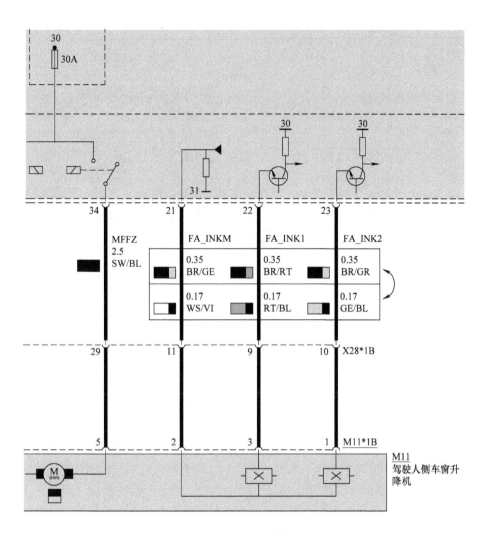

图 3-42 霍尔式传感器电路

FEM 前部电子模块安装前排乘客侧 A 柱下方,测量时注意插头没有机械设码,切勿搞错端子号码,如图 3-43 所示。

故障排除 怀疑是 FEM 内部故障导致,全车编程后故障依旧,于是更换 FEM,试车正常,故障排除。根据故障现象,可以大致确定故障范围,然后利用电气基础知识,逐个检查排除线路和元件故障。

技巧点拨 在实际排查中,会遇到各种测量故障,如 ISTA 给出的电路图端子或线路颜色与实车不符,测量时,所测端子与正确端子混淆,导致测量数据不准确,无法再进行故障分析,所以工作中我们要仔细,注意测量时的细节。

二、2015 年迈腾 B7L 车无法控制左后电动车窗升降

故障现象 一辆 2015 年迈腾 B7L 车,驾驶人反映,操作驾驶人侧车门上的车窗升降器

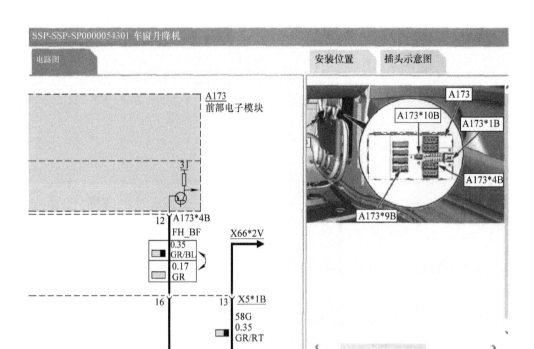

图 3-43 FEM 前部电子模块位置及电路

按钮无法控制左后电动车窗升降,操作左后车门上的车窗升降器按钮能够正常控制电动车窗升降。

故障诊断 接车后,首先对故障现象进行验证,故障症状确如驾驶人所述。结合该车故障现象,分析认为造成故障的可能原因有驾驶人侧左后车窗升降器故障、驾驶人侧车门控制模块(J386)故障、相关线路故障。用故障检测仪检测,驾驶人侧车门控制模块(J386)无相关故障码存储。读取数据流,在操作驾驶人侧左后车窗升降器按钮时,有手动下降、手动上升和一键升降的信号输出(图 3-44),初步排除驾驶人侧左后车窗升降器按钮故障的可能。

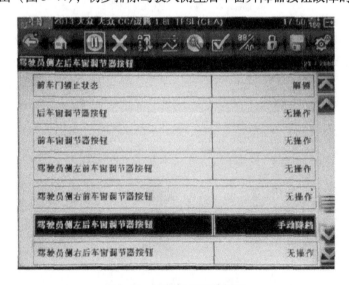

图 3-44 读取的相关数据流

如图 3-45 所示，操作驾驶人侧左后车窗升降器按钮，驾驶人侧车门控制模块（J386）接收到驾驶人侧左后车窗升降器按钮信号，并通过 LIN 总线将其传递给左后车门控制模块（J926），由 J926 控制左后电动车窗升降；操作驾驶人侧右后车窗升降器按钮，J386 接收到信号，并通过 CAN 总线将信号传递给前排乘客侧车门控制模块（J387），由 J387 通过 LIN 总线将信号传递给右后车门控制模块（J927），从而实现右后电动车窗升降。

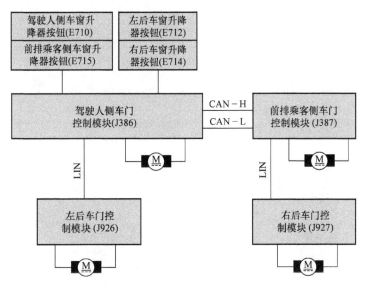

图 3-45　电动车窗控制原理示意图

查阅左后电动车窗控制电路（图 3-46），拆卸驾驶人侧车门门边饰板和左后车门门边饰板，依次断开 J386 导线插接器 T20g 和 J926 导线插接器 T201，检查导线插接器无损坏。用万用表测量导线插接器 T20g 端子 15 与导线插接器 T201 端子 8 之间的电阻，小于 1Ω，正常。重新插上导线插接器，利用示波器测量 J386 导线插接器端子 15 的 LIN 总线波形，发现 LIN 总线的波形不正常（图 3-47），该波形表明 LIN 总线存在对搭铁短路的故障。重点检查门边线束，发现紫白色导线（LIN 总线）磨损破皮（图 3-48），已和车门板接触在一起，从

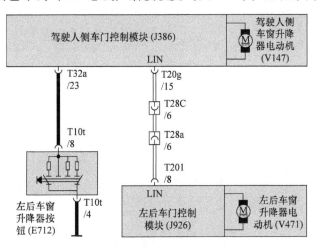

图 3-46　左后电动车窗控制电路

而出现 J386 和 J926 之间信号无法正常传递的故障，致使驾驶人侧后部车窗升降器按钮无法控制左后电动车窗升降。

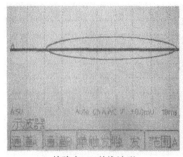 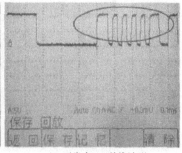

a）故障车LIN总线波形　　　　　　b）正常车LIN总线波形

图 3-47　J386 导线插接器端子 15 的 LIN 总线波形

图 3-48　破损的 LIN 总线

故障排除　用线束修理包修复破损的 LIN 总线，装复驾驶人侧车门门边饰板和左后车门门边饰板，多次操作驾驶人侧后部车窗升降器按钮，左后电动车窗玻璃升降正常。至此，故障彻底排除。

技巧点拨　线束破损是维修中经常遇到的问题，找到故障点排除故障的同时还要避免磨损现象再次发生。

三、2014 年大众夏朗右后车窗开关不工作

故障现象　一辆 2014 年大众夏朗，配置 CCZA 发动机和 PQE 变速器，VIN：WVWCR57N2EV××××××，行驶里程：42521km。驾驶人反映，右后车窗开关不工作。

故障诊断　经维修人员验证，拨动左前总开关可以正常控制四扇车窗；右前和左后车窗开关也能正常工作，仅右后车窗开关无法正常控制右后车窗。故障现象存在，驾驶人反映属实。连接 VAS6150 诊断仪读取故障码，系统无故障码。读取数据流为点动操作和一键升窗，左后车窗开关有变化，说明左后窗开关和相关线路、控制模块都正常。

再拨动右后车窗开关，数据显示无变化，一直为"未按下"。根据故障现象和数据流初步判断故障的原因大致有：①线路故障；②右后车窗开关故障；③右后车门控制单元 J389 故障，查阅电路图，如图 3-49、图 3-50 所示。

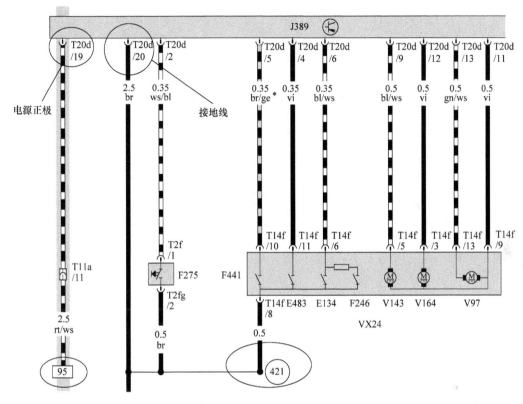

图 3-49　J389 控制电路 1

根据故障现象得知，左前车窗总开关能控制右后车窗正常工作，说明右后车门控制单元 J389 电源和接地正常，右后车窗电动机也正常，故障点应该出在右后车窗开关或线路上。

为了确保不出意外，维修人员尝试更换了一个好的右后车窗开关试验，故障依旧。此时维修人员却发现了一个奇怪的现象，左前总开关本来可以控制右后车窗玻璃升降，在更换过右后车窗开关后反而没法控制了。读取故障码为右后车门控制单元 J389 无信号通信。读数据流，发现还是没变化。

此故障之前并没有存储记录，而是在更换了一个正常的右后车窗开关后出现的，由此维修人员怀疑是更换开关的过程中导致线路或插头接触不良。进一步仔细检查，在取出右后车门控制单元 J389 时，发现控制单元插头端子有腐蚀的痕迹（图 3-51）。后来咨询了驾驶人，此窗曾经在下雨天忘记关了，导致雨水进入门板，使控制单元进水腐蚀损坏。

故障排除　处理好线路插头，更换右后车窗控制模块后试车，一切正常，故障排除。

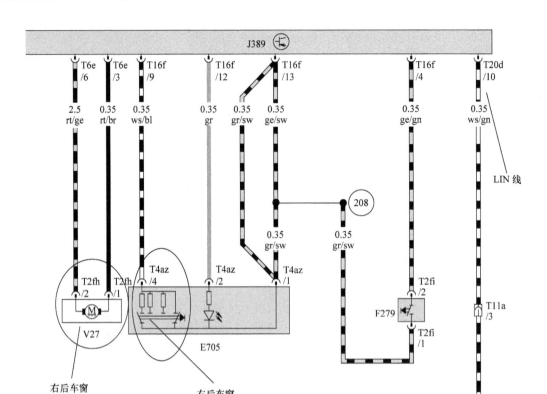

图 3-50　J389 控制电路 2

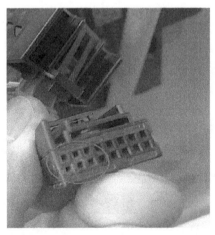

图 3-51　端子腐蚀

技巧点拨　随着汽车电子技术的发展，现代汽车控制单元有很多，并且分布在不同位置。控制单元都由电子元件组成，电子元件属于比较精密的器件，对其环境有严格的限制，特别对环境湿度的要求非常严格，一旦受潮或被水浸泡，对电子产品的损坏是致命的。我们一定要引以为戒，维修中要特别关注这类因素，避免引起不必要的损失。

四、2016 年大众途观全景天窗遮阳卷帘不能关闭

故障现象 一辆 2016 年大众途观，配置 1.8TSI CEA 发动机与 09M 手自一体自动变速器，行驶里程：19000km。驾驶人反映，全景天窗遮阳卷帘不能关闭。

途观装备具有防夹与热保护功能的带遮阳卷帘（车顶遮阳板）的全景天窗，系统由集成天窗电动机 V1 的滑动天窗控制单元 J245、集成顶棚百叶窗电动机 V260 的控制单元 J394 及遮阳卷帘/滑动天窗开关 E437 及 LIN 本地数据总线组成。

故障诊断 基本检查得知，全景天窗的滑动与倾斜状态均正常。当前，全景天窗的遮阳卷帘处于完全开启的止点位置，按动遮阳卷帘开启/关闭按钮（图 3-52），遮阳卷帘没有响应。

根据上述控制流程分析，故障可能的原因有：①J394 的供电问题；②遮阳卷帘开关按钮损坏，J245 没有接收到开启/关闭请求；③J394 或 V260 损坏；④ J245 与 J394 之间的信息沟通渠道中断，J394 不能接收到 J245 的控制指令。

连接 VAS6150B 故障诊断仪，进入滑动天窗控制单元 J245 的地址 4F－中央电气系统 2，内存信息里没有查询到相关的故障事件条目。

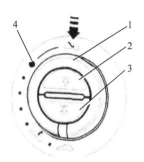

图 3-52 途观滑动天窗开关 J437 外形视图
1—滑动天窗旋转开关
2—遮阳卷帘开启按钮
3—遮阳卷帘关闭按钮
4—行驶时天窗开启至风噪较小的舒适位置

途观车型全景天窗系统的电路图如图 3-53、图 3-54 所示。图 3-53 中给出全景天窗工作需要满足的电源条件：总线端 KL.30 电源→熔丝 SC43（25A）→中间插接器 T6d/1→J245 的 T16i/1 端子，为 J245 供电，J245 的 T16i/2 端子→中间插接器 T6d/3→接地点 602，接地点 602 在左前门槛板中间。

J394 是 J245 的子控制单元。由图 3-54 可知，顶棚百叶窗工作的电源供给路径是总线端 KL.30 电源→熔丝 SC57（25A）→中间插接器 T6d/2→J394 的 T16j/1 端子，J394 的 T16j/2 端子→接地节点 178→中间插接器 T6d/3→接地点 602。J245 和 J394 与其他控制单元的数据交换在 LIN 本地数据总线上进行。

E437 包含了令天窗滑动的旋转开关（电位计）、倾斜上翻开关、强制关闭开关及遮阳帘开启/关闭按钮。遮阳卷帘开关控制接地，按下遮阳帘开启/关闭按钮时，通过接入阻值不同的电阻，在 J245 的 T16i/4 端子上可以形成两个幅值不等的电位信号，对应着按钮开启/关闭的请求信息。

J394 经操作接口（J394 的 T16j/10 端子定义）接收由 J245 的 T16i/10 端子发出的遮阳卷帘开启/关闭指令，控制顶棚百叶窗电动机 V260 按需工作。

利用诊断仪引导性功能的 DTM 终端元件执行选项，向 J245 发出令 V260 动作的指令，遮阳卷帘朝关闭的方向运动，表明 V260 工作正常，上述列出故障可能的原因①③④均可筛除。

读取地址 004F 的 ID10.1 车顶遮阳板开关开启与 ID10.2 车顶遮阳板开关关闭的测量值，按动开启按钮时，屏幕显示 10.1 的值为已按下，表明 J245 可接收到按钮的遮阳卷帘开启请求，按动关闭按钮时，10.2 的值没有变化，始终显示未按下，这表明 J245 没有识别出按钮的关闭请求信息，故障在按钮开关上。

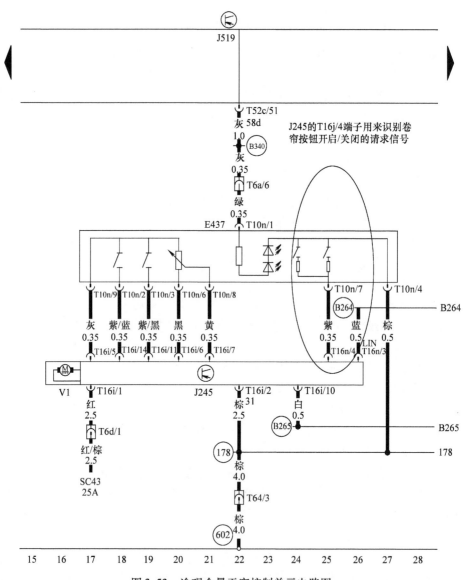

图 3-53 途观全景天窗控制单元电路图

E437—遮阳卷帘/滑动天窗按钮　J245—滑动天窗调节控制单元
J519—BCM 车身控制单元　V1—滑动天窗电动机　602—接地点（在左前门槛板中间）

故障排除　更换新的遮阳卷帘/滑动天窗开关 E437，故障排除。

技巧点拨　该车出现故障时，遮阳卷帘若不处于开启位置的止点，基本检查中，卷帘将会响应开启按钮，在这种场景下，可以逻辑地将故障定位于遮阳卷帘的关闭按钮。当然，仍有必要通过读取关闭按钮的测量值加以验证。

五、2017 年凯迪拉克 XT5 天窗遮阳帘关闭不到位

故障现象　2017 年凯迪拉克 XT5，VIN：LSGNB83L6HA×××××，行驶里程：

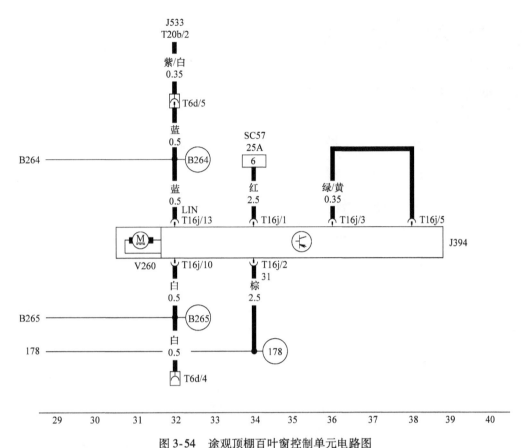

图 3-54　途观顶棚百叶窗控制单元电路图

J394—顶棚百叶窗控制单元　J533—数据总线诊断接口　V260—滑动天窗遮阳卷帘电动机

21511km。驾驶人反映，车辆天窗遮阳帘有时无法正常工作，关闭不到位。

故障诊断　经试车，按动遮阳帘打开按钮，至全开位置，关闭时遮阳帘电动机向前运动几厘米后，不再驱动。经再次按动打开关闭按钮，无任何反应，故障确认存在。

使用 GDS 检测无故障码，手动驱动电动机后能暂时运动，但来回运转两三次后，又出现不工作故障。因此怀疑天窗、遮阳帘未作学习，重新对该车辆天窗、遮阳帘学习操作。学习后试车，故障依旧。

经分析该故障一般为：①天窗遮阳帘开关故障；②天窗遮阳帘电动机故障；③天窗控制器故障；④线路故障。根据故障查看线路图，又发现该车辆线路图存在错误，线路图上该车遮阳帘电动机线束 6 号端子为开关控制线，实际该车遮阳帘电机线束 6 号端子为空白，存在问题的电路如图 3-55 所示。

将该信息进行反馈，等待回复正确线路图。由于驾驶人比较着急，要求尽快排除故障。对该线路简单测试供电电压，为 12V，正常。又对该车辆的天窗开关、遮阳板电动机（图 3-56）进行互换后学习试车，故障依然存在。经技术支持回复正确线路图后，进行诊断。经测试各线路电压、供电均正常。既然开关、模块、线路电动机都测试正常，那么故障部位存在哪呢？

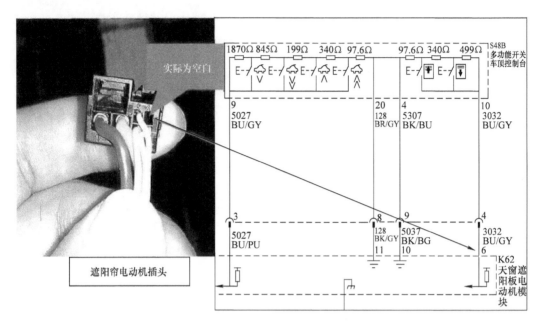

图 3-55 存在问题的电路图

再次结合故障现象分析,该故障为间歇性故障。会不会某个线束插接器松动,逐步检查天窗线束。边操作天窗开关,边逐步活动天窗线束,经活动至车顶内衬与天窗遮阳帘线束插接器处故障出现。天窗遮阳帘电动机线束连接不良,如图 3-57 所示。

故障排除 为其订购天窗、遮阳帘电动机线束,更换后按照新天窗学习步骤学习,试车故障解决。

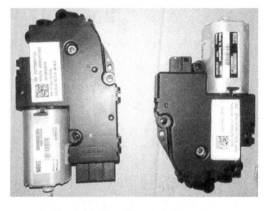

图 3-56 遮阳板电动机

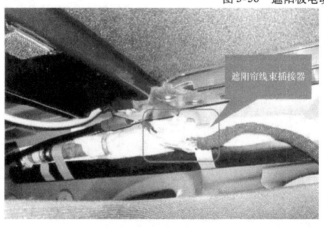

图 3-57 接触不良位置

技巧点拨　由于该车为间歇性故障，首先进行试车确认驾驶人报修故障。查看线路图时，发现问题及时反馈。并结合故障现象通过互换配件的方式，快速排查部件故障。确定故障部位为天窗线束后，更换天窗线束。按照最新的天窗、遮阳帘学习步骤进行初始化学习。试车确认故障排除。

第四节　后视镜控制系统维修技能与技巧点拨

一、2016 年宝马 730Li 车行车时内后视镜防眩光功能失效

故障现象　一辆 2016 年宝马 730Li（G12），配置 B48 发动机，行驶里程：19352km。驾驶人反映，晚上行车时车内后视镜防眩光功能失效。

故障诊断　此车为喷漆车辆，晚上试车确实如驾驶人所说防眩光功能失效。

连接诊断仪进行检测，发现存储的故障码有：车内后视镜 LIN 组件缺失。产生故障的原因有：①LIN 总线线路故障；②供电或搭铁缺失；③车内后视镜损坏。

自动防眩光控制机理：自动防眩光车内后视镜在识别到来自后部的光源时自动遮暗镜面玻璃，自动防眩光车内后视镜有两个传感器，测量来自前方和后方的入射光。信号在车内后视镜电子模块中处理并评估，当后面的光源强于前面时系统会自动发出一个电压信号，电压信号越大镜面玻璃的遮暗程度越强。自动防眩光车内后视镜在车内照明灯接通的情况下不参与工作。自动防眩光车内后视镜通过 LIN 总线与车身域控制器（BDC）通信，通过 BDC 进行状态查询和故障存储。

根据图 3-58 所示电路图进行检测，测量插头 A60 * 1B 的 6 号 LIN 线电压为 10V 正常，测量 A60 * 1B 的 3 号端子供电没有电压，检查 F47 号熔丝已经熔断。更换熔丝后，测量

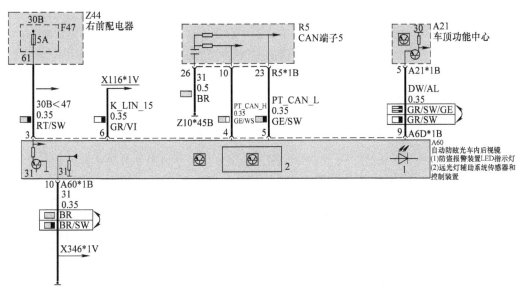

图 3-58　自动防眩光车内后视镜

A60*1B 的 3 号端子还是没有电压，说明供电线路有断路或虚接的情况。拆掉顶棚后，检查 X116 接头并没有发现问题，在晃动线束的同时 3 号端子有时有电、有时没有电，顺着线束往下检查，在 A 柱饰板的位置发现了虚接的地方，如图 3-59 所示。

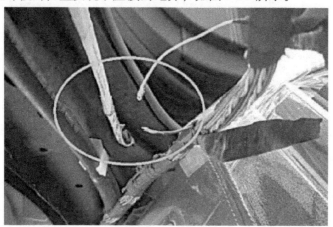

图 3-59 虚接位置

故障排除 更换熔断的熔丝，重新焊接线路。

> **技巧点拨** 此车是因为在外面更换前风窗玻璃时把线拉断了，在接线时没有处理到位导致故障的产生。遇到此类故障，要熟悉相关系统的工作原理并结合电路图，才能快速准确地找到故障点。

二、2018 年奔驰 GLC260 左外后视镜防眩光功能失灵

故障现象 一辆 2018 年奔驰 GLC260，4MATIC，配置 274.920 发动机，行驶里程：13022km，VIN：LE42539461L×××××。驾驶人反映，左后外后视镜的防眩光功能失灵。

故障诊断 查看此车的车籍卡，装备有内部/外部后视镜，自动防眩光功能（代码 249）。

车外后视镜和车内后视镜中的后视镜玻璃具有电致变光防眩目功能，此功能由后视镜玻璃上的一层电解质凝胶来实现，该层凝胶根据所施加电压的变化来控制其透光性，也就是改变镜片的发暗程度。

此功能的前提条件包括：①车内照明未开启；②无过电压或低电压；③电路 15R 接通；④倒档未接合。

内部后视镜通过后视镜防眩前向光线传感器（A67h1）感测环境光线，而通过后视镜防眩后向光线传感器（A67h2）感测照射在后视镜玻璃上的光线。车内后视镜评估这些输入因素并将后视镜防眩请求通过车顶局域互联网（LIN）（LIN B13）发送至前信号采集及促动控制模组（SAM）控制单元。前信号采集及促动控制模组（SAM）控制单元通过车内控制器区域网络（CAN）将防眩信息发送至左前车门控制单元（N69/1）。左侧车门控制单元接收防眩信息并向左侧外部后视镜的后视镜防眩装置（M21/1h1）提供相应的促动电压。内部后视镜的后视镜玻璃通过启用内部后视镜防眩（A67h3）自动发挥防眩光功能。如果在后视镜防眩或倒档接合期间打开任一内部照明，防眩功能就会中断，如图 3-60 所示。

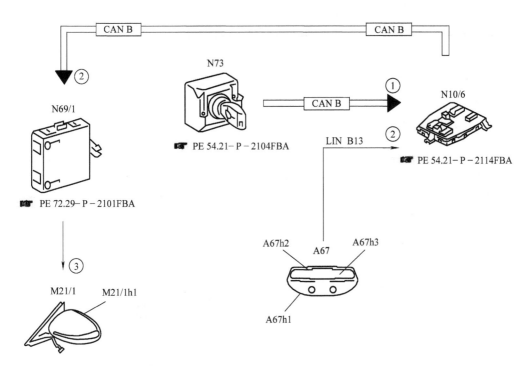

图 3-60 防眩功能图

1—端子 15R 状态 2—后视镜防眩请求 3—后视镜防眩促动 A67—车内后视镜
A67h1—向前后视镜防眩光线传感器 A67h2—向后后视镜防眩光线传感器
A67h3—车内后视镜防眩 CAN B—车内控制器区域网络（CAN） LIN B13—车顶局域互联网（LIN）
M21/1—左侧外部后视镜 M21/1h1—后视镜防眩 N10/6—前部信号采集及促动控制模组（SAM）控制单元
N69/1—左侧前车门控制单元 N73—电子点火开关控制单元

检查此车发现车内后视镜上加装了行车记录仪（图3-61），整个将车内后视镜镜片给遮挡了，导致A67h2向后后视镜防眩光线传感器无法接收到后面车辆前照灯的光线，所以车内后视镜向前和向后两个光线传感器在夜晚行驶时始终光线强度差别不大，防眩光功能也就始终不被激活。

图 3-61 加装设备位置

故障排除 拆除加装的行车记录仪后，故障排除。

技巧点拨 另外一种行车记录仪的加装方法是将原车的车内后视镜拆除,加装一个全新的车内后视镜,这样不仅防眩光功能失灵,还会导致蓝牙电话对方听不到声音,智能互联座席人员听不到声音的故障,原因是这两个功能的送话器都集成在车内后视镜中。

三、雷克萨斯 RX350 车左侧后视镜无法正常调节

故障现象 一辆雷克萨斯 RX350 车,驾驶人反映,该车左侧后视镜无法正常调节。

故障诊断 接车后试车,按下后视镜主开关总成(图 3-62)上的左侧后视镜选择开关,左侧后视镜选择开关指示灯正常点亮;按下后视镜主开关中部的调节按钮调节左侧后视镜的镜面角度,发现镜面可以下倾和右倾,但无法上倾和左倾;选择右侧后视镜并进行调节,可以正常调节;操作后视镜折叠开关,发现左右后视镜均能正常伸缩。试车至此,确认该车故障为左侧后视镜镜面无法上倾和左倾。

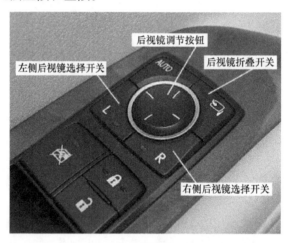

图 3-62 后视镜主开关总成

如图 3-63 所示,操作后视镜主开关总成上的开关,后视镜主开关总成检测开关信号(故障诊断时可以通过读取后视镜主开关总成的数据流来查看各开关的状态,如图 3-64 所示),并通过 LIN 总线将开关信号发送至主车身 ECU;主车身 ECU 通过 CAN 总线将开关信号发送至相应的后视镜 ECU;接收到开关信号后,相应的后视镜 ECU 控制车外后视镜内置的后视镜左右调节电动机、上下调节电动机及伸缩电动机工作,以调节后视镜镜面位置及后视镜的伸缩。

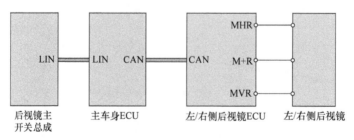

图 3-63 后视镜控制原理

结合故障现象及后视镜控制原理分析，由于后视镜主开关总成与主车身 ECU 之间的线路是左右后视镜共用的控制线路，而右后视镜能正常调节，说明这段线路正常；又因为左侧后视镜镜面能够下倾和右倾，而上下左右的控制信号都是由主车身 ECU 通过 CAN 总线发送至左侧后视镜 ECU 的，所以可以确定主车身 ECU 与左侧后视镜 ECU 间的 CAN 总线也正常。分析至此，推断可能的故障原因有：左侧后视镜损坏；左侧后视镜与左侧后视镜 ECU 间的线路故障；左侧后视镜 ECU 损坏。

用故障检测仪检测，左侧后视镜 ECU 中无故障码；对左侧后视镜执行主动测试，在执行后视镜镜面上下调节测试（Mirror UP/DOWN）和左右调节测试（Mirror Right/Left）时，发现左侧后视镜镜面仍无法上倾和左倾。拆下左前车门饰板，检查左侧后视镜 ECU 导线插接器，无进水、松脱等异常现象。根据图 3-65 脱开左侧后视镜 ECU 导线插接器 Z4，将蓄电池的正极连接至导线插接器 Z4 端子 1，负极连接至导线插接器 Z4 端子 10，发现后视镜

参数	值
D Door P/W Auto SW	OFF
P Door P/W Auto SW	OFF
RR Door P/W Auto SW	OFF
RL Door P/W Auto SW	OFF
P Door P/W Up SW	OFF
RR Door P/W up switch	OFF
RL Door P/W up switch	OFF
P Door P/W Down SW	OFF
RR Door P/W Down SW	OFF
RL Door P/W Down SW	OFF
Door Lock Switch Status	OFF
Door Unlock Switch Status	OFF
Window Lock Switch Status	OFF
Mirror Selection SW (L)	OFF
Mirror Selection SW (R)	OFF
Mirror Position SW (L)	OFF
Mirror Position SW (R)	OFF
Mirror Position SW (Up)	OFF
Mirror Position SW (Dwn)	OFF
Outer Mirror Fold SW	OFF
Number of Trouble Codes	0

图 3-64 后视镜主开关总成数据流

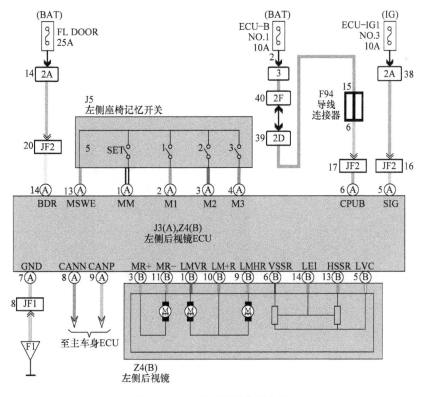

图 3-65 左侧后视镜控制电路

镜面持续上倾；将蓄电池的正极连接至导线插接器 Z4 端子 10，负极连接至导线插接器 Z4 端子 1，后视镜镜面持续下倾；将蓄电池的正极连接至导线插接器 Z4 端子 9，负极连接至导线插接器 Z4 端子 10，后视镜镜面持续左倾；将蓄电池的正极连接至导线插接器 Z4 端子 10，负极连接至导线插接器 Z4 端子 9，后视镜镜面持续右倾。上述测试说明左侧后视镜及其与左侧后视镜 ECU 之间的线路均正常，由此推断左侧后视镜 ECU 损坏。

故障排除　更换左侧后视镜 ECU 后试车，左侧后视镜可以正常调节，故障排除。

技巧点拨　本案例的难点在于对后视镜控制中 LIN 总线和 CAN 总线的控制的理解，这两种总线的传输级别、速率有很大的差别。

四、2014 年福特锐界车 PDI 检测发现右侧后视镜无法调节

故障现象　一辆 2014 年福特锐界车，搭载 2.0L 涡轮增压缸内直喷发动机和 6 档自动变速器，行驶里程：10km。该车在进行 PDI 检测时发现右侧后视镜无法调节。

故障诊断　操作驾驶人侧后视镜调节开关分别对左侧和右侧后视镜进行调节，发现左侧后视镜能够正常动作，而右侧后视镜不动作。

连接 IDS 调取故障码，无故障码。查阅相关资料可知，后视镜调节功能是通过驾驶人侧后视镜调节开关控制 4 个后视镜调节电动机（左、右各 2 个）的电流方向来实现后视镜的上下和左右动作（后视镜调节开关内部通过 3 个分控开关来实现左、右后视镜的选择，上下调节及左右调节）。

根据该车的故障现象，结合图 3-66 进行分析，判断故障的可能原因有：右侧后视镜调节电动机故障；后视镜调节开关故障；相关线路故障等。由电路图可知，左右后视镜的供电

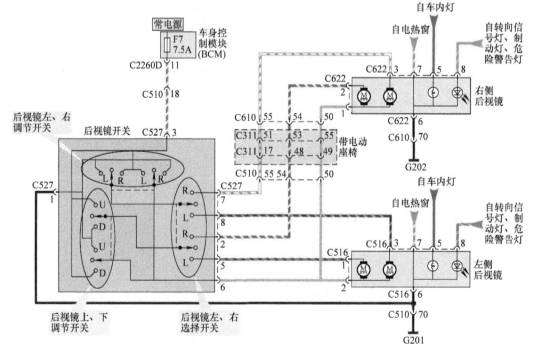

图 3-66　左右后视镜相关电路

都通过熔丝 F7，并共用供电和搭铁线路。既然左侧后视镜能够正常工作，就可以排除供电和搭铁存在故障的可能性。

将后视镜调节开关切换到右侧后视镜，向上拨动后视镜调节开关，测量导线插接器 C622 端子 2 的电压，为 12V，正常；向下拨动后视镜调节开关，测量导线插接器 C622 端子 1 的电压，为 0V，异常；向左拨动后视镜调节开关，测量导线插接器 C622 端子 1 的电压，为 0V，异常；向右拨动后视镜调节开关，测量导线插接器 C622 端子 3 的电压，为 12V，正常。根据测量结果分析可知，导线插接器 C622 的端子 1 无电压的原因可能是导线插接器 C527 端子 6 与导线插接器 C622 的端子 1 之间的线路存在故障或后视镜调节开关内部故障。

用万用表电阻档测量导线插接器 C527 端子 6 与导线插接器 C622 的端子 1 之间的电阻，为∞，由此确定线路存在断路。断开导线插接器 C610，测量其端子 50 与导线插接器 C527 的端子 6 之间的电阻，仍为∞；断开导线插接器 C510，测量其端子 50 与导线插接器 C622 的端子 1 的导通情况，导通良好；说明故障点在导线插接器 C510 与后视镜调节开关之间的线路。首先查看导线插接器 C510，发现其端子 50 已弯曲（图 3-67）。

故障排除 对导线插接器 C510 的端子 50 进行处理时，发现端子 50 的内部固定卡已经损坏，无法固定端子。于是将导线插接器 C510 两侧端子 50 所对应的导线移至相邻的空端子，即端子 49（图 3-68），确认装复牢靠后试车，故障排除。

技巧点拨 随着汽车技术的发展，汽车导线插接器端子越来越细小，在诊断时的难度越来越大，在诊断后插接的过程中，一定要小心仔细，避免带来新的故障。

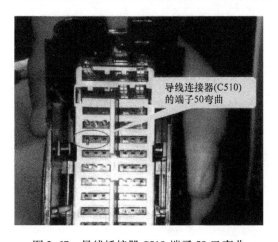

图 3-67 导线插接器 C510 端子 50 已弯曲

图 3-68 将端子 50 就近移动到空端子 49 上

第五节 倒车雷达与倒车影像系统维修技能与技巧点拨

一、奔驰 S400 车换倒档 COMAND 显示屏没有图像

故障现象 一辆新款奔驰 S400 车，底盘号：WDD2221651A×××××，搭载 M276 发动机。驾驶人反映，当车辆换入倒档时，COMAND 显示屏没有图像。

故障诊断 接车后试车，起动发动机，将车换入倒档，发现 COMAND 显示屏上的图像只显示了几秒。站在车后发现倒车摄像头盖板在打开几秒后自动关闭。

连接故障检测仪，进行快速测试，发现倒车摄像头（B84/3）里有故障码 B1FEP01——LVDS 通信存在功能故障。检查 LVDS 线路并未发现有异常。

查阅相关资料，得知启用或停用倒车摄像头时必须通过驾驶舱管理与导航设备（COMAND）控制单元中的相关操作，COMAND 控制单元将倒车摄像头功能的状态通过用户界面控制器区域网络（CAN – HMI）传送至倒车摄像头。

当车辆处于 R 档时会启用倒车摄像头。如图 3-69 所示，档位信息通过完全集成式变速器控制单元（Y3/8n4）接收，随后完全集成式变速器控制单元（Y3/8n4）将档位信息通过传动系统控制器区域网络（CAN – C）、传动系统控制单元（N127）、底盘 Flex Ray 总线、电子点火开关控制单元（N73）和用户界面控制器区域网络（CAN – MHI）传送至倒车摄像头（B84/3）。倒车摄像头对输入因素进行评估，并启用或停用倒车摄像头功能。

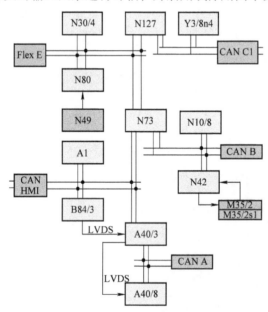

图 3-69 奔驰 S400 车网络图（部分）
A1—仪表板 A40/3—COMAND 控制单元 A40/8—音频/COMAND 显示屏 B84/3—倒车摄像头
CAN A—车载智能信息系统控制器区域网络 CAN B—车内控制器区域网络 CAN C1—传动系统控制器区域网络
CAN HMI—用户界面控制器区域网络 Flex E—底盘 Flex Ray M35/2——倒车摄像头护盖电动机
M35/2s1—倒车摄像头护盖电动机开关 N10/8—后部信号采集及促动控制模组（SAM）控制单元
N30/4—电控车辆稳定行驶系统（ESP）控制单元 N42—摄像头护盖控制单元 N49—转向盘转角传感器
N73—电子点火开关控制单元 N80—转向柱管模块控制单元 N127—传动系统控制单元
Y3/8n4—完全集成式变速器控制系统控制单元

倒车摄像头在以下情况下停用：向前行驶时车速大于 12km/h；向前行驶距离大于 10m；变速杆离开倒档的持续时间超过 255s；电路 15 断开。

为了使污垢远离摄像头镜头，由摄像头护盖为镜头提供保护。摄像头护盖根据倒车摄像头的状态（启用或停用）自动打开或关闭。摄像头护盖在倒车摄像头发出请求时打开和关闭。摄像头护盖控制单元（N42）直接促动倒车摄像头护盖电动机。后部摄像头护盖的状态（打开或关闭），由后部摄像头护盖电动机开关进行检测。摄像头护盖控制单元（N42）读入后部摄像头护盖电动机开关的状态，并将其通过车内控制器区域网络（CAN–B）、电子点火开关控制单元（N73）和用户界面控制器区域网络（CAN–MHI）传送至倒车摄像头。

为了清洁摄像头镜头，可通过 COMAND 控制单元的操作菜单打开摄像头护盖。在此期间，音频/COMAND 显示屏中不显示图像。COMAND 控制单元将"维护模式"请求通过用户界面控制器区域网络（CAN–MHI）传送至后视摄像头。信号的进一步传送路径与倒车摄像头启用后摄像头护盖打开时一致，传送至摄像头护盖控制单元。摄像头护盖从车速高于 30km/h 开始或电路 15 断开后自动关闭。在校准步骤期间，即使倒车摄像头功能已经停用，摄像头护盖也可能在校准持续时间内保持打开。校准完成之前，摄像头护盖不会关闭。

根据上述分析，结合故障现象，认为倒车摄像头盖板可以打开，所以怀疑故障点应该是在相关线路或摄像护盖板控制单元（N42）中，找了一辆同款车，把摄像机护盖控制单元互换，发现摄像头依然不能工作，而另一辆车则可以正常工作，怀疑故障点在线路上。根据图 3-70，依次测量 M35/2 至 N42 的线路通断情况，发现 M35/2 的端子 2 到 N42 的端子 16 之间的导线不导通。拆下左侧的内饰板，发现该导线已经断开。

故障排除 修复断开的线束后试车，故障彻底排除。

技巧点拨 线束内导线断路问题是维修中经常遇到的问题，但这种情况在排查起来有一定的难度，应注意确定故障部位的方法与技巧。

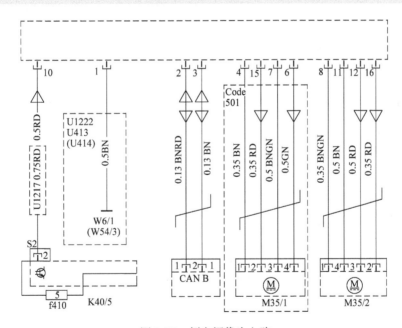

图 3-70 倒车摄像头电路

K40/5—后排熔丝和继电器模块　M35/1—前部摄像机盖罩电动机　M35/2—后部摄像机盖罩电动机

二、2014 年高尔夫 GTI 后驻车雷达一直报警

故障现象 一辆 2014 年产高尔夫 GTI 车型，行驶里程：2 万 km。驾驶人反映，该车后驻车雷达一直报警。

故障诊断 车辆到店后进行检查,发现故障现象与驾驶人描述一致。该车型有 4 个后驻车雷达,所以需要确定是哪一个或哪几个出现了问题。因为该车进行了改色贴膜,所以 4 个雷达均被改色膜覆盖,无法直接观察。由于该车为白色,而改色膜为深色,所以驾驶人并不愿意在未确定故障原因之前,将改色膜撕下。于是维修人员用最原始的办法,通过逐一插拔雷达的方式进行检查,在拔下最右侧雷达的插接器后,报警声消失,插上后声音随即出现,因此问题出在此雷达上。但由于驾驶人的特殊要求,所以维修人员只能通过将雷达线束换位的方式,来确定是雷达本身问题还是线束的问题。将最右侧雷达线束的插接器拔下,插在其他 3 个雷达上,发现均会发出报警。而将线束上的其他 3 个雷达插接器插在最右侧的雷达上,均未发出报警。所以确定问题并不是雷达所致,而是雷达线束出现问题。

故障排除 更换了雷达线束后,故障消失。

技巧点拨 替换法在维修工作也是一个比较重要的方法,在不能完全确定相应部件出现问题的情况下,替换法是一种快捷准确的故障排除方法。

三、2016 年福特锐界车倒车影像系统不可用

故障现象 一辆 2016 年长安福特锐界车,搭载 Eco Boost 2.0T 发动机和自动变速器,行驶里程:1.2 万 km,因倒车影像系统不可用而进厂检修。

故障诊断 接车后试车验证故障现象,故障现象确实存在,倒车影像系统提示"后摄像头故障,请立即联系经销商"。连接故障检测仪,调取故障码,读取到的故障码如图 3-71 所示。根据故障码的提示,判断故障原因可能有附属协议接口模块(APIM)故障、DC/DC 模块故障、后视摄像头故障、相关线路故障等。

本着由简到繁的诊断原则对上述可疑故障点进行排查。查阅相关电路(图 3-72),对后视摄像头的供电进行测量,发现导线插接器 C4357 的端子 1 的电压为 0V,异常,显然问题出在后视摄像头的供电部分。

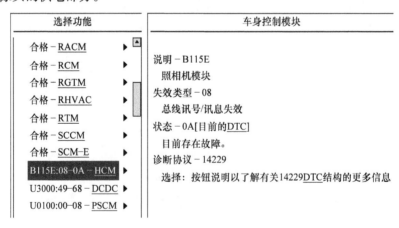

图 3-71 故障检测仪读取到的故障码

于是根据电路图和维修手册的提示,决定先找到后视摄像头供电线路上游的 DC/DC 模块。DC/DC 模块的导线插接器代号为 C2513,查阅维修手册,提示导线插接器 C2513 位于

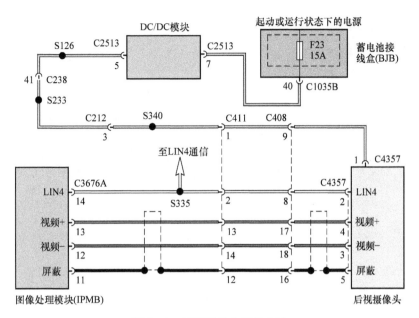

图 3-72　后视摄像头相关电路

仪表板左侧。然而，对着实车检查，发现 DC/DC 模块并不在维修手册所标注的位置（仪表板左侧）。于是只得顺着线路仔细查找，最终在前排乘客侧的手套箱下方找到了该车的 DC/DC 模块。

断开 DC/DC 模块的导线插接器 C2513，检查其端子 5 与后视摄像头（即导线插接器 C4357 的端子 1）之间线路的情况，线路导通良好，也未发现对电源或搭铁短路等情况。将导线插接器装复，测量 DC/DC 模块导线插接器 C2513 的端子 5 的电压，也为 0V，这说明 DC/DC 模块没有电压输出。测量 DC/DC 模块导线插接器 C2513 端子 7 的供电，为 12V，供电正常。接着检查 DC/DC 模块的搭铁，也正常。既然 DC/DC 模块的供电和搭铁均正常，那么导致 DC/DC 模块无法输出电压的原因只能是模块本身有问题。于是找来试乘试驾车，与车辆进行替换验证，更换 DC/DC 模块后，故障排除。

故障排除　更换 DC/DC 模块后试车，故障排除。

> **技巧点拨**　由于 DC/DC 模块本身存在故障，无法给后视摄像头供电，导致后视摄像头无法正常工作。当变速器换入倒档时，倒档信号由 PCM 模块通过高速 CAN（HS1 - CAN）传递给附属协议接口模块（APIM）和网关模块（GWM）。APIM 通过 LIN 信号激活图像处理模块（IPMB）和后视摄像头。当后视摄像头因故无法工作时，IPMB 将故障信息反馈给 APIM，再通过高速 CAN（HS3 - CAN）给多功能显示屏提供信息。

第四章

中控门锁与防盗系统维修技能与技巧点拨

第一节 宝马车系

一、宝马7系F02主驾车门锁能关不能开

故障现象 一辆宝马7系F02，配置N52发动机。行驶里程：104158km。驾驶人反映，主驾车门锁能关不能开，其余3个门锁不能开也不能关。

故障诊断 看到故障现象，经验上判断中控锁供电、锁块故障或JBE故障。车辆测试有故障码：80209B——中控锁：开锁继电器损坏或熔丝断路；80209D——中控锁：闭锁继电器损坏或熔丝断路。

ABL提示检查供电熔丝F14 15A和F15 20A熔丝。检查发现F14熔断，F15正常。更换F14后中控锁功能正常，多次尝试始终无法再现故障。

以前碰到过类似故障，当时为了确定故障在哪一个锁块，就在JBE到四门锁块和油箱盖电机控制线上各串联了一个5A熔丝，半年后右前门锁块的熔丝熔断，说明右前门锁或线路存在短路故障，更换右前门锁后故障排除。但是串联熔丝的方法过于烦琐，于是给驾驶人报价四门锁块，由于费用太高驾驶人不同意，一定要让我们确定哪一个锁块有问题。

经过分析电路图（图4-1），决定采用测量锁块电流和电阻的方法来确定故障。

通过测量MZS线电流可以确定死锁电机电流。通过测量MER线可以确定开锁时的总电流。通过测量MVR线可以确定闭锁电动机电流。从电流大小上不仅可以确定哪一个锁块故障，还能进一步确定是哪个电动机损坏导致。正常车辆测试MER线电流（图4-2）：最大电流为2.57A，最小电流为2.53A。正常车辆测试MVR线电流（图4-3）：最大电流为1.54A，最小电流为1.49A。故障车右前门MER线（图4-4）：最大电流为3.47A，最小电流为3.41A。故障车右前门MVR线（图4-5）：最大电流为2.36A，最小电流为2.13A。

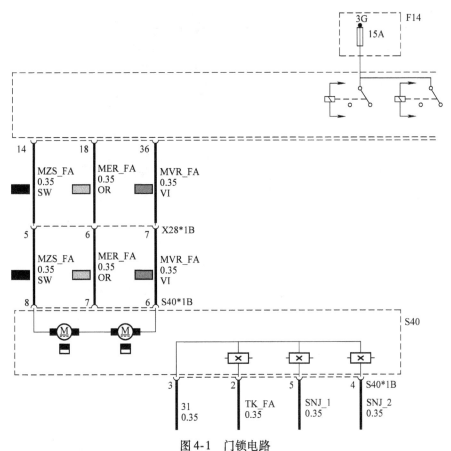

图 4-1 门锁电路

MZS—死锁电动机控制　MER—死锁和闭锁电动机共用线　MVR—闭锁电动机控制线

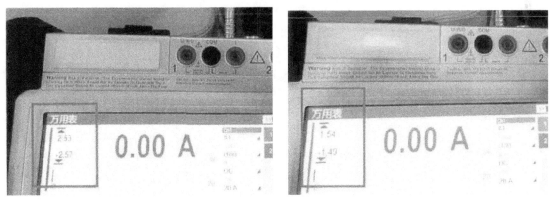

图 4-2　MER 电流　　　　　　　图 4-3　MVR 电流

通过逐个测量四门锁块上的 MZS、MER、MVR 线上的电流,最后发现右前门的上锁电动机电流过高,超过正常车的标准电流,在故障状态时测量故障车的上锁电动机电阻仅有 3.7Ω,而正常车在 10Ω 左右,所以可以确定由于右前门锁块内的上锁电动机内部线圈偶尔短路或阻力过大导致电流过高而使 F14 号熔丝熔断。

故障排除　更换右前门锁块故障排除。

图 4-4　右前门 MER 电流

图 4-5　右前门 MVR 电流

技巧点拨　虽然是偶发故障,但是经过和正常车对比也可以发现锁块电动机老化导致电流高于标准范围。从电路图上没办法确定 F14 和 F15 熔丝与锁块电路的控制关系,但从现象上来看,F14 熔丝损坏导致左前门能关不能开,其余三门既不能开也不能关;F15 熔丝损坏导致左前门能开不能关,其余三个门可以正常工作,只是四门都没有了死锁功能。

二、2013 年宝马 X1 遥控器功能失效

故障现象　一辆 2013 年宝马 X1,车型：E84,行驶里程：9000km。驾驶人反映,车辆的两把遥控器同时失效,距离车辆稍微远一点,不能进行遥控开锁或闭锁。站在车辆旁边,遥控器功能又会偶尔正常。

故障诊断　接车后首先验证驾驶人反映的故障现象,直接在车辆后方操作遥控器,车辆的开锁或闭锁功能偶尔可以使用,距离车辆超过 2m,开锁或闭锁功能立即失效,一直无法正常使用。连接 ISID 进行诊断检测,车辆的便捷上车及起动系统没有相关的故障存储。添加检测计划,系统分析建议检测择优多项式天线供电、接地是否正常。遥控器系统电路图如图 4-6 所示。

择优多项式天线接收器安装在行李舱玻璃的上部。拆卸行李舱背面的饰板,结果发现饰板内有很多玻璃碎片,很显然后部玻璃更换过。继续检查,发现玻璃上部的加热线没有连接,连接车身的部分被剪断了,并且玻璃上没有遥控器天线的连接插头的线束,择优多项式天线接收器上的插头（X01240）空着。仔细对比还发现,玻璃上缺少天线。如图 4-7 所示。很显然,这不是原厂标准的玻璃。再次询问驾驶人,驾驶人才告知,前几天玻璃被人砸碎,为了图便宜更换了一块玻璃。原厂玻璃上带有天线（收音机的 FM/AM 天线、择优多项式天线接收器天线）,并且在图 4-7 标示的位置有一段导线（连接择优多项式天线接收器）。所以车辆的故障便是后部玻璃上没有安装遥控器的天线引起的。

故障排除　更换原厂的后部玻璃,故障排除。

技巧点拨　遥控器发送的信号由择优多项式天线接收器接收和解调,在信号处理后将数据传输至 CAS 用于分析。CAS 对遥控器的信号进行识别,如果信号合法,则控制开锁或闭锁。

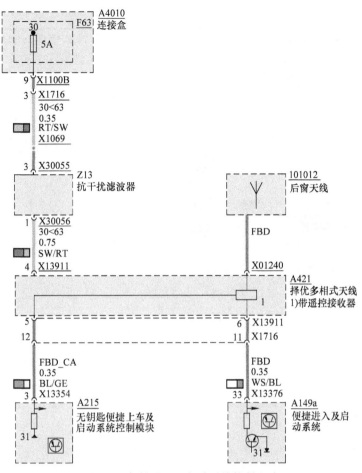

图4-6 便捷进入及起动系统控制电路

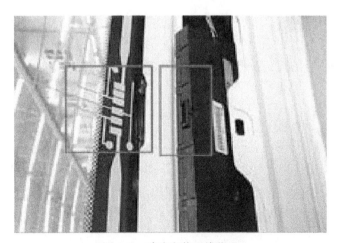

图4-7 玻璃安装天线位置

三、2010年宝马325i车辆行驶中提示"行李舱未关闭"

故障现象 一辆2010年宝马325i，车型：E93敞篷车。行驶里程：12万km。驾驶人反映，车辆行驶中提示"行李舱未关闭"。

故障诊断　接车后首先验证驾驶人反映的故障现象，试车确认车辆的确存在行驶中提示行李舱未关闭的现象，实际测试行李舱能正常关闭和打开，而是敞篷无法正常打开。这款车型装配可收折式硬车顶，可收折式硬车顶是三部分的车顶结构，由钢板轻型结构制成，车顶可在约22s内打开，并约23s内关闭。可收折式硬车顶由一个中央液压单元驱动可降低的硬车顶，8个液压缸支持运动过程。此外6个气压减振器参与运动过程，液压单元由敞篷车车顶模块（CTM）控制，共有14个传感器（从2012年7月起为15个传感器）用于监控该运动过程。

初步分析，故障原因可能是：①行李舱盖锁；②JBE模块故障；③线束故障；④行李舱盖位置识别传感器。

行李舱能正常开关，基本可以确定行李舱盖锁机械机构正常，但锁块位置传感器与锁块是一体的，所以还需确认传感器是否正常。诊断仪检测没有与JBE相关的故障码，模块能正常通信，排除模块问题。线路故障因检查时间较长留在最后确认。锁块位置识别传感器执行ABL行李舱盖位置识别发现无法正确识别位置。调出行李舱锁开关电路图，如图4-8所示。行李舱有两个锁块位置识别传感器，并且为串联，有一个传感器故障就会报警。

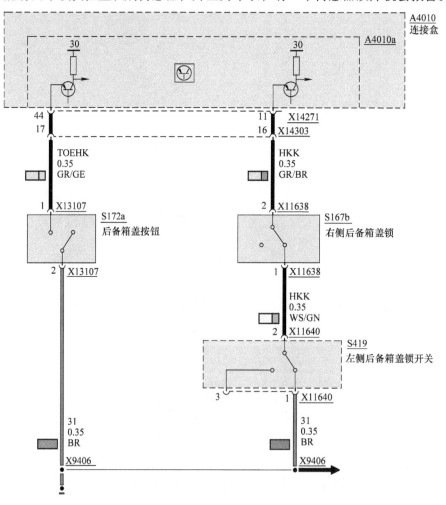

图4-8　行李舱锁开关电路

因传感器和锁块集成在一块，决定拆装锁块检查传感器，在拆装时发现了一个现象，只要一动 S419 行李舱左侧锁开关，行李舱内的照明灯就会随之打开关闭。调出行李舱内的照明灯电路图，如图 4-9 所示。借助这个现象，逐一检查锁块线束，最后发现 S419 的插头线束有问题，剥开线束后发现故障点，线束破损断开了。

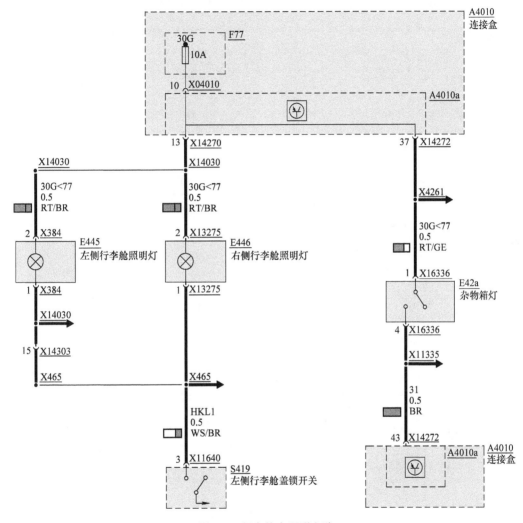

图 4-9　行李舱内照明电路

故障排除　维修损坏的线束，故障排除。

技巧点拨　汽车故障诊断的过程，是我们一步步尝试缩小范围找准故障点的过程。

四、2010 年宝马 523Li 行李舱无法遥控开锁

故障现象　一辆 2010 年宝马 523Li，车型：E60，行驶里程：16 万 km。驾驶人反映，行李舱无法通过遥控器开启。

故障诊断　接车后首先验证驾驶人反映的故障现象，确实如驾驶人所述，车辆只能用机

械钥匙打开行李舱。ISID 诊断无相关故障,调用车身标准模块功能,读取行李舱开关识别正常,打开和关闭识别正常,并且发现通过驾驶室内的开关也无法解锁。接下来进行基础的检查排除工作,调出行李舱开启控制电路图,如图 4-10 所示。

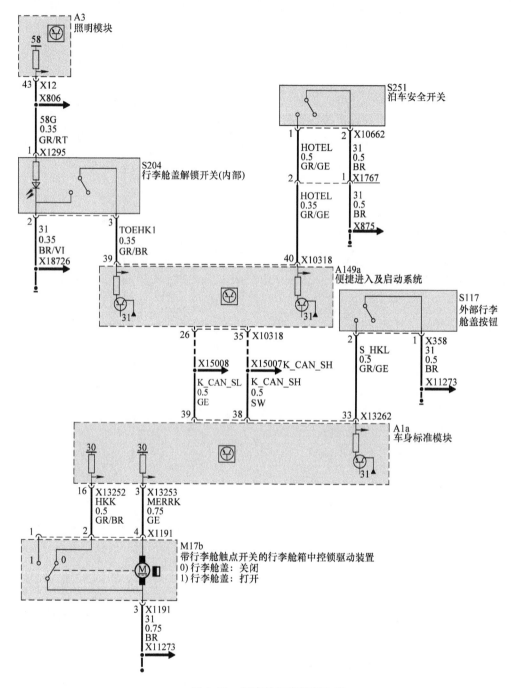

图 4-10 行李舱开启控制电路

先检查行李舱锁块的控制电路,检查行李舱锁块 M17b 的 1 号端子,行李舱打开时,搭铁正常;行李舱打开时,2 号端子信号电压 3.3V,正常;按压开关时,测量 4 号端子电压为

0V，怀疑断路，检查行李舱线路弯折点正常。测量 M17b 的 4 号端子到 A1a 车身标准模块之间导通正常。测量 4 号端子时发现对地短路，拔掉 X13253 插头就不搭铁了，怀疑车身控制模块 KBM 内部搭铁，于是试换车身控制模块 KBM，故障依旧。

行李舱盖连锁装置作用是打开行李舱盖时，解除行李舱盖锁的电子锁闭。行李舱连锁通过一个电气驱动装置进行，它用于解除行李舱盖旋转锁销的连锁。解除连锁可以通过下列操作点实现：

1）通过遥控器可以将行李舱盖解除连锁，而无须取决于中控锁的状态。

2）行李舱盖可以在中控锁处于"解除连锁"状态，且车辆静止时解锁。

3）行李舱盖可以在车辆静止且总线端 R 断开时解锁（总线端 R 的功能可设码）。行李舱盖也可以在中控于"连锁"状态下解锁。

如图 4-11 所示，图中由上至下依次是：泊车开关功能开启、正常状态、机械解锁状态。

故障排除 根据上述描述，继续检查发现行李舱盖有个机械钥匙孔，里面有个触点开关连接

图 4-11 宾馆泊车位置开关状态

到 CAS，该触点开关为行李舱盖锁开关（宾馆泊车位置开关），检查发现该触点开关损坏（常闭）导致 CAS 得到的信号有误，造成宾馆泊车开关启用，行李舱盖只能通过机械钥匙开锁。更新该触点开关后故障消失。

技巧点拨 宾馆泊车位置可通过行李舱盖锁装入。如果宾馆泊车位置被激活，则行李舱盖将既不能通过遥控器，也不能通过按钮进行解锁。

第二节 奔 驰 车 系

一、2011 年奔驰 G500 左前车中控不能上锁

故障现象 一辆 2011 年奔驰 G500，装配 273.963 发动机和 722.9 变速器，VIN：WDC463236××××××，行驶里程：1895km，该车最近出现左前门中控不能上锁现象。

故障诊断 维修人员接到该车后，使用遥控钥匙遥控车辆上锁时，左前门中控指示杆无动作，其他车门锁止正常；用车内中央门锁开关，操作车辆上锁时，故障现象依旧。于是连接 DAS 诊断仪读取系统故障码，左前门存储有故障码：B1501——左前车窗升降器开关，部件挂起或短路；B1502——右前车窗升降器开关，部件挂起或短路。此时操纵左前车窗升降器开关及右前车窗升降器开关，一切正常。虽然已存储故障码，但也没有影响两前车门上

锁。于是使用 DAS 诊断仪的激活功能，激活左前门中央门锁电动机，结果一切正常。中控锁有反应，看来左前中央门锁电动机及连接线束没什么问题。于是产生疑问，又是什么原因导致车内中央门锁开关锁止中控没反应，而用 DAS 诊断仪激活就正常呢？DAS 诊断仪激活时中控信号是这样走的：DAS 诊断仪→左前门控制单元→左前中央门锁电动机；车内中央门锁开关锁止车辆信号是这样走的：车内中央门锁开关→前 SAM→左前门控制单元→左前中央门锁电动机，难道是 CAN 线传输或者左前门控制单元信号接收有故障，使用诊断仪读取车内中央门锁开关信号，能够正常传递到左前门控制单元。

接着又用 DAS 诊断仪激活其余各门，其他各门中央门锁电动机工作正常。束手无策之际只能拆下左前车门内衬，因为通过观察发现左前中控锁指示杆倾斜像是装配不良所致。

拆下左前车门内衬检查各线路插头插接良好，线束无破损车门也未发现受外力损伤，看来此车可能在外面拆检过，玻璃升降开关故障可能是拆门内衬时没有关闭点火开关所致，中控锁指示杆的弯曲可能是拆中央门锁电动机后装配不当所致，拆下左前门内衬一无所获，是什么原因导致左前门中控锁无法锁止呢？检查了这么多项是我们先前的思路不清晰，应该重新认真梳理一下，导致左前门中央门锁不能锁止的原因有：左前门中央门锁电动机不工作；左前门控制单元内部故障；左前中央门锁微动开关（左前门触点）一直处于闭合状态；左前门中央门锁机构受外物阻挡无法锁止；线路连接不可靠；接收到持续的碰撞解锁信号。通过以上检查可知左前门中央门锁电动机工作正常，左前门控制单元也不异常，线路连接良好，左前门未受损伤，碰撞解锁应该是四门同时解锁之后全车无电。

疏忽了一项未检查就是左前中央门锁微动开关，如果它一直处于闭合状态，左前门控制单元接收到此信号以为左前中央门锁已经锁止，便不会在收到遥控锁车信号时再次发出锁止命令。为此就能说明为什么遥控锁车及车内中央门锁开关不能促动左前中央门锁电动机了，于是使用 DAS 诊断仪读取左前中央门锁微动开关的状态，检查发现不管是开门还是关门该微动开关的状态不变，控制单元一直显示为"已识别"见表 4-1。

表 4-1 左前门故障状态检测数据

门锁装置			
控制单元：TSGVL1			
序号	名称	标准值	实际值
089	信号	中央门锁	无信号
090	中央门锁热熔丝	√/ - F -	√/ - F -
091	供电 中央门锁	√/ - F -	√/ - F -
084	识别到红外线信号	—	是/否
087	识别到红外线信号"集中打开关闭"	—	是/否
088	使用红外线信号"集中打开关闭"	—	是/否
085	来自错误钥匙的红外线信号	未识别	未识别
086	识别到红外信号故障	是/否	是/否
210	左前车门触点		已识别

对比右前中央门锁微动开关在关门时显示为未识别，在开门时显示为"已识别"，之后断开左前中央门锁微动开关的线束插头，左前门控制单元显示其状态为"未识别"，见

表4-2。

故障排除 由此可以断定是左前中央门锁微动开关损坏导致左前门遥控锁车时不能上锁,更换新的微动开关,重新调整左前门中控锁指示杆装配车门内衬,关闭车门锁车,左前门上锁解锁一切正常。

技巧点拨 为什么激活时左前中央门锁工作正常,而且遥控锁车或用车内中央门锁开关锁车工作就不正常,DAS诊断仪激活就是纯粹的激活,不考虑其他因素,它发出指令让左前门控制单元直接给门锁电动机供电,加上电动机性能良好故门锁能正常锁车,但是遥控锁车及车内中央门开关锁车就不一样了,门锁控制单元要考虑门锁的实际状态,再决定是否要促动门锁电动机。

表4-2 左前门断开微动开关后的检测数据

门锁装置			
控制单元:TSGVL1			
序号	名称	标准值	实际值
089	信号	中央门锁	无信号
090	中央门锁热熔丝	√/-F-	√/-F-
091	供电 中央门锁	√/-F-	√/-F-
084	识别到红外线信号	—	是/否
087	识别到红外线信号"集中打开关闭"	—	是/否
088	使用红外线信号"集中打开关闭"	—	是/否
085	来自错误钥匙的红外线信号	未识别	未识别
086	识别到红外信号故障	是/否	是/否
210	左前车门触点	—	未识别

二、北京奔驰E260L车事故维修后无法起动且多种功能失效

故障现象 一辆北京奔驰E260L车,行驶里程:1400km,事故维修后无法起动、中控无法使用、仪表不亮、COMAND(Cockpit Management and Navigation Device,驾驶舱管理与导航设备)无法操作。

故障诊断 首先对该车故障进行确认,检查发现,该车事故维修时更换了左侧前纵梁,拆装了仪表台,事故维修完工后,车辆可以正常起动,但在准备试车时,车辆无法起动,且无法使用无线遥控进行上锁和解锁,座椅无法移动,仪表无任何反应(黑屏),COMAND无法操作。

用奔驰Star D对车辆进行检测,中央网关中存储有3个故障码:U001988——车内控制器区域网络(CAN)通信存在故障,总线关闭;U001911——车内控制器区域网络(CAN)通信存在故障,存在对搭铁短路;U118000——车内控制器区域网络(CAN)网络管理不稳定。发动机电子设备中存储有故障码U300E00——"电路15接通"输入信号不可信;电动动力转向(ES)系统中存储有3个故障码:U016800——电子点火开关的通信存在故障;U042900——接收到来自转向柱模块的不可信数据;U015500——与仪表板的通信存在故障。仪表板(KI)中存储有故障码U120E87——与盲点辅助系统的通信存在功能故障,信

息缺失。N123/4 – mbrace 中存储有故障码 B210000——接头 15 存在功能故障。根据上述故障码分析，导致该车故障的可能原因有 15 的供电有问题、CAN – B 分配器损坏、CAN – B 线路故障或某个控制模块故障。

使用奔驰专用 Xentry 检测仪查看 EIS 中电源供给，15C、15R 和 15 的供电均正常；检查 15 继电器，发现 15 继电器没有吸合声，异常；用万用表检查 15 继电器的控制线路，未发现短路或断路情况，正常；用导线跨接 15 继电器后，车辆可以正常起动，但仪表不亮，故障检测仪依然无法检测到 CAN – B 上的部件；用万用表检查 CAN – B 分配器的终端电阻，约为 60Ω，正常；用万用表检查 CAN – B 分配器的载波电压，CAN – L 和 CAN – H 的电压均为 0V（正常情况下 CAN – L 的电压应约为 2.3V，CAN – H 的电压应约为 2.8V），异常；用万用表检查 CAN – B 的 CAN – L 线和 CAN – H 线对搭铁的电阻，CAN – L 线和 CAN – H 线对搭铁的电阻均约为 0.3Ω（正常情况下 CAN – L 线和 CAN – H 线对搭铁的电阻均应在 1MΩ 以上），异常；用万用表检查 CAN – L 线和 CAN – H 线之间的互短电阻，为 10MΩ（标准值应在 1MΩ 以上），正常。根据上述检查结果分析，该车故障应该是 CAN – B 网络的 CAN – L 线和 CAN – H 线对搭铁短路。因为该车是事故车，分析认为应该是 CAN – B 网络在事故中被挤压而造成 CAN 线对车身搭铁短路，导致 CAN – B 上的信息传输失败，前 SAM 无法控制 15 继电器闭合，从而导致车辆无法起动等故障的发生。按照这个思路对车辆线路进行检查，最终发现仪表 CAN – B 线路被仪表台挤压到仪表横梁上（图 4-12）而造成对搭铁短路。

故障排除 拆装仪表台，将被压坏的仪表 CAN – B 线束修复后试车，发动机起动正常，无线遥控上锁和解锁功能正常，座椅移动正常，仪表显示正常，COMAND 操作正常，故障彻底排除。

技巧点拨 某些线束被相关零部件挤压造成损坏，也是线束故障发生的一个重要方面，维修人员在车辆事故后装配时要注意线束的走向，避免后期出现新的故障。

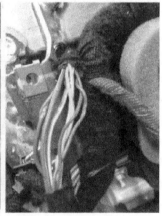

图 4-12 仪表 CAN – B 线路被仪表台挤压到仪表横梁上

三、奔驰 E200 车无钥匙起动系统不能正常工作

故障现象 一辆新款奔驰 E200 车，发动机型号：274920，因无钥匙起动系统不能正常

工作而进厂检修。驾驶人反映，该车无钥匙起动功能失效，需将遥控钥匙插入仪表台下方的读卡槽内才能起动发动机。

故障诊断　接车后，试车验证故障现象，将遥控钥匙插入仪表台下方的读卡槽内（图4-13），按下起动按钮，发动机顺利起动着车；将遥控钥匙从读卡槽里取出，再次尝试起动发动机，按下起动按钮，发动机无法起动，仪表信息提示中心显示“遥控钥匙探测不到”和“将遥控钥匙放在标记的位置，查看驾驶人手册”的提示信息。按下遥控钥匙上的解锁和闭锁按钮，车辆可以正常解锁和闭锁车门，且遥控钥匙上的指示灯能正常点亮；此外，驾驶人提供了该车的另一把遥控钥匙，经测试故障现象依旧，由此可初步排除遥控钥匙有故障的可能。

连接专用故障检测仪（XENTRY），进入无钥匙起动控制单元（N69/5），读取到的故障码为B1A5013——“前部LF天线功能失效，电路断路”（图4-14）。根据故障码的提示，判断可能的故障原因有前部LF天线（A2/60）故障、无钥匙起动控制单元（N69/5）故障及相关线路故障等。

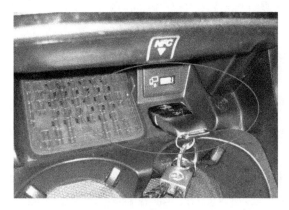

图4-13　将遥控钥匙插入读卡槽

N69/5 - KEYLESS GO (KG)

MB object number for hardware	213 901 82 03	MB object number for
Diagnosis identifier	000041	Hardware version
Software version	16/07 000	Boot software version
Hardware supplier	Kostal	Software supplier
Control unit variant	KG213_KG213_0041	

Fault	Text
B1A5013	Front LF antenna 'KEYLESS-GO' has a malfunction. There is an open circuit.
	Name
	Frequency counter
	Main odometer reading
	Number of ignition cycles since the last occurrence of the fault

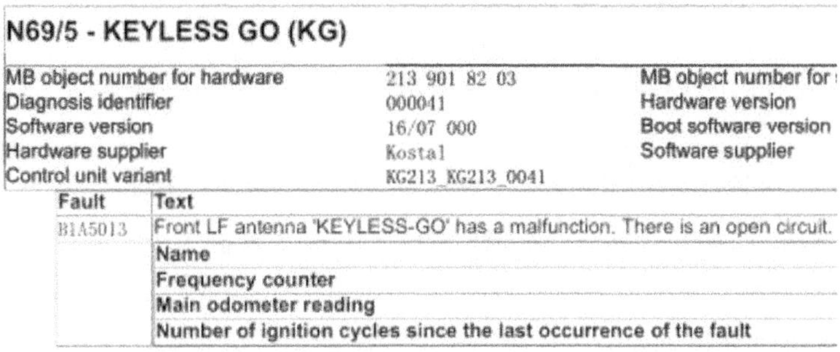

图4-14　XENTRY读取到的故障码

本着由简到繁的故障诊断原则，维修人员决定先检查A2/60与N69/5之间的线路。分别找到位于仪表台中央面板下的A2/60导线插接器和位于后行李舱右侧翼子板饰板内的N69/5导线插接器，确认导线插接器插接牢固。断开导线插接器，测量A2/60与N69/5之间线路的导通性，导通情况良好，且无短路故障。然而，维修人员在将导线插接器装复时，发现N69/5一侧的端子（端子22，与A2/60端子2相对应）弯曲变形（图4-15），看来这就是导致故障的原因了。

故障排除 对 N69/5 端子 22 进行处理，清除故障码后试车，故障排除。

> **技巧点拨** 经询问驾驶人得知，该车右后侧前不久曾发生过追尾事故，怀疑故障是事故修复过程中维修人员操作不当，造成 N69/5 端子 22 变形，导致线路断路，最终引发无钥匙起动系统不能正常工作的故障。

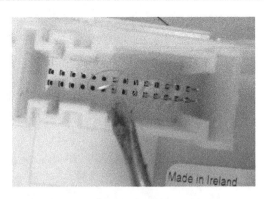

图 4-15　N69/5 端子 22 弯曲变形

四、奔驰 E260 车遥控器不灵敏

故障现象　有一辆奔驰 E260 车，底盘号：LE4212147，行驶里程：2000km。驾驶人反映，遥控器不灵敏，要走到车门旁边遥控器才可以打开车门。

故障诊断　接车后首先验证故障现象，按遥控器发现车辆没有反应，把遥控器对准车门拉手，车辆可以正常闭锁、解锁，说明此车遥控器无线电功能不能使用，红外功能正常。

此款车未装配无钥匙起动功能。当按动遥控器上的解锁按钮或锁止按钮时，它将无线电信号（进入认可）通过后车窗天线、天线放大器发送至后 SAM 控制单元，从而通过 CAN B 将信号发送至电子点火开关控制单元。遥控器在发送无线电信号的同时，还会将红外线信号传输至驾驶人前车门红外线遥控器接收器（需精确对准），该信号由左前门控制单元读取并通过 CAN B 发送至电子点火开关控制单元。

红外线和无线电信号包含相同的信息（双重发送），车辆先接收到的信号。在无线电信号受到干扰的情况下，该功能起到操作安全的作用。这两种情况下，电子点火开关控制单元都要检查遥控器的进入许可，如果进入许可有效，EZS 控制单元就会通过 CAN B 将锁止或解锁请求发送至相关控制单元。

车辆在使用遥控器解锁后，开始计时 40s 的等待时间，此等待时间过去后，如果车门或掀开式背门未打开，车辆则再次锁止，还会激活防盗警报系统。连接诊断仪进行快速测试，后 SAM 控制单元中存储故障码如图 4-16 所示。

引导测试让检查导线和插头，目测故障导线，必要时修理或更换，检查结束。进入后 SAM 查看实际值，按下遥控器，发现实际值中"接收车辆钥匙无线电信号成功次数计数器"为 0（图 4-17），异常，正常数字会有变化。根据功能原理，先拆开后部车顶饰板，检查天线放大器，没有发现异常。和正常车辆调换了 1 个天线放大器后，故障依旧。

第四章 中控门锁与防盗系统维修技能与技巧点拨

图 4-16 后 SAM 控制单元中存储故障码

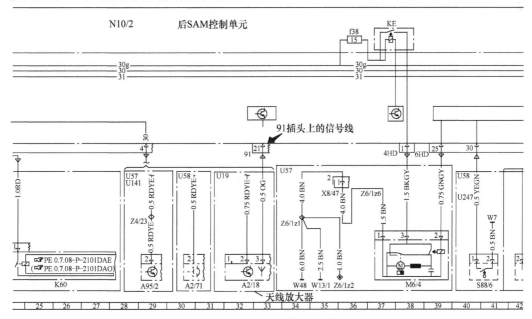

图 4-17 后 SAM 检测实际值

找出天线系统电路图（图 4-18）进行测量，此天线放大器是 FM1、AM、ZV 和无钥匙起动共用的。从电路图中可以看出，天线放大器把接收到的信号送至后 SAM 控制单元。拔掉天线放大器上的插头，测量信号线对地阻值为 330kΩ 左右（此时还没有拔掉后 SAM 上的 9I 插头），感觉异常，准备拔掉后 SAM 上的 91 插头再测量，谁知拆后 SAM 时，万用表上的阻值变成了 0Ω，说明有对地短路的地方。

图 4-18 天线系统电路图

149

故障排除　拔掉91插头测量对地阻值为∞，正常，再把后SAM上91插头插上时，阻值立刻就变成了0Ω，并且阻值还会不断变化，说明后SAM内部对地短路，于是订购后SAM控制单元，更换后一切正常。

> **技巧点拨**　维修工作中，要多注意车辆出现的一些异常的蛛丝马迹，为排除故障提供一些有用的信息。

第三节　大 众 车 系

一、奥迪A3遥控器无法正常使用

故障现象　一辆奥迪A3，配置1.4T CMBA发动机和0AM变速器，行驶里程：2634km，VIN：LFV2B28V0G5××××××。在车库停放3个月后，出现钥匙可以起动车辆，但遥控器无法上锁或解锁的故障。

故障诊断　诊断仪检查17仪表防盗主控单元里有故障码"B104C29——钥匙不可信信号，主动/静态"，在09车身控制单元内有故障码"B147954——无线遥控器钥匙1无基本设置，主动/静态"，如图4-19和图4-20所示。

图4-19　故障码1

图4-20　故障码2

根据引导型测试计划，用钥匙1重新打开和关闭点火开关1次来学习遥控器，如仍不能解决，断开J519电源对J519进行硬件匹配。根据上述检查初步分析，是遥控器信息在车载电源控制单元J519内丢失，重新匹配学习遥控器就可以正常使用了。

根据引导型测试计划,做了遥控器匹配学习,但遥控器仍然不能使用。该车钥匙防盗信息由仪表来进行读取和识别,故障车辆可以正常打开点火开关和起动车辆说明防盗系统能够识别钥匙并已通过防盗验证。按压遥控器开/闭锁键遥控器指示灯能亮,检查遥控器电池电压在 3.1V,属于正常范围。该车遥控器信号接收天线和控制系统集成在车载电源控制单元 J519 内,此时分析可能是 J519 内部接收天线或是其他内部故障导致遥控器信号无法正常接收。尝试对调 J519 并做部件保护,重新学习遥控器后仍然无法使用。在按遥控器时,读取故障车数据流如图 4-21 所示。对比正常车数据流,如图 4-22 所示。

测量值名称	ID	值
右后车门	MAS00221	未激活
带有无线电遥控器的汽车钥匙	MAS01431	
钥匙编号	MAS01551	2
按下按钮	IDE01442	未开始
匹配的传送器数量	MAS05408	2
接收范围内的代码	MAS06362	不正常
蓄电池电量	IDE01839	正常
发动机防盗锁止	MAS00077	不可用
进入及其启动许可	MAS00829	
唤醒导线	MAS00244	未编码/未安装
最近一次唤醒导线操纵时间	MAS07866	0ms
场强	MAS01763	0
数据记录器触发	IDE02406	
-无显示-	MAS00194	激活
基本设置的状态	IDE00322	
-无显示-	MAS00194	还未开始
安全登车:无效钥匙数	IDE00323	
-无显示-	MAS00194	0

图 4-21 故障车数据流

测量值名称	ID	值
右后车门	MAS00221	未激活
带有无线电遥控器的汽车钥匙	MAS01431	
钥匙编号	MAS01551	1
按下按钮	IDE01442	解锁
匹配的传送器数量	MAS05408	2
接收范围内的代码	MAS06362	正常
蓄电池电量	IDE01839	正常
发动机防盗锁止	MAS00077	不可用
进入及其启动许可	MAS00829	
唤醒导线	MAS00244	未编码/未安装
最近一次唤醒导线操纵时间	MAS07866	0ms
场强	MAS01763	0
数据记录器触发	IDE02406	
-无显示-	MAS00194	激活
基本设置的状态	IDE00322	
-无显示-	MAS00194	还未开始
安全登车:无效钥匙数	IDE00323	
-无显示-	MAS00194	0

图 4-22 正常车数据流

故障排除 通过对比发现,故障车在按下遥控器时只能识别到当前钥匙是匹配学习过的,但不能识别遥控器按钮信息,且接收范围内的代码异常。分析是遥控器内部故障,更换带钥匙的遥控器后,故障解决。

技巧点拨　该车防盗信息可以识别且按压遥控器时遥控器上的指示灯也亮,同时 J519 也能识别出是匹配过的哪一把钥匙;但按下遥控器时的代码无法被 J519 识别,所以也就无法进行闭锁和开闭操作。此类故障比较少见,排除类似问题时应读取遥控器实时数据流,这样才能为故障分析判断提供有力支持,提高一次性修复率。

二、奥迪 A6L 车左后门锁电动机有时不工作

故障现象　一辆奥迪 A6L（C6）车,发动机型号为 BJT,行驶里程：1.7 万 km。驾驶人反映,该车左后门锁电动机有时不工作。

故障诊断　接车后首先试车验证故障现象,无论用遥控器还是门锁开关,左后门锁电动机均会出现有时不工作的故障现象。因为只有一个门锁电动机有时失灵,其他几个门锁电动机工作都正常,并且左后门的电动玻璃也能正常升降,而左后门电动玻璃和左后门锁电动机都受左后门控制单元控制,按常规思路判断应该是左后门电动机（闭锁器）故障,但更换左后门电动机（闭锁器）后试车,故障依旧。

连接故障检测仪读取故障码,在左后门控制单元里存储有 1 个故障码 00532,其故障含义为"供电电压无法确定";检查所有熔丝,无断路;剥开左后门门边线束检查,也没有发现导线折断或破损;拆下左后门门边饰板,检查左后门控制单元的供电和搭铁,有 1 根常电源线和 1 根常搭铁线。查阅电路图（图 4-23）,左后门控制单元（J388）导线侧插接器 T20l 的端子 19 和端子 18 为常电源,端子 T20l/20 为搭铁线,但在端子 18 上测量,没有电压。左后门控制单元（J388）的端子 18 的电源来自熔丝 SB39（仪表台左侧熔丝盒）,和左前门控制单元（J386）共用电源,熔丝 SB39 没有损坏,左前门门锁也工作正常,这说明问题出在熔丝盒到左后门控制单元（J388）之间的线路上。

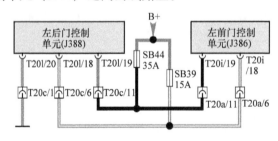

图 4-23　左前车门控制单元和左后车门控制单元供电电路

首先检查熔丝 SB39 背面的 2 根红/黄线,都有 12V 电源,接着检查左后门控制单元（J388）的导线插接器,无损坏也无电源,看来该车的线路故障不在两端的接线端,而应该是两者之间的线路有断路故障。在检修 4 个车门电器工作不正常的故障时,要重点检查门边橡胶护套里面的导线,在线束中找到该红/黄线,并测量该红/黄线从 J388 到熔丝 SB39 之间的通断情况,结果显示为断路。于是分 2 段进行测量,一段是 J388 到左后门门边线束之间的线路,另一段是熔丝 SB39 到左后门门边线束之间的线路,结果 J388 到左后门门边线束之间的线路不导通,而通常的情况是车辆使用一段时间后,门边铰链处的线束容易折断,而该车明显不是,于是拆检左门,结果发现在线束中间有破损折断现象。

故障排除　修复并固定线束后试车,故障排除。

技巧点拨　案例中的故障码指向十分明确——左后门控制单元供电电压无法确认，这可能会引起车门控制单元部分功能工作不正常（例如无法上锁），通过读取测量数据块可以快速验证，读故障码和数据流可提高故障判断的准确性，因此维修人员第1次更换左后门电动机（闭锁器）的误判是不应该发生的，要引以为戒。

三、2017款迈腾车防盗指示灯锁车后不亮

故障现象　一辆2017款迈腾车，行驶里程：335km，左前门内衬上的防盗指示灯在锁车后不亮。

故障诊断　经确认，2017款迈腾锁车后，左前门内衬上的防盗指示灯应激活而闪烁，该车在锁车后左前门内衬上的防盗指示灯却一直不亮。可能的故障原因有：防盗指示灯（K133）损坏；左前车门控制单元（J386）至防盗指示灯之间的线路故障；左前门控制单元（J386）故障；舒适系统控制单元故障；编码错误。由于该车是新车，刚行驶335km，因此暂时先不拆卸车门内衬检查线路，决定先用元件测试等方法确认故障点，以免造成误拆，影响驾驶人满意度。

先用VAS 5052A读取故障码，系统无故障码存储；为排除编码问题，找来一辆相同配置的车对照地址46（舒适系统控制单元）和地址42（驾驶人侧车门控制单元）内的编码，编码一致，排除编码错误的可能性。拆下左前车门内衬板，发现防盗指示灯（K133）的导线插接器根本就没有连接（图4-24）。

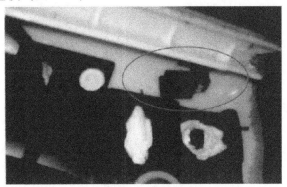

图4-24　防盗指示灯导线插接器未连接

故障排除　连接防盗指示灯导线插接器，并装复车门内衬板后试车，锁车后左前门内衬上的防盗指示灯闪烁，故障排除。

技巧点拨　该车故障是由于车辆组装时防盗指示灯导线插接器没有安装牢固造成的。在实践中，大家遇到最多的情况是由于导线插接器受潮后氧化，产生接触电阻后造成接触不良而引起的此类故障现象。

四、2016年上汽大众辉昂匹配防盗系统总是失败

故障现象　一辆2016年产上汽大众辉昂，行驶里程：9733km。车辆在更换车身控制单

元（BCM2）后，防盗锁止系统匹配总是失败，诊断仪提示"FAZ1552E"。

故障诊断　维修人员尝试打开点火开关，可以接通，但发动机无法起动，同时无钥匙进入、无钥匙起动功能均无法使用。使用诊断仪读取车辆信息，发现诊断地址"0005—进入及起动许可"有：VAG00956——钥匙2无或错误的基本设置/匹配；VAG01179——不正确的钥匙编程2个故障码。

查询技术文档，在进行防盗锁止系统匹配时，ODIS提示"FAZ1552E"的含义是存在其他信号干扰。检查车内加装设备，发现车内安装了不停车电子收费系统（ETC）（图4-25）。

故障排除　断开ETC电源后，重新进行防盗锁止系统匹配成功，故障排除。

> **技巧点拨**　加装设备在一定程度上是影响防盗锁止系统工作中，在维修中加装设备应该作为排查对象。

图4-25　车辆安装了ETC

五、2016年斯柯达明锐车遥控锁车、车辆应答异常

故障现象　一辆2016年斯柯达明锐车，搭载1.6L发动机，行驶里程：1万km。驾驶人反映，将车内阅读灯开关拨至DOOR位置，用遥控器锁车，车内阅读灯和危险警告灯不停地闪烁，且仪表板上行李舱开启指示不停地显示打开与关闭。

故障诊断　接车后试车验证故障现象，将车内阅读灯开关拨至DOOR位置，关闭车门，按下遥控器上的锁止按钮，车内阅读灯和危险警告灯开始不停地闪烁，且仪表板上行李舱开启指示不停地显示打开与关闭，故障现象属实。维修人员对车辆进行初步检查，确认无任何加装和改装。用故障检测仪VAS6150B读取故障码，各控制单元内均没有故障码存储；读取中央电子控制单元（J519）的数据流，发现转向灯和车内照明灯的"占空因素"在0%～100%交替变化，行李舱的"通过后盖解锁按钮起动"信号在断开、接通间交替变化，验证了上述的故障现象。查看车内阅读灯、行李舱锁相关电路（图4-26），结合故障现象分析，认为故障的原因有：前阅读灯故障；后阅读灯故障；行李舱锁故障；J519故障；相关线路（供电和搭铁）故障。

由图4-26得知，前阅读灯、后阅读灯的电源都由J519导线插接器T73c端子12提供，端子67为门控信号。由于前后阅读灯安装位置不同，其搭铁点的位置分布也不同。维修人员首先断开前阅读灯导线插接器T6a，测量前阅读灯导线插接器T6a端子5的电压，为

12.2V，说明前阅读灯供电正常；测得导线插接器T6a端子4搭铁正常；接着断开后阅读灯导线插接器T5e，测量后阅读灯导线插接器T5e端子4的电压，为12.2V，说明后阅读灯供电正常；测得导线插接器T5e端子2搭铁正常，排除线路故障的可能。维修人员将同款试乘试驾车上的前、后阅读灯拆下更换到该车上试车，故障依旧，排除前后阅读灯故障的可能。

难道是行李舱锁故障？带着这个疑问，维修人员又将试乘试驾车的行李舱锁更换上试车，故障依旧。对上述可疑的故障点进行逐一排查后，维修人员将故障点锁定在J519上，订购J519，到货后对J519内部防盗控制单元匹配后试车，故障依旧，维修彻底陷入了僵局。重新整理之前的诊断思路，再次查看图4-26，发现J519导线插接器T73c端子12除了为前后阅读灯供电，还为右侧行李舱照明灯供电，怀疑右侧行李舱照明灯及其线路有问题。于是维修人员打开行李舱，断开右侧行李舱照明灯导线插接器T2c，用万用表测得右侧行李舱照明灯导线插接器T2c端子2供电正常，端子1搭铁正常。更换正常的右侧行李舱照明灯后试车，故障现象消失。确定故障是由右侧行李舱照明灯损坏造成的。仔细查看图4-26，发现右侧行李舱照明灯内部串联了1个二极管，用万用表测量右侧行李舱照明灯内部二极管的反向电阻，电阻为0.1Ω（图4-27），表明二极管已击穿。

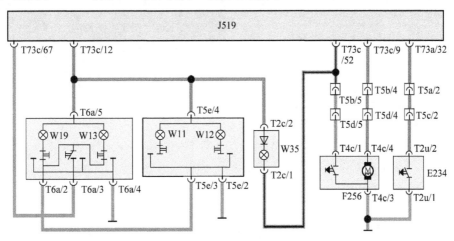

图4-26　车内阅读灯、行李舱锁相关电路

E234—行李舱把手中的解锁按钮　F256—行李舱锁　J519—中央电子控制单元　W11—左后阅读灯
W12—右后阅读灯　W13—右前阅读灯　W19—左前阅读灯　W35—右侧行李舱照明灯

图4-27　测量右侧行李舱照明灯内部二极管反向电阻

故障排除 更换右侧行李舱照明灯,用遥控器锁车,车辆应答正常,故障彻底排除。

> **技巧点拨** 2016斯柯达明锐车取消了单独的防盗控制单元,将防盗控制单元集成于J519内部。

六、2015年大众夏朗右后电动滑门无法开启

故障现象 一辆2015年大众夏朗,配置1.8T发动机(CDAA)和PQE变速器,VIN:WVWLJ57N3FV××××××,行驶里程:16500km。驾驶人反映,右后电动滑门打不开,电动门灯闪烁,如图4-28所示。

故障诊断 维修人员接车后验证故障,确认驾驶人反映属实。接上VAS6160A进入自诊断,无法进入右后滑动车门。

维修人员根据故障码(00BF 右后滑动车门已编码→通信出错)初步分析,是右后滑动车门控制器J731无通信。

故障原因大致是:①电源不供电;②搭铁不好;③线路连接插头接触不良;④滑动车门控制器J731故障;⑤J533数据网关。

查阅如图4-29所示电路图,维修人员根据电路图测量J731的T10/6号端子电压为

图4-28 电动门灯

12.42V正常,如图4-30所示。J731的T10/1号端子搭铁正常,J731的T10/9号端子舒适CAN高电压为3.93V,说明CAN高电压端无断路现象,如图4-31所示。

J731的T10/4号端子舒适CAN低电压为1.06V(图4-32),说明CAN低电压端无断路现象,插头目测正常。供电正常、线路良好,数据通信线简单测量也有信号,那只有控制单元本身或数据网关故障。但数据网关能和其他所有控制单元有通信,所以可以排除。因此维修人员替换了右后滑动车门控制器J731,然而故障依旧,还是无法通信。

右后滑动车门控制单元无法显示,呈灰色,数据总线诊断接口显示有故障。为什么?难道还有其他原因?

故障排除 此时维修人员有点茫然,决定根据ODIS的引导型故障查询,并根据检测计划引导,进行蓄电池复位(断开和连接蓄电池负极)后,最终故障解决了。但是这种现象是什么原因造成的呢?原来滑动车门控制器J731插头在以前的检修过程中曾拔掉过,所以J533数据总线网关识别到无法通信后,出于安全考虑就让右侧滑动车门的电动控制功能失效。

因为滑动车门有防夹保护功能,配置了双重防夹保护,其中一个通过所谓的过电流识别实现,另一个通过滑动车门前部关闭区域的防夹条实现,而且车门车窗在没有做基本设置的前提下也无法工作的。同时右侧油箱加油口打开时,滑动车门也必须是在关闭状态。因右侧滑动控制器J731断电后,这些设置数据丢失,滑动车门肯定无法工作,所以必须进行蓄电池复位,让J533与J731进行通信,实行基本设定后方可工作。

第四章 中控门锁与防盗系统维修技能与技巧点拨

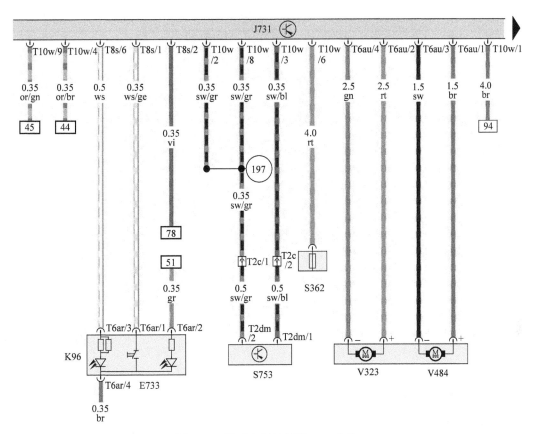

图 4-29 滑动车门控制器 J731 电路

图 4-30 测量电压

图 4-31 测量 CAN 高电压端电压

技巧点拨 作为现代汽车维修维修人员，在诊断故障的过程中，不但要排查线路和机械故障，还要知道它们的工作条件和原理，只有这样，维修起来才能少走弯路。

图 4-32 测量 CAN 低电压端电压

第四节 通用车系

一、2013 款科鲁兹车遥控门锁功能失效

故障现象 一辆 2013 款科鲁兹车，装配 LDE 发动机和 6T30 自动变速器，行驶里程：4 万 km。驾驶人反映，操控钥匙发射器上的解锁和闭锁按钮，经常会出现中控门锁不能解闭锁的故障现象。该车此前也因为类似故障现象进行过维修，维修人员只是当作偶发性故障处理，但故障会反复出现。

故障诊断 接车后首先验证故障现象，按下钥匙发射器上的解闭锁功能键，不时会出现门锁不能解闭锁的现象，使用车内驾驶人侧门锁开关（S13D）操控中控门锁，能正常解闭锁。

该车型遥控门锁控制方式为：锁止时，所有涉及中控门锁的电动机均工作，执行关闭功能；解锁时，按动 1 次钥匙发射器上的解锁按钮，驾驶人侧门锁和燃油箱加注盖解锁，连续 2 次按动钥匙发射器上的解锁按钮，车内另外 3 个车门的门锁和之前解锁的同时解锁；行李舱盖释放单独控制。根据对车辆中控门锁功能的验证，确定故障现象为遥控解闭锁功能异常，而使用车内解闭锁开关操控中央门锁功能正常，说明中央门锁执行部分正常。

当按下钥匙发射器上相应按钮时，系统将锁定、解锁车门或打开行李舱盖，这是通过发射器向遥控车门锁接收器（K77）发射无线电频率实现的，遥控车门锁接收器（K77）与车身控制模块 K9（BCM）直接连接，BCM 解读该信号，并启用请求功能启用相应功能，钥匙发射器电池电量过低或加装设备（如加装逆变器）无线电频率的干扰，可能导致遥控门锁控制系统故障。注意：当车辆钥匙插入点火开关时，钥匙发射器上的按键功能被禁用。

更换钥匙发射器里的电池，再次执行遥控解闭锁功能，遥控解闭锁功能仍然异常。本着由外及里、由简单到复杂的故障诊断原则，在车辆中控门锁锁止状态下，使用车辆钥匙发射器，用机械解锁的方法打开左前车门门锁（该车型机械解锁只能打开左前门，没有中控门锁作用），连接故障诊断仪至车辆诊断接口，进入车身控制模块-电源模式数据，在点火钥匙没有插入点火开关锁芯的条件下，观察"钥匙在气缸开关中"（是/否）的数据流，数据流显示结果如图 4-33 所示,这说明 BCM 在点火钥匙没有插入点火开关锁芯的情况下,已经得到点火钥匙插入的异常信号。

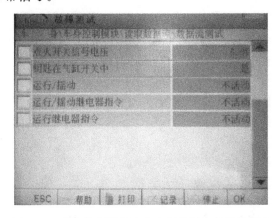

图 4-33　车身控制模块中点火钥匙插入信号数据流

根据点火开关电源分布控制电路(图 4-34)分析,出现此异常数据的可能原因有:点火开关(S39)内部钥匙插入时才能闭合的触点无法断开、车身控制模块(BCM)内部对电源短路(局部损坏)、点火开关(S39)的端子 4 与 BCM 端子 15 之间的连接导线对电源短路。

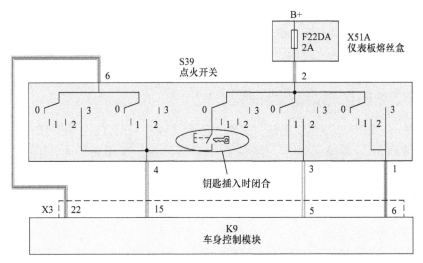

图 4-34　点火开关电源分布控制电路(不带 ATH)

拆卸组合开关护罩,断开点火开关(S39)导线插接器(图 4-35)。在点火钥匙没有插入点火开关锁芯的条件下,用数字万用表直流电压档测量点火开关导线插接器的端子 4 与车身搭铁之间的电压,显示为 0V,再次测量点火开关导线插接器的端子 4 与之间的电压,显示为蓄电池电压。根据测量结果,排除了车身控制模块内部对电源 B+ 短路(局部损坏)、点火开关(S39)的端子 4 与车身控制模块之间的连接导线对电源短路的故障可能性。测量点火开关(S39)的端子 2 与端子 4 之间的电阻,在插入点火钥匙时,测量结果显示为低阻导通,正常;在拔出点火钥匙时,发现有时呈现∞,有时仍呈现低阻导通,异常。测量结果表明点火开关（S39）内部钥匙插入时才能闭合的触点无法断开，从而造成按下钥匙发射器上的解闭锁功能键，出现门锁不能解闭锁的故障现象。

图 4-35　点火开关（S39）的导线插接器

故障排除　更换点火开关（S39）元件，反复按下钥匙发射器上的解闭锁功能键，中控门锁能正常解闭锁，故障彻底排除。

> **技巧点拨**　在车辆故障诊断过程中，经常会遇到没有故障码的故障，了解和掌握特定数据流的含义，能快速、准确地判断故障所在。本案例故障的诊断过程，很容易忽略点火钥匙插入信号的诊断信息，造成检查遥控车门锁接收器（K77）及相关线路等不合理的检测步骤。因此在汽车故障诊断过程中，只有将理论知识应用到实践中，才能对故障的诊断得心应手，即使是比较隐蔽的故障也能比较轻松地排除，避免走弯路，提高车辆的维修质量和一次修复率。

二、2012 款别克凯越遥控功能失效

故障现象　一辆 2012 款别克凯越，配置 1.6L 发动机，VIN：LSGJW52P1CH×××××，行驶里程：78000km。驾驶人反映，车辆遥控功能失效，按压遥控器开闭锁键，车辆无反应。

故障诊断　按压遥控器开闭锁键，车辆无任何反应。用 TECH2 读取故障码，无故障码。尝试重新匹配遥控器，无法激活遥控器匹配程序。为什么遥控模块接收器匹配程序无法激活？是遥控模块接收器供电、接地不良，还是模块内部有故障？先从外围线路入手进行检查，首先检查遥控接收器模块的供电、接地情况。对照维修手册遥控模块接收器电路图（图 4-36），检查模块供电熔丝 F10-15A/F13-10A 没有熔断。用万用表测量模块供电、接地也都正常，目视模块插头无进水腐蚀现象，插头、插孔也没有扩孔，插接器固定锁销也正常。模块外围线路检查没有异常，于是尝试互换遥控模块接收器，再次进行匹配依旧激活不了匹配程序。

遥控模块接收器正常，模块供电、接地正常，还有什么原因导致遥控模块接收器无法激活匹配程序呢？维修工作一时陷入停顿，带着疑问查看遥控模块接收器的相关电路图，对照电路图查看有哪些信号会影响到遥控系统的工作。

电路图显示遥控模块接收器输入信号有钥匙插入点火开关信号、点火主继电器、门锁指示器，以上三项输入信号的正常与否，将直接影响到遥控模块接收器的工作。图 4-37 所示

第四章 中控门锁与防盗系统维修技能与技巧点拨

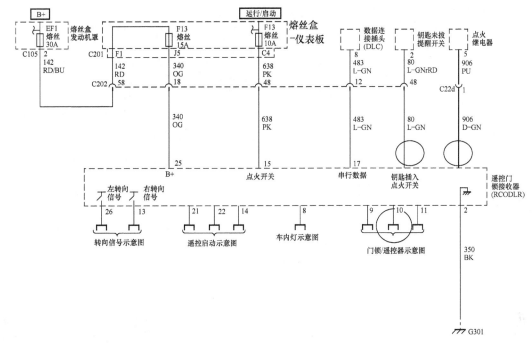

图 4-36 遥控模块接收器控制电路

为车身防盗控制框图。

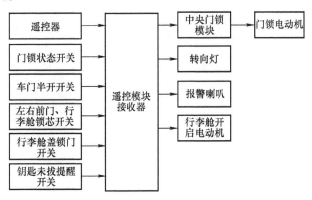

图 4-37 车身防盗控制框图

连接 TECH2 进入遥控模块接收器，重点查看钥匙插入点火开关信号、点火主继电器、门锁指示器输入信号状态。TECH2 数据显示的故障车数据如图 4-38 所示，在点火开关关闭的状态下，开关输入信号均显示关闭且正常。当拔下点火钥匙后，开关数据中"钥匙在点火锁芯内开关"数据一直显示"接通"状态。正常车（图 4-39）在拔下点火钥匙后，"钥匙在点火锁芯内开关"数据显示关闭。通过对比，发现故障车这组数据存在异常。

钥匙在点火锁芯内的开关信号来自于钥匙未拔提醒开关，主要作用是监测钥匙是否留在点火锁芯内，信号输入遥控模块接收器。作为车身防盗功能是否启用的条件之一，不作为发动机防盗启用的条件。钥匙插入点火锁芯内为接通，不在点火锁芯内为关闭，接通时遥控模块接收器会收到一个 12V 信号。如果该信号一直保持接通状态，遥控模块接收器会以为点火钥匙一直为插入状态，如果此时驾驶人打开左前门，发出的报警声音会提醒驾驶人拔下钥匙，与此同时车辆遥控门锁功能将会被暂时关闭。知道了钥匙在点火锁芯内开关信号的作用，综合前面的检查结果，可以确定故障是钥匙未拔提醒开关状态异常引起的。用万用表测量遥控模块接收器插头16号脚，无论钥匙插入和拔出，一直显示12V电压，不正常。进一步拆下点火锁芯护板，将钥匙未拔提醒开关插头断开，万用表电压降为0V，说明线路没有对正电短路，故障是由钥匙未拔提醒开关（图4-40）内部故障引起的。此时，按压遥控器开闭锁按键，车辆遥控功能也恢复正常。

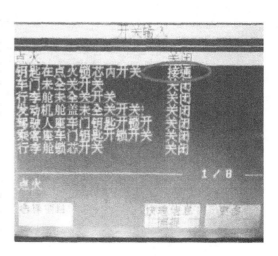

图4-38　故障车数据

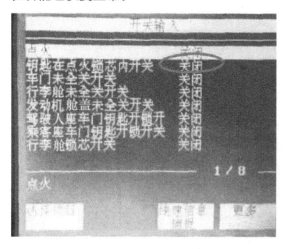

图4-39　正常车数据

图4-40　钥匙插入状态开关位置

故障排除　更换钥匙未拔提醒开关，故障不再出现。

技巧点拨　此车的故障原因并不复杂，排除的过程确费了一番周折，做了很多无用功。究其原因是平时维修工作中没有解读数据流的意识，同时也缺乏对细节的关注（忽略了报警声一直响），只是凭经验去进行检查。因此，对于此类故障的排除，一定要先了解相关系统的控制原理，对照电路图进行相关分析和判断，制订切实可行的维修方案。平时工作中，注意培养对诊断仪数据流的阅读意识，注重对细节的关注，这样才能有条理、有步骤地循着维修逻辑快速锁定故障原因。

三、2017款凯迪拉克ATS-L车遥控门锁功能差

故障现象　一辆2017款凯迪拉克ATS-L车，搭载LTG发动机和8L45自动变速器，行

第四章 中控门锁与防盗系统维修技能与技巧点拨

驶里程：255km，因遥控门锁功能差而进厂检修。

故障诊断 接车后，首先试车验证故障现象。距离车辆 10m 处，按压遥控发射器上的解锁或锁止按钮，遥控门锁不起作用（正常情况下，距离车辆 60m 处，对车辆进行遥控门锁操作，遥控门锁都应起作用）。进行无钥匙进入功能测试，按压左前门、右前门拉手开关进行无钥匙被动解锁或闭锁，门锁电动机无反应；按压左后、右后门拉手开关进行无钥匙被动解锁或闭锁，门锁电动机偶尔会工作。起动发动机，组合仪表上胎压无显示。

连接故障检测仪（GDS）读取故障码，车身控制模块（BCM）内存储了 5 个故障码，具体见表4-3。记录并尝试清除故障码，故障码可以清除，试车，故障依旧。根据故障码的提示，结合上述故障现象，初步判定遥控系统、无钥匙进入系统及胎压监测系统同时存在故障，分析认为其公共部分出现故障的可能性比较大。

表4-3 车身控制模块（BCM）内存储的故障码

故障码	含义
B393500	无线电频率收发器验证
C075029	左前胎压传感器脉冲太少
C075529	右前胎压传感器脉冲太少
C076529	右后胎压传感器脉冲太少
C077500	胎压监测系统传感器

查看遥控系统、无钥匙进入系统及胎压监测系统的工作原理得知，钥匙发射器、胎压传感器发出的信号均通过遥控门锁接收器（RFA）传递给车身控制模块，由车身控制模块执行门锁操作及胎压显示。分析认为造成故障的可能原因有：干扰源导致信号接收差；天线故障；收音机天线放大器故障；RFA 故障；BCM 及相关线路故障。

本着由简到繁的诊断思路对上述可疑的故障点进行逐一排除。维修人员首先检查后风窗玻璃，没有贴膜，车上也无门禁卡等干扰源，排除干扰源导致信号接收差的故障可能性。查阅遥控门锁相关电路（图4-41），断开 RFA 导线插接器 X1，接通点火开关，测量导线插接器 X1 端子4 与端子1 之间的电压，为 12.4V，说明 RFA 供电和搭铁正常。断开 BCM 导线插接器 X1，测量 BCM 导线插接器 X1 端子26 与 RFA 导线插接器 X1 端子3 之间的电阻，为 0.3Ω，正常；测量 BCM 导线插接器 X2 端子27 与 RFA 导线插接器 X1 端子2 之间的电阻，为 0.2Ω，正常；依次测量 RFA 导线插接器 X1 端子2、端子3 对电源及搭铁的导通性，无短路故障，排除相关线路故障的可能。尝试更换试乘试驾车的 RFA 及收音机天线放大器，试车，故障依旧。难道是 RFA 与收音机天线放大器之间的同轴电缆故障？带着这样的疑问，维修人员拆下同轴电缆（图4-42），用万用表测量同轴电缆内层缆线的导通性，发现内层缆线断路，测量试乘试驾车同轴电缆内层缆线的导通性，导通良好。由此判断同轴电缆损坏。

故障排除 更换同轴电缆后试车，上述故障现象消失。至此，故障彻底排除。

> **技巧点拨** 维修中遇到的故障并非都是疑难杂症，只要思路清晰，符合维修逻辑，有些问题尽管并不是很直观，多点耐心慢慢拆解，不怕找不到原因。

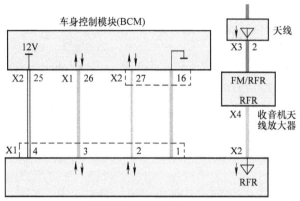

图 4-41　遥控门锁相关电路

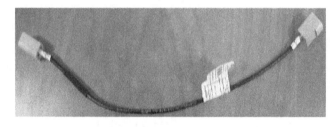

图 4-42　同轴电缆

第五节　丰　田　车　系

一、雷克萨斯 RX350 车身防盗系统异常报警

故障现象　一辆雷克萨斯 RX350 车，搭载 2GR-FE 发动机，行驶里程：8 万 km。驾驶人反映，车身防盗系统最近经常异常报警。

故障诊断　接车后试车，将车辆停放在车间并锁止，等待一段时间后，车辆出现了异常报警的情况。车身防盗系统的工作原理为：在所有车门、发动机舱盖及行李舱均关闭的情况下，按下车钥匙上的闭锁按钮或车门外把手上的锁止开关，若车身主 ECU 检测到所有门锁开关、门控灯开关均处于 OFF 状态，车辆会进入防盗状态，此时 CD 机上的防盗指示灯会常亮 10s 左右，然后防盗指示灯不停闪亮，同时危险警告灯会闪烁 1 次；在车辆进入防盗状态后，主车身 ECU 激活侵入传感器（集成在前部阅读灯总成内），利用超声波检测是否入侵，同时实时监测所有门锁开关、门控灯开关状态，一旦发现异常信号，主车身 ECU 激活报警电路。

用故障检测仪检测，进入主车身 ECU，无故障码存储，查看主车身 ECU 数据流（图 4-43），发现车辆进入防盗模式后各门锁开关、门控灯开关的状态均为 OFF，侵入传感器连接状态（Intrusion Sen Conn）为 ON，侵入传感器状态（Intrusion Sensor）为 OFF，均正常。考虑到故障是偶发的，怀疑故障还是由门锁开关、门控灯开关及侵入传感器偶尔工作不良导致的。

参数	值	单位	参数	值	单位
ACC SW	OFF		Dimmer SW	OFF	
IG SW	OFF		Passing Light SW	OFF	
Parking Brake SW	OFF		Rear Fog Light SW	OFF	
Right LaneChgFlas Turn Signal Switch	OFF		Front Fog Light SW	OFF	
Left LaneChgFlas Turn Signal Switch	OFF		Auto Light SW	OFF	
R or L TurnFlas Turn Signal Switch (Auto)	OFF		Head Light SW(Head)	OFF	
			Head Light SW(Tail)	OFF	
RR Door Courtesy SW	OFF		Illumination Rate Info	15.31	ms
RL Door Courtesy SW	OFF		Intrusion Sens OFF SW	OFF	
Back Door Courtesy SW	OFF		Intrusion Sensor	OFF	
Back Door Open	Prohibt		Intrusion Sen Conn	ON	
Back Door Open SW	OFF		Intrusion Sensor Sound Detect	OFF	
Hazard Switch	OFF		Mem SW No. w/KeyID1	NONE	
Door Lock SW-Lock	OFF		Mem SW No. w/KeyID2	NONE	
Door Lock SW-Unlock	OFF		Mem SW No. w/KeyID3	NONE	
Door Key SW-Lock	OFF		Mem SW No. w/KeyID4	NONE	
D Door Key SW-UL	OFF		Mem SW No. w/KeyID5	NONE	
FR Door Lock Pos	LOCK		Mem SW No. w/KeyID6	NONE	
FR Door Courtesy SW	OFF		Mem SW No. w/KeyID7	NONE	
FL Door Lock Pos	LOCK		Driver Seat Memory1	OFF	
FL Door Courtesy SW	OFF		Driver Seat Memory2	OFF	
Hood Courtesy SW	OFF		Driver Seat Memory3	OFF	
Dome Light DOOR SW	ON		D Seat Configuration	Return	
Dome Light SW	OFF		Auto H Beam STS0	Undetec	
Turn Signal Relay	OFF		Auto H Beam STS1	Undetec	
RR-Door Lock Pos SW	OFF		Auto H Beam STS2	Undetec	
RL-Door Lock Pos SW	OFF		Auto H Beam STS3	Undetec	

图 4-43 主车身 ECU 数据流

由于该车侵入传感器可以通过前部阅读灯总成上的侵入传感器关闭开关（图4-44）关闭，因此决定先从侵入传感器查起。将电源模式切换至 OFF 状态，按 1 次侵入传感器关闭开关后下车并将车辆锁止，经过长时间观察，车身防盗系统不再异常报警。由此怀疑故障是由侵入传感器偶尔工作不良引起的。将车交给驾驶人，并叮嘱每次锁止车辆前按 1 次侵入传感器关闭开关。半个月后驾驶人反映，在关闭侵入传感器后，车身防盗系统没有再出现异常报警的现象。诊断至此，确定侵入传感器损坏。

图 4-44 侵入传感器关闭开关位置

故障排除 更换侵入传感器后交车，并叮嘱驾驶人每次锁止车辆前不必关闭侵入传感器。1 个月后驾驶人反映，车身防盗系统不再异常报警，故障彻底排除。

技巧点拨 雷克萨斯 RX350 侵入传感器在车辆锁止后由主车身 ECU 激活，激活的侵入传感器发出超声波，检测车内有无活动物体，若检测到活动物体，主车身 ECU 激活报警电路。若要关闭侵入传感器，在锁止车辆前按 1 次侵入传感器关闭开关即可，同时组合仪表中央显示屏显示"侵入传感器关"（图4-45）。但需注意，在下一次锁止车辆时，侵入传感器会自动恢复为开启状态。

另外，侵入传感器的超声波不能穿透玻璃和钢。如果车辆锁止后车窗或天窗未关闭，超声波会泄露，可能会检测到周围的行人，进入车内的落叶、昆虫、强风，以及其他超声波源，从而使车身防盗系统报警。

图 4-45 组合仪表中央显示平会显示"侵入传感器关"

二、2006 年丰田凯美瑞车显示屏显示"未检测到钥匙"

故障现象 一辆 2006 年丰田凯美瑞车,车辆型号为 ACV40L,发动机型号为 2AZ – FE,行驶里程:23.3 万 km。驾驶人反映,该车无法遥控打开车门,用机械钥匙打开车门后在仪表板多功能显示屏上一直显示"未检测到钥匙";驾驶人更换另外一把钥匙试验,发现 2 把钥匙都会在仪表板多功能显示屏上显示"未检测到钥匙";驾驶人使用应急起动方法起动车辆,但车辆还是在仪表板的多功能显示屏上显示"未检测到钥匙"。

故障诊断 接车后试车验证故障现象,故障现象和驾驶人反映的一致,即使采用应急起动方法起动车辆,车辆还是在仪表板的多功能显示屏上一直显示"未检测到钥匙",踩下制动踏板发现起动开关上的起动指示灯没有任何反应;检查车辆相关熔丝,没有发现异常。根据故障现象分析其可能故障原因有遥控钥匙故障;发动机起动开关故障;车门控制接收器故障;防盗及智能控制系统线路故障;防盗及智能控制系统 ECU 故障。

根据维修手册检查车门控制接收器控制线路,未见短路或断路现象;用 IT – Ⅱ 使用手动模式进入智能及起动系统检测故障码,发现存储有故障码 B2784(天线线圈开路/短路)和故障码 B278A(锁定器充电故障 VC5 搭铁短路),故障码 B2784——天线线圈开路/短路,故障码 B278A——锁定器充电故障(VC5 搭铁短路)。记录并尝试清除故障码后试车,故障依旧,故障码无法清除。

查阅维修手册发现,故障码 B2784——发动机点火开关内部钥匙天线线圈开路/短路,根据该车电路图(图 4-46)测量电源开关(E52)导线插接器的端子 10(CODE,内部钥匙天线线圈)与认证 ECU(E58)导线插接器的端子 9(CODE)之间的控制线路,未见短路或断路现象;测量电源开关(E52)导线插接器的端子 9(TXCT)与认证 ECU(E58)导线插接器的端子 8(TXCT)之间的控制线路,没有短路或断路;再测量电源开关(E52)内部的接通情况,未见异常。根据上述检测结果确定电源开关(E52)良好。

查阅维修手册,当电源开关(E52)的电源线路开路或短路时会出现故障码 B278A,测量电源开关(E52)导线插接器端子 14(VC5)与认证 ECU(E58)导线插接器的端子 30(VC5)之间的控制线路,未见短路或断路现象;测量认证 ECU(E58)导线插接器的端子 30(VC5)与车身搭铁之间的电压,发现不管是在什么状态该端子的电压都为 0V,正常情

第四章 中控门锁与防盗系统维修技能与技巧点拨

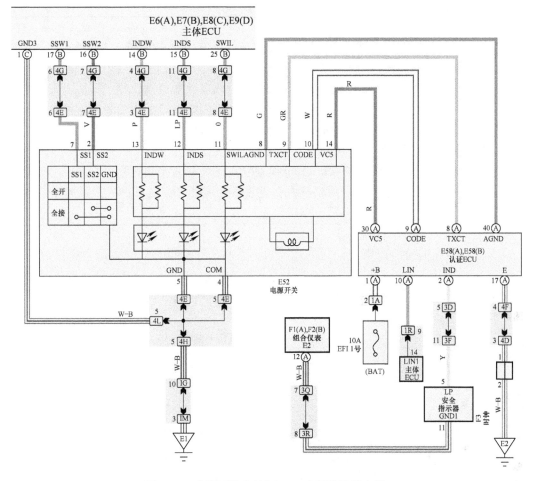

图4-46 电源开关和认证ECU之间的连接电路

况下，在按下电源开关（E52）时该端子的电压应为4.6~5.4V，当钥匙不在车内时，该端子的电压应低于1V；再测量电源开关（E52）导线插接器端子8（AGND）与认证ECU（E58）导线插接器的端子40（AGND）之间的控制线路，未见短路或断路现象；测量认证ECU（E58）导线插接器的端子17（E）与车身搭铁之间的电阻，搭铁良好。根据以上检测结果分析，应该是认证ECU（E58）内部VC5电源电路损坏导致认证ECU（E58）没有电源供应给电源开关（E52）进而导致故障发生的。

故障排除 更换认证ECU并重新注册登记钥匙后试车，故障排除。

> **技巧点拨** 认证ECU在没有任何线路改动的情况下损坏有点蹊跷，推测可能是车辆受外界原因破坏过原车防盗系统，导致认证ECU损坏。对于该故障，在维修手册中没有提供太多相关测量数据标准及元件检测的数据，通过认真分析检查及了解其控制原理，结合修理时常用的换件排除法，也能快速有效地排除故障。该案例中，维修人员通过维修手册，测量每根线的短路或断路情况，关键是测量E58导线插接器端子30（VC5）与车身搭铁之间的电压，一直为0V，与标准值不同，从而找到故障根源，最终排除故障。

三、2008年丰田第六代凯美瑞车无法起动

故障现象 一辆2008年丰田第六代凯美瑞车,搭载2AZ发动机、智能进入及起动系统,行驶里程:12万km。驾驶人反映,该车无法起动。

故障诊断 接车后试车,发现智能钥匙的解锁及闭锁功能正常;按下起动开关,电源模式无法切换,组合仪表无法点亮,且发动机防盗指示灯闪烁;踩下制动踏板,将智能钥匙靠近起动开关,按下起动开关,发动机仍无法起动。测量蓄电池电压,为12.8V,正常。由于发动机防盗指示灯不断闪烁,怀疑发动机防盗认证无法完成。

由于电源模式无法切换至IG ON,故障检测仪GTS无法直接与车辆进行通信。查看维修资料得知,在IG OFF状态,可采用以下方法使故障检测仪GTS与智能进入及起动系统进行通信。

1) 连接故障检测仪GTS。

2) 以1.5s间隔持续按压左前门控灯开关(图4-47),同时点击故障检测仪GTS上的"与车辆连接"选项(图4-48),直到进入"车辆连接向导"界面后才可停止按压操作。

3) 选择"KEY REGIST"(钥匙注册)选项(图4-49),进入"系统选择菜单"界面(图4-50),选择"进入和起动(CAN)"。

图4-47 左前门控灯开关

图4-48 点击"与车辆连接"选项

图4-49 选择"KEY REGIST"选项

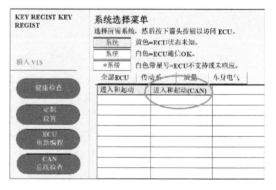

图4-50 进入"系统选择菜单"界面

按上述方法进入智能进入及起动系统后，读得故障码 B2785——LIN 连接的 ECU 之间通信故障（图 4-51）。查看维修手册，提示检查认证 ECU、主体 ECU、转向锁 ECU 及 ID 代码盒间的 LIN 通信情况。由图 4-52 可知，认证 ECU、主体 ECU、转向锁 ECU 及 ID 代码盒通过 LIN 线进行通信，且 LIN 线由 4 号接线盒连接。

图 4-51 进入智能进入及起动系统中存储的故障码

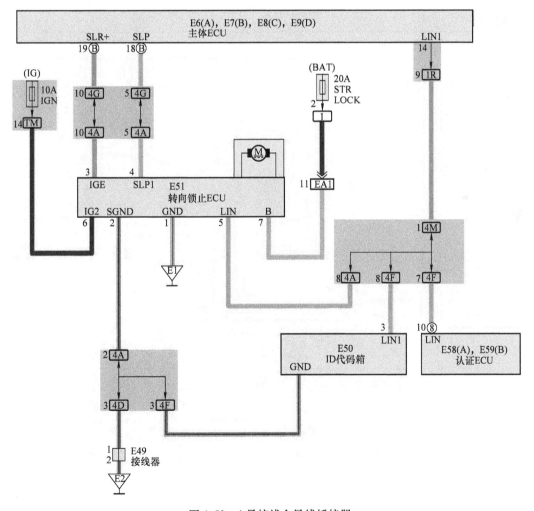

图 4-52 4 号接线盒导线插接器

脱开 4 号接线盒导线插接器（图 4-53），发现里面有冷却液，且部分端子已锈蚀，怀疑故障由此引起。与驾驶人沟通得知，该车不久前在其他修理厂更换过蒸发器总成，怀疑是维修人员在拆装冷却液管时操作不当，导致冷却液进入4号接线盒内的。

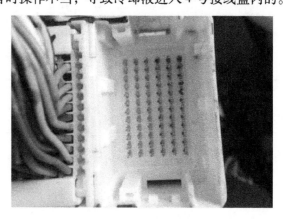

图4-53 LIN通信电路

故障排除 处理4号接线盒后装复试车，发动机顺利起动，车辆运行一切正常，故障排除。

技巧点拨 这是一起因进水锈蚀造成的故障，在日常的维修保养中，要注意观察各处是否有漏水部位及相应潮湿的故障现象。

第五章

车载网络系统维修技能与技巧点拨

第一节 奔驰车系

一、2015 年奔驰 E300 COMAND 闪屏

故障现象 一辆 2015 年奔驰 E300，底盘号 E212，配置 272 发动机。驾驶人反映，车辆近期出现 COMAND 使用时出现闪屏现象，有时明明车辆已起动，但 COMAND 屏幕上提示"起动车辆 3min 后关闭"。仪表指针有时乱跳，转向盘右侧按键均无反应。

故障诊断 接到这辆车后，根据驾驶人描述测试，此车确有这些现象存在。按遥控钥匙偶尔无反应，空调在开启过程中出现自动停机又自动开机现象。

使用 XENTRY 诊断仪对该车进行诊断时有如下信息：①中央网关报车内 CAN 总线关闭故障；②仪表报与音频 COMAND 控制单元通信存在故障；③转向柱模块报与前部信号控制采集模块通信存在故障；④发动机控制单元报空调控制单元发送的一个或多个信息存在缺失。另外，根据经验判断在这份快速测试中只有 20 多个控制单元，这款车应该有 40 多个控制单元。

依据当前所掌握的信息分析推理可能故障原因有两个：①网络系统存在断路或短路；②某个模块存在电气故障，干扰其他模块的正常工作。

对此必须掌握奔驰 E 级车的整车网络结构原理，了解了 E 级车的网络结构图（图 5-1、图 5-2）后再结合开始的诊断仪快速测试，对比同款车型的控制单元模块数量后发现诊断仪未能正常通信的模块都集中在了 CAN – A 和 CAN – B 之中。因为这里涉及的控制单元数量较多，为了能更精确地找到故障点再借助奔驰专用诊断示波器 HMS990，对车辆进行诊断。

查找到 CAN – A 与 CAN – B 分配器位置，先将线路连接到 CAN – B 上读取波形，波形异常（图 5-3），有非常多的杂波。于是逐个分开 CAN – B 上的插头，当断到 A40/3 时波形恢复正常。仔细查看网络拓扑图，发现 A40/3 也正是属于 CAN – A 与 CAN – B 的网关。将

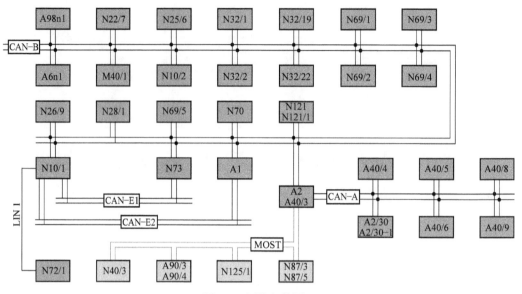

图 5-1　网络拓扑图 1

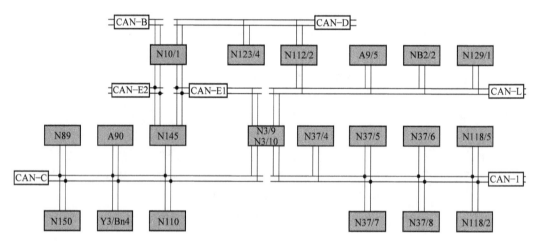

图 5-2　网络拓扑图 2

其他 CAN-B 插头都接上，只拨掉 A40/3 的插头再次快速测试，此时 CAN-B 的模块都能正常通信。现在越来越接近问题点了，于是将 A40/3 主机拆下来检查。

拆下 A40/3 主机后检查，发现在主机后加装了一个 CAN 分配盒（图 5-4）。由于加装的盒子刚好处于空调通风管壁上，造成空调冷凝水流到盒子上。

因驾驶人加装部件正处于空调通风管壁上，插头位置向上，空调制冷时管道壁上的冷凝水顺着插头流进模块中对 CAN 网络造成干扰，继而引发一系列奇怪的故障现象。

故障排除　将原因告知驾驶人后，将加装部件移除并恢复原车线路，对车辆进行检测后功能均恢复正常。

技巧点拨　汽车故障的发生部位大多是线束破损、部件进水、搭铁不良、部件损坏、性能不良等方面，进行常规的基础检查往往可以快速地找到故障发生的部位。

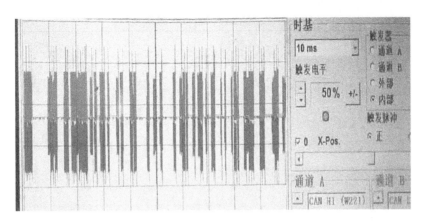

图 5-3　波形

图 5-4　CAN 分配盒

二、2015 年奔驰 E260 车行驶过程中仪表灯突然熄灭

故障现象　一辆 2015 年奔驰 E260 车，底盘号为 LE4212136，装配 M274 发动机和 722.9 自动变速器，行驶里程：1.9 万 km，因为行驶过程中仪表灯突然熄灭而进厂检修。

故障诊断　接车后试车验证故障，故障现象确实存在。故障发生时，仪表板上的指示灯先全部点亮，随后熄灭，仪表指针归零（包括转速表和车速表等），就像是突然断电一样，而车辆却能正常换档和行驶。询问驾驶人得知，车辆此前并无涉水等不良使用情况，仔细检查车辆，未发现加装和改装等情况。在陪同驾驶人对车辆进行路试的过程中，上述故障现象反复出现，且行驶在颠簸路面时，故障出现较频繁。由于多为偶发故障，且出现时间较短，这给进一步的检查工作增添了很多麻烦。

连接故障检测仪，对车辆进行快速测试，读取到多个控制单元内均存储有故障码：U001988——车内控制器区域网络（CAN）通信存在故障，总线关闭（图 5-5）。根据故障码的提示，结合故障现象进行分析，判断故障原因可能是车内控制器区域网络（CAN B）连接故障，CAN B 上的某个或几个控制单元及其相关线路故障。

查看维修资料可知，该车 CAN B 网络共有 2 个分配器，分别是 X30/32 和 X30/33，而且 X30/33 为副分配器，需要通过 X30/32 才能与整车 CAN 网络进行通信。CAN B 网络分配

- A2 - Audio 20

梅赛德斯一奔驰硬件号	218 901 00 01	梅赛德斯一奔驰软件号	212 902 18 11
梅赛德斯一奔驰软件号	212 902 83 10	梅赛德斯一奔驰软件号	218 902 86 04
诊断标识	027105	硬件版本	14/12 00
软件状态	15/04 06	软件状态	14/50 00
软件状态	15/03 05	引导程序软件版本	15/04 06
硬件供应商	Panasonic	软件供应商	Panasonic
软件供应商	Daimler	软件供应商	Panasonic
控制单元型号	Entry_CV15_6		

+ U001988 车内控制器区域网络（CAN）通信存在故障， 总线关闭 已存储

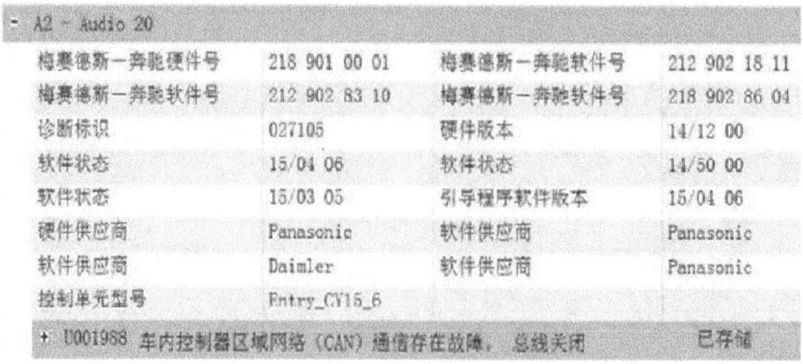

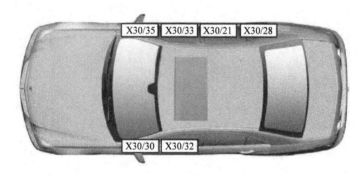

图 5-5 故障检测仪读取到的故障码

器的位置分布及连接方式如图 5-6 和图 5-7 所示。

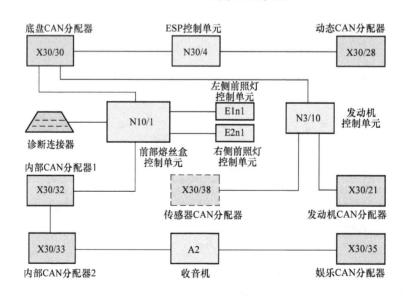

图 5-6 CAN B 网络分配器位置

图 5-7 整车 CAN 网络分配器连接示意图

使用奔驰专用示波器在分配器 X30/32 上测量 CAN B 总线的波形，在路试过程中，故障出现时，波形确实出现异常，CAN－H 和 CAN－L 的载波电压均为 0.00V（图 5-8），正常

应约为 2.50V。随后拔下 X30/32 上通向 X30/33 的导线插接器，波形图恢复正常，载波电压和信号均正常（图 5-9）；将导线插接器装复，故障再次出现。由此可知，问题应该是出在分配器 X30/33 所在的支路上。X30/33 上连接的控制单元包括右前门控制单元、右后门控制单元、无钥匙起动控制单元、收音机控制单元等。逐一断开各控制单元与 X30/33 的连接，当拔下 X30/33 上与收音机控制单元（A2）相连的导线插接器后，波形立刻恢复正常，故障现象消失。

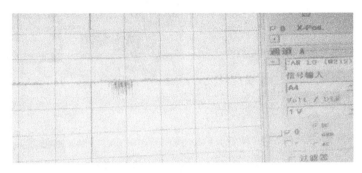

图 5-8　故障出现时 CAN B 的波形

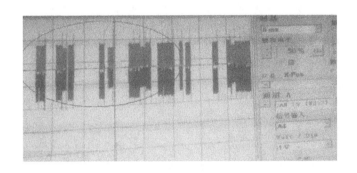

图 5-9　CAN B 正常时的波形

根据上述检查结果，故障范围可以锁定为 X30/33 与收音机控制单元（A2）之间的导线或插接器存在故障，以及收音机控制单元（A2）内部故障。

本着由简到繁的原则，首先根据电路图（图 5-10）对线路进行检查，断开 X30/33 与收音机控制单元（A2）之间的导线插接器 4，测量导线侧端子 1 和端子 2 与搭铁之间的电阻，测得端子 1 与搭铁之间的电阻为 0.3Ω，异常（正常应为∞），说明该线对搭铁短路。测量端子 2 与搭铁之间的电阻，为∞，正常。拆下收音机总成检查线路，发现收音机一侧的 CAN B – H 导线有一处破损（图 5-11），破损的导线与仪表台支架接触造成线路对搭铁短路，导致 CAN B 停止运作，继而引发上述故障现象。

故障排除　对破损的线路进行处理后试车，故障排除。

> **技巧点拨**　检查线路是在汽车检测过程中需要做的常规工作，在检查过程中如果能够检查出问题，会大大缩短故障排除时间。

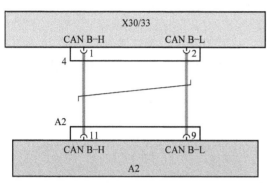

图 5-10　收音机与 CAN B 分配器之间的电路

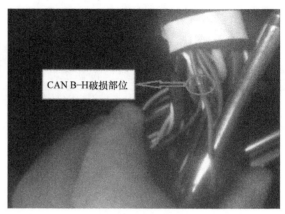

图 5-11　线路破损

第二节　宝马车系

一、2015 款宝马 750Li 车组合仪表提示 "传动系统有异常"

故障现象　一辆 2015 款宝马 750Li 车，车型代号为 G12，搭载 N63 发动机，行驶里程：6.5 万 km。驾驶人反映，车辆行驶过程中，组合仪表提示 "传动系统有异常"，同时中央信息显示屏（CID）提示 "传动系统有异常，不能获得全部动力，勿关闭发动机，否则不能起动"。

故障诊断　接车后首先试车验证故障现象。接通点火开关，起动发动机，发动机顺利起动，发动机怠速运转平稳。路试时，发动机加速性能良好，未发现异常。后与驾驶人沟通得知，该车的故障具有一定的偶发性，且故障出现的频率比较低。当故障出现时，发动机转速表指针从正常位置瞬间降到 0 位置，D 档的显示也随之消失，此时发动机并未熄火，于是立即靠路边停车，将发动机熄火后重新起动，发动机无法起动着车。等待一段时间，尝试起动发动机，发动机又能顺利起动。

用故障检测仪（ISTA）对车辆进行快速测试，读取到的故障码如图 5-12 所示，多是一些关于通信故障的故障码。根据故障码的提示，结合上述故障现象分析，初步判断故障可能出在 PT CAN 总线上。

查阅相关资料得知，PT-CAN 总线将发动机控制与变速器控制及安全和驾驶人辅助系统范围内的系统相连接。分析认为，如果 PT-CAN 总线支路上任意一根导线出现对搭铁短路故障，那么就有可能存储多个控制单

0x1B9804	发动机关机时间信息，信号：缺少
0x1B9804	发动机关机时间信息，信号：缺少
0x233004	信息(OBD传感器诊断状态，0x5E0)缺失接收器DME，发射器KOMBI
0xCD840A	DME：PT-CAN：通信故障
0xCD8D2C	LIN，信息；电动风扇：缺少
0xCDA683	DME：PT-CAN：线路故障/电气故障

图 5-12　读取到的故障码

元 PT-CAN 总线通信故障的故障码，而不会只存储发动机控制单元（DME）PT-CAN 总线通信故障的故障码。为了验证自己的推测，决定对 PT-CAN 总线进行故障模拟测试。根据

相关电路分别对 5 号 CAN 导线插接器 R5*1B 端子 11（PT – CAN – H 端子）和端子 24（PT – CAN – L 端子）所在的连接线进行搭铁短路测试，故障检测仪读取到的故障码与图 5-12 中的故障码不一样，排除 PT – CAN 总线支路对搭铁短路的可能。尝试对 5 号 CAN 导线插接器 R5*1B 端子 24 所在的连接线进行间歇性人为断路测试，故障检测仪读取到的故障码与图 5-12 中的故障码一致，由此推断之前该车的故障可能是由 DME 与 5 号 CAN 导线插接器 R5*1B 之间的线路接触不良引起的。断开 DME 导线插接器 A46*1B 与 5 号 CAN 导线插接器 R5*1B，未发现端子有氧化腐蚀现象；测量 DME 与 5 号 CAN 导线插接器 R5*1B 之间 PT – CAN 总线的导通情况，导通良好。将适配器连接在 DME 导线插接器 A46*1B 上，用示波器测量 PT – CAN 总线的信号波形（图 5-13），正常。当晃动 DME 导线插接器 A46*1B 时，示波器出现了不规则的信号波形（图 5-14），同时组合仪表提示"传动系统有异常"，P 档的显示也随之消失，由此判定故障部位为 DME 导线插接器 A46*1B。挑出 DME 导线插接器 A46*1B 端子 41（PT – CAN – H 端子）和端子 42（PT – CAN – L 端子），仔细检查 2 个端子，发现端子 41、端子 42 的孔径均扩大（图 5-15），推测 DME 侧 PT – CAN 总线端子接触不牢固，进而出现上述故障现象。

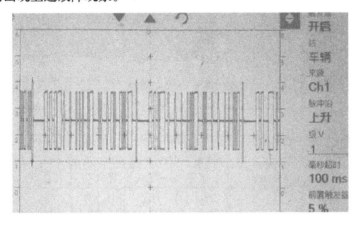

图 5-13　正常时的 PT – CAN 总线信号波形

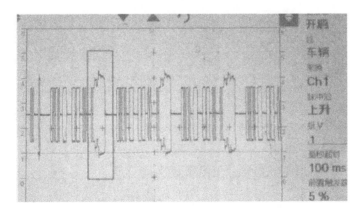

图 5-14　发生故障时的 PT – CAN 总线信号波形

故障排除　更换 DME 导线插接器 A46*1B 端子 41 和端子 42，进行路试，上述故障现象不再出现，于是将车辆交还给驾驶人，一周后电话回访驾驶人，驾驶人反映车辆一切正

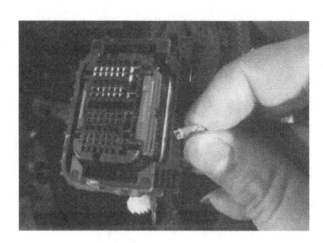

图 5-15　端子 42 的孔径扩大

常。至此，故障排除。

> **技巧点拨**　网络系统的故障现象往往比较复杂，只要细心检查、深入诊断，就可以将故障点锁定并排除。

二、2013 年宝马 320Li 多个故障灯点亮报警

故障现象　一辆 2013 年宝马 320Li，车型：F35，行驶里程：1000km。驾驶人反映，车辆行驶中多个故障灯点亮报警，转动转向盘感觉很重。车辆起动和驾驶过程中无明显异常现象。

故障诊断　接车后首先验证驾驶人反映的故障现象，车辆起动着车的情况下仪表中发动机故障灯、DSC 故障灯，EPS 故障灯等点亮报警。转动转向盘，转向盘助力失效。连接 ISID 进行诊断检测，ISTA 诊断测试树状图如图 5-16 所示，FlexRay 总线上的控制模块除了 FEM

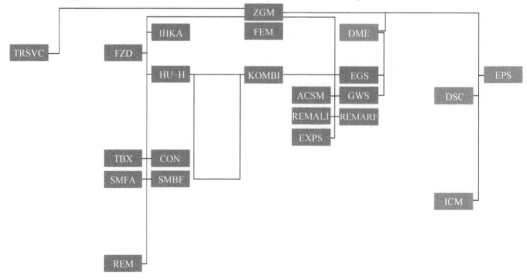

图 5-16　树状图

之外,其余均为无法通信状态。FEM 为网关,可以和其他控制总线进行通信,所以这里显示为可以通信状态。诊断测试结束,故障存储器中存储了大量的故障,摘取重要的故障存储内容有:S0258——无法与下列装置通信:一体式底盘管理系统;S0392——无法与下列装置通信:发动机电子系统;S0395——无法与下列装置通信:动态稳定控制系统;S0399——无法与下列装置通信:电动机械式助力转向系统。查看故障码 S0258 的细节描述见表 5-1。

表 5-1　S0258——无法与下列装置通信:一体式底盘管理系统

故障描述	无法与控制模块通信,控制模块不进行报告
故障识别条件	总线端 KL. 15 接通
故障码存储记录条件	如果控制模块没有应对识别请求发送反馈故障码,则会将服务故障码(无法与控制模块通信)记录到故障存储清单中。提示:服务故障码未直接存储在控制模块中
保养措施	应区别下列两种情况。 情况 1:某一个控制模块不发送信号,检查控制模块的熔丝、插头和电气导线;用万用表测量检查控制模块的供电电压;检查总线连接 情况 2:多个控制模块不发送信号 检查总熔丝;检查继电器;如果连接在某一个数据总线上的所有控制模块均不发送信号,则很可能是数据总线损坏。检查总线信号;如果连接在某一个网关控制模块后面的所有控制模块均不发送信号,则很可能是网关控制模块的熔丝、插头或电气导线损坏。因此要与情况 1 那样检查网关控制模块 提示:如果某个控制模块不发送信号,则在快速测试屏中将其标记为黄色。因此可以在该全视图中快速识别,例如整个数据总线或者某一个网关控制模块失灵时,下列文件有助于检测总线连接: 检测 CAN 总线信号(FUB - FUB - DAA0701FB - 656135001) 在 FlexRay 上诊断(FUB - HIL - HI - 610002 - K08)

FlexRay 明显比此前车辆在车身以及驱动装置和底盘区域内所使用的数据总线更快。FlexRay 除了支持更高的带宽之外,还支持确定性的数据传输,并且可以进行容错配置。就是说,即使在个别元件失灵后,仍可以允许剩余的通信系统运行。中央网关模块(ZGM 或 FEM)负责建立不同的总线系统和 FlexRay 之间的连接。

不同的终止方式可能导致对于测量结果的误判。FlexRay 导线的电阻测量无法对系统接线的功能作出百分之百的判断。在静态时,出现损坏的情况下,如被挤压处或插头腐蚀的电阻值处于公差之内,可以维修 FlexRay。电缆可在出现损坏的情况下用传统的导线插接器进行连接,只能使用 FlexRay 的专用电缆。安装时,必须注意:在对 FlexRay 进行接线时,要使用绞合导线;自维修时仍必须保持绞合状态;维修区域内的绝缘部位必须重新用收缩软管进行密封;进水可能对阻抗(导体内电磁波扩散的电阻)和总线系统性能造成影响。

FlexRay 总线网络连接图如图 5-17 所示。

选择故障内容执行检测计划,系统提示如下:

如果无法与多个控制模块进行通信,则可能是总线通信/同步有故障。控制模块被拔下时,该故障可能由总线单元的单个控制模块造成。多个控制模块同时造成故障的可能性极小。必要时,在总线单元的另一个控制模块上继续故障查询。

如果在所有相关的控制模块上未发现故障(例如插头连接、导线、熔丝等),则进行下

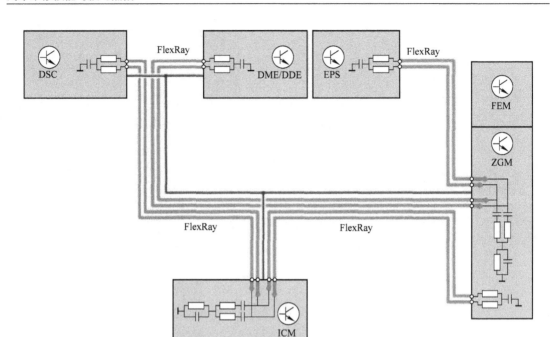

图 5-17　FlexRay 总线网络连接图

列检测。通过该检测应确定造成该故障的控制模块。使用环形连接的总线导线检测与总线相连的控制模块（见图 5-17，例如 ICM 控制模块）：查剩余的与总线相连的控制模块的通信。如果无法通信，则原因是已拔下的控制模块，所以必须进行更换。使用终端电阻检测与总线相连的控制模块（见图 5-17，例如 DSC 控制模块）：将与总线相连的控制模块从线束上拔下。在线束侧使用一个电阻器跨接总线导线（电阻在 80~110Ω）。检查剩余的与总线相连的控制模块的通信。如果无法通信，则原因是已拔下的控制模块，所以必须进行更换。

根据上述提示，先依次单独断开了除 FEM 之外的所有控制模块，再进行诊断测试，FlexRay 总线仍然显示为无法通信状态。

FlexRay 总线通信速度很快，波形的测量只能在实验室通过专用的示波器测量出来，目前车间的示波器准确无法测量，对于 FlexRay 总线的检测，只能进行线路和电压的测量，电压值以对地测量方式得到。

FlexRay 总线系统的电压范围：系统接通，无总线通信 2.5V；高电平信号，3.1V（电压信号上升 600mV）；低电平信号，1.9V（电压信号下降 600mV）。

接下来进行具体的检测和测量，FlexRay 总线的电路图如图 5-18 所示。测量检测结果如下：

断开 FEM 的 A173*8B 的端子 13、14，测量 DME 的 A46*1B 的端子 48、47 之间的电阻（FlexRay 终端电阻）为 109Ω。同样断开 A173*8B 的端子 31、32，测量 EPS 的 A67*1B 的端子 1、4 之间电阻为 90Ω。FlexRay 终端电阻标准范围 90~120Ω，所以这些控制模块的终端电阻都在正常范围之内。拔下 A67*1B 及 A46*1B 测量 DME 到 EPS 之间的导线正常，没有对地短路和相互短路。

测量 DSC 及 FEM 的终端电阻（A173*8B 的端子 33、34 之间）为 92Ω。断开 A91*1B 及 A173*8B，测量 DSC 和 FEM 之间的总线连接正常，没有断路及对地短路，没有相互短路

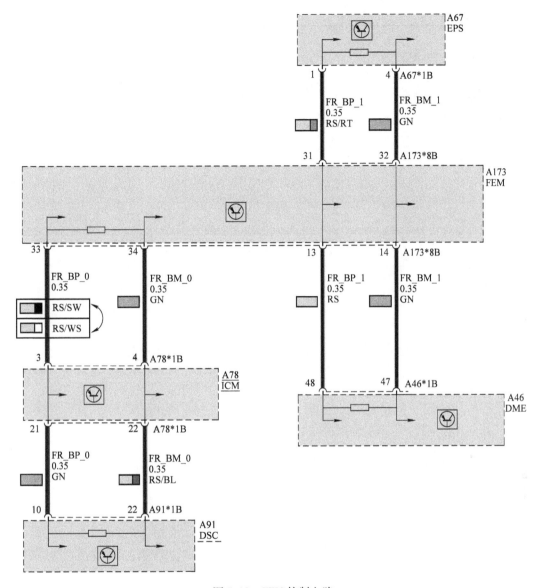

图 5-18 FEM 控制电路

DME A46*1B 的端子 47、48 的对地电压都为 0V；EPS 的 A67*1B 的端子 1、4 对地电压为 0V。测量 DSC 的 A19*1B 的端子 10、22 对地的电压为 1.6V。根据上述分析、测量，最终确定为 FEM 故障。

故障排除　更换 FEM，对车辆进行编程设码，故障排除。

技巧点拨　FlexRay 是全新的总线通信系统，对 FlexRay 的要求是，能在电气和机械电子元件之间提供可靠、实时和非常高效的数据传输。FlexRay 包括性能强大的记录，适用于车辆内的分布式系统的实时数据传输。每个通道的最大数据传输率为 10Mb/s，因此 FlexRay 是一个非常高速的系统。

三、2016款宝马X5车紧急呼叫出现异常

故障现象　一辆2016款宝马X5车,车型代号为F15,搭载N55发动机,行驶里程:2万km。驾驶人反映,紧急呼叫出现异常。

故障诊断　接车后,首先试车验证故障现象。起动发动机,打开紧急呼叫按钮的盖罩,按压紧急呼叫按钮,中央信息显示屏(CID)显示正在通话中,但始终听不到后台服务人员的声音。连接故障检测仪(ISTA)读取故障码,无故障码。找来一辆同款试驾车,按压紧急呼叫按钮,说明我们的身份,并让宝马呼叫中心服务人员协助查询故障车紧急呼叫的通话记录。宝马呼叫中心服务人员反馈故障车近期有过几次紧急呼叫,同时表示后台能够听到驾驶人的讲话,但是驾驶人无应答,听不到宝马呼叫中心的讲话。

查阅相关资料,远程信息处理与主机的功能联网示意如图5-19所示。远程信息处理技术通信盒(TCB)用于实现车辆中的所有远程信息处理功能。其中,紧急呼叫功能是TCB的一项子功能,分为自动触发和手动触发。当车辆发生事故碰撞时,触发乘员保护系统,碰撞安全模块(ACSM)向TCB发送信号。TCB自动安排一次紧急呼叫,并将事故严重程度的信息和车辆上的受伤人数传输到宝马呼叫中心。通过传送GPS信号,可以定位车辆位置并同时通知救援人员,这样就可以采取相应的营救行动。当手动按压车顶功能中心内紧急呼叫按钮时,服务供应商将尝试与乘客建立语音连接,建立语音连接后,乘客可以与服务提供商通话。在手动或自动紧急呼叫时,将通过应急扬声器输出声音,针对紧急呼叫期间的免提通话模式,务必使用驾驶人侧话筒。

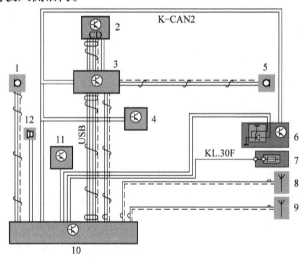

图5-19　远程信息处理与主机的功能联网示意

1—驾驶人侧话筒　2—中央信息显示屏　3—高级主机(HU – H)　4—控制器(CON)　5—副驾驶人侧话筒2
6—车顶功能中心(FZD)内带有紧急呼叫LED的紧急呼叫按钮　7—前部配电器
8—车顶天线内用于远程处理服务的电话天线(GSM2)　9—应急GSM天线
10—远程信息处理技术通信盒(TCB)　11—碰撞安全模块(ACSM)　12—应急扬声器

根据上述控制原理,结合该车的故障现象分析,初步判断紧急呼叫时的声音输出异常。利用ISTA对应急扬声器进行动作测试,应急扬声器无反应,不正常(正常情况下,应急扬声器应发出蜂鸣声),怀疑是应急扬声器故障。尝试更换应急扬声器后试车,故障依旧。根

据相关电路（图5-20），在对应急扬声器进行动作测试时，用宝马IMIB示波器测量应急扬声器导线插接器端子1与2之间的输出信号电压，始终为0V（图5-21，正常情况下应为正弦波形的信号电压），不正常。脱开应急扬声器导线插接器和TCB导线插接器A331*3B，测量应急扬声器与TCB之间的线路，无短路、断路故障，由此判定为TCB故障。

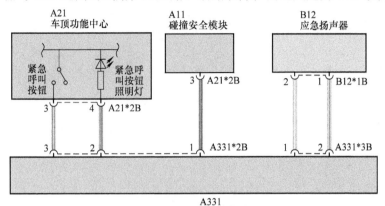

图5-20　应急扬声器控制电路

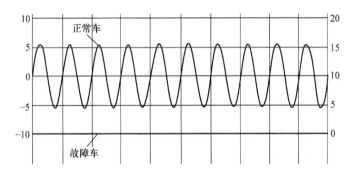

图5-21　测量应急扬声器端子1与2之间的信号电压

故障排除　更换TCB（图5-22），并进行编程，编程结束后，按压紧急呼叫按钮，紧急呼叫功能恢复正常，故障排除。

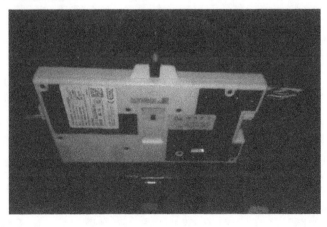

图5-22　TCB

技巧点拨　宝马紧急呼叫系统是一项很实用的功能,虽然说不影响车辆驾驶,不过一旦出现"紧急呼叫系统异常"的故障,还是得重视。

第三节　大众车系

一、2015 年奥迪 A8L 室内顶灯、前后天窗、遮阳卷帘等不工作

故障现象　一辆 2015 年奥迪 A8L,车型:D4,VIN:WAUYGB4H7FN×××××,行驶里程:44151km。驾驶人反映,此车室内顶灯/氛围灯、遮阳卷帘不工作,前后天窗（全景天窗）均不能开启,车内部分电器不工作。

故障诊断　用诊断仪 VAS6150B 进行全网扫描,J393 中有故障存储记录:0046 - VAG03021——本地数据总线 3 静态故障,0008 - U11100——由于丢失信息功能受到损害/静态故障;在 0046 舒适系统中央模块 J393 中存储了多个被动的故障记录,测试计划反映本地数据总线 3 连接了多个 LIN 控制单元。

参考车载网络拓扑图（图 5-23）和 Elsa Web 电路图,检查发现主驾驶仪表侧 SC7 共用熔丝损坏,该熔丝为车顶相关功能部件共用熔丝。尝试更换上新熔丝,熔丝立刻熔断。

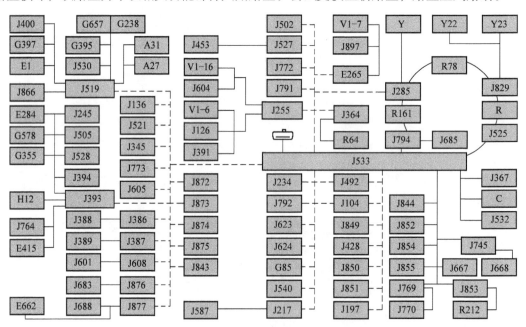

图 5-23　拓扑图

排除与加装件无关后,针对此车短路的故障现象,决定用断路法排查故障。于是逐个断开各支路插头和用电器,当断掉倾斜天窗控制单元 J392 后,发现其余用电器均能正常工作了,LIN 数据总线也通信正常。再次插上倾斜天窗控制单元 J392,熔丝又被熔断,其他部分电器也失效了。这时倾斜天窗控制单元 J392 伴有一股烧煳气味,查看线路插头等无异常,

判定为天窗电动机内部烧蚀短路已损坏，建议更换倾斜天窗控制单元 J392。因倾斜天窗控制单元 J392 短路损坏（LIN 从控），引起整条 LIN 总线信号故障，导致 LIN 总线 3 上的相关控制单元无通信，本车故障时 LIN 总线信号电压 9V，若工作正常时为蓄电池电压，LIN 总线正常信号、故障原因概要分别如图 5-24、图 5-25 所示。

故障排除　更换倾斜天窗控制单元 J392，检查清洁后天窗框架及运行是否正常，对天窗和遮阳卷帘执行初始化。

技巧点拨　遇到车载网络通信故障时，先参考拓扑图和 Elsa Web 电路图等资料，再展开维修。当某条总线电路出现故障时，可逐项断开各个节点，如先支路再元件，逐步缩小故障范围，并注意控制单元的工作条件。快捷有效地排除故障，注意改/加装件对故障的影响。

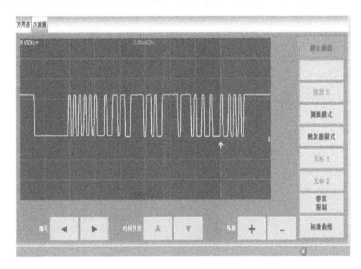

图 5-24　LIN 总线正常信号

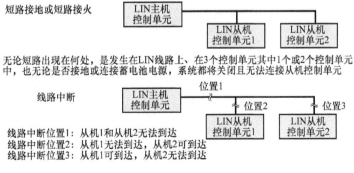

图 5-25　LIN 总线故障原因概要

二、2014 年上海大众途观显示"倒车影像系统当前不可用"

故障现象　一辆 2014 年上汽大众途观 2.0T，VIN 为 LSVX165NXE2×××××，发动机型号：CGM，行驶里程：20682km。驾驶人反映，该车换入倒档后，有时车载多媒体系统屏幕显示"倒车影像系统当前不可用"。

故障诊断 用 VAS 6150B 诊断仪检测故障码，地址字"19 - 数据总线诊断接口"有以下故障码（图 5-26）：00469 012——信息娱乐数据总线处于单线模式电路电器故障；01305 014——信息娱乐数据总线损坏；00463 004——数字式音响套件控制单元无信号/通信。地址字"37 - 导航系统"报故障码：01305 014——信息娱乐数据总线损坏。

0019-数据总线诊断接口(KWP2000/TP20/7N0907530AS/1653/H56)		
故障代码	SAE代码	故障文本
00469 012		信息娱乐数据总线处于单线模式 电路电器故障
01305 014		信息娱乐数据总线 损坏
00463 004		数字式音响套件控制单元 无信号/通信

图 5-26 故障车上的故障码

读取数据流，地址字"19 数据总线诊断接口"的 140 组第一区舒适系统 CAN 显示单线；第二区音响组件显示单线；第三区导航系统显示单线；141 组第三区无线电显示单线模式（图 5-27）。

0019-数据总线诊断接口(KWP2000/TP20/7N0907530AS/1653/H56)	
名称	值
140.1	单线
140.2	音响组件单线
140.3	
140.4	导航系统单线
141.1	
141.2	
141.3	无线电单线模式

图 5-27 故障车上读取的数据流

查询维修手册电路图，确定信息娱乐 CAN 总线控制单元数量和位置。信息娱乐数据总线上有收音机及导航系统控制单元、倒车影像控制单元和数字式音响套件控制单元。

根据故障码、数据流以及电路图分析，此车故障出现在信息娱乐 CAN 总线传输上，故障原因是 CAN 总线短路、断路或控制单元本身损坏。分别断开收音机及导航系统控制单元、倒车影像控制单元和数字式音响套件控制单元，读取"19 数据总线诊断接口"的数据流 140 组和 141 组数据，均无任何改变，依旧显示单线。断开 CAN 总线控制单元后，再次读取数据流，此时显示双线，并且将各系统存储的故障码都清除掉，测试倒车影像可以正常工作。

试车半小时后，故障再现，收音机屏幕又显示"倒车影像系统当前不可用"的故障提示。用 VAS 6150B 诊断仪检测到"19 数据总线诊断接口"存储有"00469 012——信息娱乐数据总线处于单线模式"电路电器故障码，140 组又是显示单线，故障依旧。

经过以上检查测试，信息娱乐 CAN 总线上的控制器问题基本可以排除，故障原因很可能是 CAN 总线某个位置的线路出现问题。用示波器测试信息娱乐数据 CAN 总线的波形图（图 5-28），发现 CAN-H 线波形正常，CAN-L 线波形有故障（对地短路）。

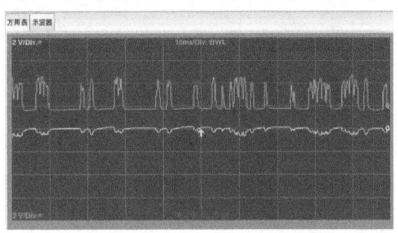

图 5-28　故障车信息娱乐数据 CAN 总线波形图

按照线路走向仔细检查信息娱乐数据 CAN 总线，发现暖风水箱的水管卡子与数字式音响套件控制单元线束有干涉，将其拿开发现外皮已经磨破（图 5-29）。

图 5-29　数字式音响套件控制单元破损的线束外皮

故障排除　将外皮包扎处理好，调整线束位置并固定，再次测试发现波形恢复正常（图 5-30）。清除所有故障码后，再次试车，故障被彻底排除。

技巧点拨　对看似复杂的电气类故障解决时一定要保持"原点回归"的心态。

"原"是指电气的工作原理，首先对故障车辆电气组件及布局进行详细了解，从控制原理及工作环境因素等综合分析，初步判断故障发生的原因及部位；然后再选择合适的诊断工具、仪器对其进行验证，确认故障点。

"点"是指故障点,可以是线路中的接触点、断点、接地点,也可以是某个电气部件的功能点,还可以是在特定因素下的特定现象点。"原点"即引起故障发生的根本点。

"回"既指回到原来的位置,也包括诊断的次数。根据既定故障判断步骤逐步进行排查,一回解决不了那就两回,逐步接近故障真相。对于复杂的故障常常需要反复改进、优化自己的诊断思路及诊断措施。

"归"既是对故障排除后的收尾工作,也包括重新审视自己在工作中的过程是否合理,方法是否得当,改善是否恰当进行归类总结。"回归"则包括对整个诊断维修过程和结果的归类和总结。

"原点回归"是迅速提升汽修人员技术能力的好方法。

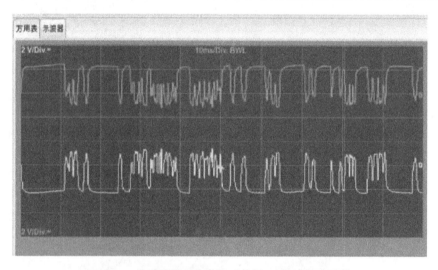

图 5-30　故障排除后信息娱乐数据 CAN 总线波形图

三、2017 款斯柯达野帝蓄电池亏电

故障现象　一辆 2017 款斯柯达野帝 1.4T,行驶里程:3899km。驾驶人反映,该车如果停放两天以上,蓄电池就会有亏电现象。

故障诊断　因为多次路救并且已经更换过蓄电池,当时测的静态电流为 40mA 左右(厂家指导文件为 60mA 以下),所以怀疑是驾驶人忘记关闭某用电器导致,但是驾驶人坚决否认,经过沟通最后决定将车辆留厂观察,果然第三天起动车辆时发现亏电比较严重。

首先根据该车电路图分析电子风扇正常工作的条件,风扇模块除了风扇电动机 2 个端子外,还有 4 个端子,分别是:1 号端子,它通过 SA1 向风扇模块提供风扇工作的主电源;2 号端子是来自主继电器的 87 号端子,它是模块本身工作所需的电源;3 号端子是来自发动机控制单元的占空比信号;4 号端子接地。

风扇模块根据占空比信号的大小来控制风扇转速,占空比为 10% 左右(车型不同稍有不同)风扇开始低速运转,占空比达到 90%,风扇以最高转速运转,而发动机的控制依据无非是冷却液温度和空调压力数据。另外,如果风扇模块在正常工作状态下没有收到来自发动机控制单元的占空比信号,或者占空比为 0 时风扇均以最高转速运转。

根据以上分析，在发动机熄火、点火开关关闭以后，风扇仍然运转的可能原因有：第一，2 号端子始终有电，并且 3 号端子收到大于 10% 的占空比信号；第二，2 号端子间隙性有电的时间与风扇运转间隙的时间同步。

根据从简单到复杂的原则，先查找关闭了点火开关很长时间后 2 号端子还有 12V 电压，导致风扇模块还处于工作状态的真正原因。根据电路图，分析主继电器的工作过程是：点火开关打开，发动机控制单元收到 15 号端子电源后被唤醒，进行自检，在自检完成后给主继电器的控制端供电，然后主继电器开始工作，并通过 87 号端子给发动机控制单元以及风扇模块供电。此时，发动机控制单元才算真正处于工作模式。另外，在点火开关关闭后，发动机控制单元还要继续控制主继电器闭合一段时间，这时如果冷却液温度偏高，风扇会延时运转一段时间。

根据以上分析，具体操作如下：用万用表测量熔丝 SB24 或 SB10，在钥匙关掉以后很久仍然有 12V 电压，在拔掉主继电器后，该处的电压消失说明线路没有问题。风扇控制模块熔丝 SB24 的电压来自主继电器，于是检查主继电器的控制端电压，发现控制端接地。在与技术经理交流中得知，该控制线已经检查过，没有发现问题，同时，做过飞线处理后也没有解决问题。如果该线没有问题，难道换件的发动机控制单元存在问题？显然不会那么巧，更何况更换了多块发动机控制单元，都没解决问题。

至此，所有的问题都集中指向了发动机控制单元，其内部控制出现了异常，导致主继电器异常闭合，同时间隙性地为风扇模块提供了大于 10% 的占空比信号。据技术经理反映，通过反复换件，已排除发动机控制单元自身的问题，但需找出发动机控制单元在点火开关关闭后迟迟不进入休眠状态的真正原因。

在反复对照电路图检查发动机控制单元每个端子后，最终判断发动机单元只有一个端子是来自 15 号继电器。我们知道发动机单元要慢慢地进入休眠状态，除了它的唤醒电源被关闭外，CAN 总线上也不能有数据传输。于是决定连接示波器（6356）测量 CAN 总线的波形。另外，通过波形，也能检测发动机控制单元是否进入休眠状态。

在点火开关闭合后，CAN 总线的活动频率渐渐地变慢，最终变成两条直线，并且电压也只有 0.5V 左右，貌似已经进入休眠状态。关闭点火开关 15min 后，波形突然向上窜起很短时间后又回归直线，不过电压值比第一次的直线稍高。如图 5-31、图 5-32 所示，随后每隔大概 30s 左右波形就会突然上窜，如此反复下去。

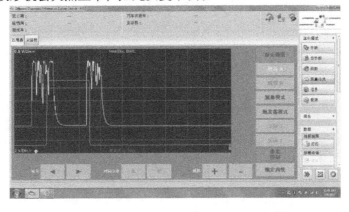

图 5-31　异常时 CAN – H 和风扇 PWM 信号波形 1

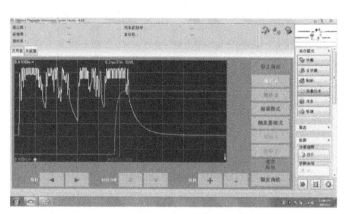

图 5-32 异常时 CAN-H 和风扇 PWM 信号波形 2

与此同时，电子风扇也会随着波形上窜而转动。其实图 5-31 和图 5-32 是一样的波形，只不过它们的时基设定的不一样，这就可以通图 5-31 看到风扇脉动的开始情况，而图 5-32 可以看出风扇运转的时间。

通过波形的分析可以肯定的是，在点火开关关闭后有 CAN 模块没有休眠（不一定是驱动 CAN 总线，因为其他 CAN 总线会通过网关影响到驱动 CAN 的运行）。这时只需确定是哪个模块影响了驱动总线，用排除和脱离法会很轻松地找出问题模块。把 ABS 控制单元的插头拔掉后，驱动总线的波形（图 5-33）立刻进入休眠状态，再检测 SB24 的电压，为 0V。

故障排除 由此说明真正的故障点是 ABS 控制单元。在检查确认 ABS 控制单元的 15 号供电端能够受点火开关正常控制后，更换 ABS 控制单元，并做好制动液的排气工作后，再测静态电流为 20mA 左右。至此，故障彻底排除。

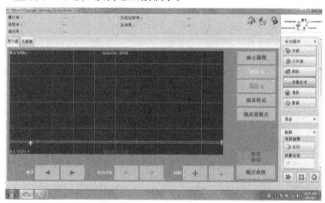

图 5-33 休眠时 CAN-H 和风扇 PWM 信号波形图

技巧点拨 作为维修人员，在诊断比较复杂的故障时，思路一定要清晰，对故障现象的分析要准确，不能盲目地换件，检查维修某系统之前，一定要搞清楚该系统的工作模式，分析是哪个方面出了问题。秉着由简单到复杂、由高频（故障率）到低频的原则进行检查和维修。即使一开始没有找到正确的方向，但是随着维修的深入，总是能找到真正的故障点。

第五章 车载网络系统维修技能与技巧点拨

第四节 通用车系

一、2014款别克新君越车多个指示灯点亮

故障现象 一辆2014款别克新君越车,发动机型号为LFW,行驶里程：2万km。早上起动时,仪表板上的发动机故障灯、电子制动灯、防侧滑灯均点亮,发动机运转平稳,但转速表和发动机冷却液温度表抖动,且有时加速无反应。

故障诊断 用故障检测仪（GDS）读取故障码,发现各系统存储了21个状态为"通过和失败的"的故障码（图5-34）,其中20个是开头为字母U的故障码,说明是通信总线系统方面的故障；另外,还存储了20多个历史故障码,也均是开头为字母U的故障码,也多为通信总线系统方面故障。将故障码清除后试车,故障码还会间歇性出现,据此判断该车通信总线系统存在间歇性故障。

控制模块	DTC	故障症状字节	说明
发动机控制模块	P0575	00	定速巡航控制开关信号信息计数器错误
发动机控制模块	U0073	00	控制模块通信高速CAN总线关闭
发动机控制模块	U0101	00	与变速器控制模块失去通信
距离传感定速控制模块	U0073	00	控制模块通信总线断开
距离传感定速控制模块	U0121	00	与电子制动控制模块失去通信
距离传感定速控制模块	U0100	00	与发动机控制模块失去通信
距离传感定速控制模块	U0140	00	与车身控制模块失去通信
距离传感定速控制模块	U0401	72	从发动机控制模块接收到的数据无效
距离传感定速控制模块	U0401	00	从发动机控制模块接收到的数据无效
距离传感定速控制模块	U0128	00	与手刹车控制模块失去通信
距离传感定速控制模块	U0415	72	从电子制动控制模块接收到的数据无效
车体控制模块	U0073	00	控制模块通信总线断开
车体控制模块	U0128	00	与驻车制动控制模块失去通信
车体控制模块	U0100	00	与发动机控制模块失去通信
车体控制模块	U0101	00	与变速器控制模块失去通信
车体控制模块	U0104	00	与恒速控制模块失去通信
车体控制模块	U0121	00	与电子制动控制模块失去通信
车体控制模块	U0131	00	与动力转向控制模块失去通信
车体控制模块	U0139	00	与悬架控制模块失去通信

图5-34 读取的故障码信息

通信总线系统故障分为节点电源故障、节点故障（即控制模块及其相关部件故障）或链路故障（即控制模块之间的数据线故障）。判断链路是否短路与断路只需测量DLC（数据传输线插接器）端子6与端子14之间的电阻,测量值应为发动机控制模块中的终端电阻（120Ω）与驻车制动控制模块中的终端电阻（120Ω）并联后的电阻,即60Ω。根据图5-35,用万用表测量DLC端子6与端子14之间的电阻,约为60Ω,正常。考虑到该车故障是间歇性故障,再次读取故障码,无故障码,故障自动消失,那么在这种状态下的检测很多都是无用功。检查间歇性故障,很关键的一步便是使故障重现。

经过反复试车,故障重现,这时再测量DLC端子6与端子14之间的电阻,约为120Ω,异常,这说明某一侧的链路断路。脱开电子制动控制模块导线插接器,测量其端子9与端子

8 之间的电阻，为 120Ω，这说明电子制动控制模块与发动机控制模块之间的链路正常；再测量电子制动控制模块导线插接器端子 6 与端子 5 之间的电阻，约为 17kΩ，这说明电子制动控制模块与驻车制动控制模块之间的链路断路或终端电阻断路；脱开远程通信接口控制模块（安吉星模块）导线插接器，测量导线插接器 X1 端子 10 与端子 12 之间的电阻，约为 120Ω，这说明远程通信接口控制模块与驻车制动控制模块之间的电路正常，判定故障在远程通信接口控制模块与电子制动控制模块之间的线路上；装回远程通信接口控制模块，再次测量电子制动控制模块端子 6 与端子 5 之间的电阻，约为 17kΩ，轻轻摇晃远程通信接口控制模块导线插接器，发现实测的电阻间歇性出现 120Ω，这说明远程通信接口控制模块导线插接器松动。仔细查看远程通信接口控制模块导线插接器 X2 端子 3 与端子 4，发现端子与针孔之间的间隙过大，导致接触不良。

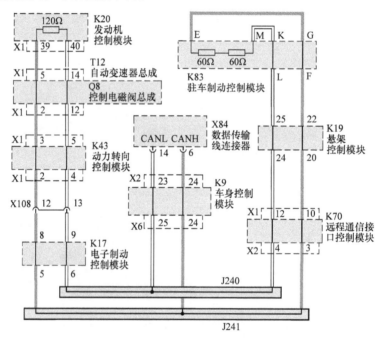

图 5-35　总线系统线路

故障排除　修复远程通信接口控制模块导线插接器 X2 端子 3 与端子 4 的针脚，并用扎带固定后反复试车，故障均未再现。将车交给驾驶人使用，一周后电话回访，驾驶人反映车辆一切正常，故障排除。

技巧点拨　接触不良故障在汽车维修中占有比较大的比例，这类故障往往隐蔽难排，依据故障现象抖动相应部件的线束或插拔相应插接器检查也可以发现故障点。

二、2011 款别克 GL8 装复后发动机无法起动

故障现象　一辆 2011 款别克 GL8，搭载 3.0L、V6、SIDI 智能直喷发动机。在非专业的修理厂拆装过动力总成及全车线束，装复后发动机无法起动。

故障诊断　接车后首先进行故障确认，踩下制动踏板，按住点火起动按钮，起动机无任

第五章 车载网络系统维修技能与技巧点拨

何反应。测量蓄电池电压，正常，仔细检查所有的搭铁线及蓄电池正极接线，无虚接之处。按住点火起动按钮5s，将点火开关打开到"KEY-ON"电源模式，仪表板中的各种警告灯都能正常点亮，但发动机故障灯只是微亮。利用通用全球诊断系统GDS读取故障码，显示发动机控制模块（ECM）、变速器控制模块（TCM）、电子制动系统控制模块（EBCM）未连接，其他系统可以正常通信。在车身控制模块中存在很多故障码，依次为：①U0100——失去与发动机控制模块的通信；②U0101——失去与变速器控制模块的通信；③U0121——失去与电子制动控制模块的通信。

清除故障码，重新起动发动机，依然无反应。再次用GDS进入各系统，之前出现的故障码再次出现。

根据以上的故障码进行分析，多个模块相互之间失去通信且存在很多"U"类故障码，应首先检查数据通信线路是否正常。依据电路图（图5-36），因为此车的ECM、TCM、EBCM无法通信，可以断定高速数据网络异常，因为以上的模块都依靠高速网路通信。关闭点火，断开蓄电池负极等60s以上，利用万用表测量诊断插头的6号端子（高速串行数据总线+）与16号端子（高速串行数据总线-）之间的电阻，为122Ω，正常应为60Ω左右。需要说明的是，为了减小电子设备对数据通信线路的干扰，在高速数据总线的两个终端模块中各带有一个120Ω的电阻器，并联后总电阻变成60Ω，所以在诊断插头的6与14号端子会测得60Ω的电阻。本车的高速总线电阻为122Ω，说明有一个终端模块的电阻没有接入网络或者串行数据线路在某一处有断路现象。

数据通信线分布在车上很多部位，为了避免不必要的麻烦而导致故障范围扩大，因此选一处比较容易拆装的部位进行排查。根据本车的特点，TCM的插头应是首选，因为它便于拆装。断开TCM的插头，再测试诊断插头的6号端子与14号端子的电阻，仍是122Ω，说明终端模块ECM内的电阻没有接入数据通信网络（因为如果这个电阻接入网络，那么另一终端模块的电阻就一定没有接入网络，那么在断开TCM时，整个高速数据网络的电阻将变成无穷大，而结果并非如此），据此可断定ECM至BCM方向的数据线有断路现象。装复TCM插头，断开X111插头（位于发动机舱内空气滤清器总成后），测试插头的21号端子与32号端子（插头进入发动机防火墙通往BCM的一侧）之间的电阻，为120Ω，说明终端防盗系统控制模块的电阻已接入网络。再测试X111插头另一端的21号端子与32号端子（通往EBCM的一侧）之间的电阻，为120Ω，说明ECM内的电阻也接入了网络。既然如此，两个终端电阻都已经接入网络，在诊断插头处就应该测得60Ω的电阻，为什么偏偏就是120Ω呢？难道X111插头断路？

故障排除 仔细观察，由于碰撞插头外壳已有部分破损，完好的插头反插时无法进入，然而这个插头反正都可以插入，怀疑此插头装反。正确装好后，再测诊断插头的6号端子与14号端子之间的电阻，为60Ω，已恢复正常，起动发动机，可以顺利起动，以前不能通信的模块都能正常通信了。

技巧点拨 在维修线路故障时，通常采用的方法是测量某根导线两端的电阻来判断线路的导通性，对于此车，如果分别测量各段数据线，操作起来一定很繁琐，如能根据线路特定的电阻，同时测量两根数据线，就会简便得多。

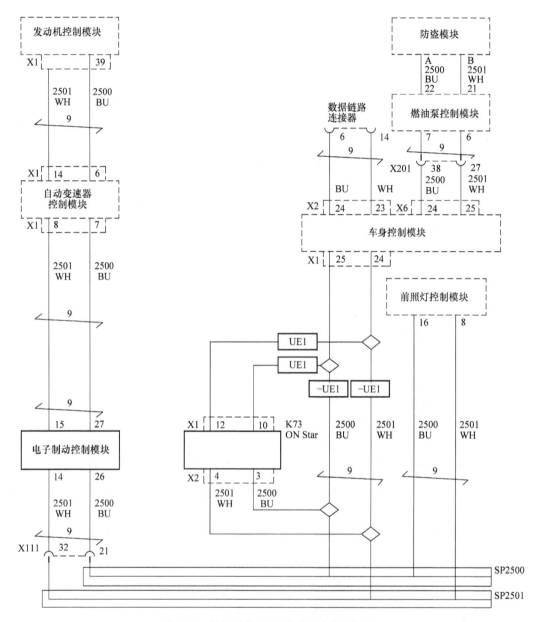

图 5-36 数据通信示意图（高速 GM LAN）

三、2017 年昂科威自动前照灯无法关闭

故障现象 一辆 2017 年昂科威 2.0L 全新车，VIN：LSGXE83L1HD××××××，行驶里程为 76km。该车自动前照灯停用功能失效，也就是说自动前照灯无法关闭。

故障诊断 接车后，首先验证故障现象。该车自动前照灯功能无法关闭，而且仪表上的所有指针都指向最低位，故障灯全部点亮，音响娱乐系统无法工作，驾驶人信息中心提示公众维修信息（图 5-37）。连接故障诊断仪对全车进行故障扫描，结果如图 5-38 所示。

大部分故障码都显示与组合仪表失去通信，进入组合仪表系统调取故障码，并查看和指

图 5-37 故障车仪表台上的警告灯全亮

控制模块	DTC	故障症状字节	说明
举升门控制模块	U0020	00	低速CAN总线
车身控制模块	B097B	04	动力模式启动开关电路
车身控制模块	B257B	03	照明控制开关电路
车身控制模块	B2645	07	环境光照传感器电路
车身控制模块	B3980	00	未从组合仪表收到环境标识符
车身控制模块	C0277	06	制动踏板位置传感器电路
车身控制模块	U0155	00	与组合仪表失去通信
车身控制模块	B1325	03	控制模块电源电路
组合仪表	U0140	00	与车身控制模块失去通信
组合仪表	U0151	00	与充气约束系统传感和诊断模块失去通
组合仪表	U0159	00	与驻车辅助控制模块失去通信
后差速器离合器控…	U0422	00	从车身控制模块收到的数据无效
充气式约束系统传…	U0155	00	与组合仪表失去通信
充气式约束系统传…	U0184	00	与收音机失去通信
收音机控制装置	U0140	00	与车身控制模块失去通信
收音机控制装置	U0151	00	与充气约束系统传感和诊断模块失去通
HVAV控制装置	U0155	00	与组合仪表失去通信
收音机	U0020	00	低速CAN总线
收音机	U0140	00	与车身控制模块失去通信
收音机	U0164	00	与HVAC控制模块失去通信
HVAC控制模块	U0155	00	与组合仪表失去通信
HVAC控制模块	U0184	00	与收音机失去通信
HVAC控制模块	U0198	00	与远程信息处理控制模块失去通信
举升门控制模块	U0155	00	与组合仪表失去通信
无钥匙进入控制模块	B297B	5A	驾驶员车门开启开关电路
无钥匙进入控制模块	U0155	00	与组合仪表失去通信
驻车辅助控制模块	U0155	00	与组合仪表失去通信
驻车辅助控制模块	U0184	00	与收音机失去通信
转向柱锁止控制模块	U0020	00	低速CAN总线
转向柱锁止控制模块	U0155	00	与组合仪表失去通信

图 5-38 故障车上的故障码

针式仪表有关的数据流，发现仪表模块不能通信。查阅维修手册关于仪表的电路图（图 5-39）对仪表的供电和接地进行检测。

经检查，发现仪表的供电和接地都正常，将仪表的插头复位，并用 DBDT 软件进行低速网络诊断，诊断结果如图 5-40 和图 5-41 所示。

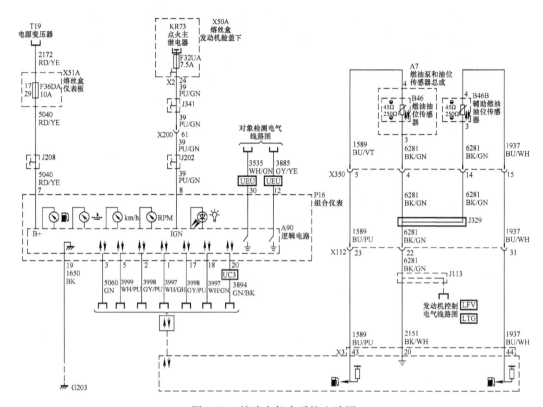

图 5-39 故障车仪表系统电路图

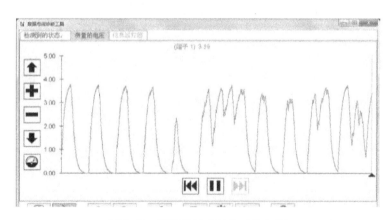

图 5-40 故障车低速网络工作电压

低速 GM LAN 的工作电压在 3~4V，属于正常范围，但是数据流中显示低速 GM LAN 网络中的控制模块没有仪表，而且还缺少许多控制模块。低速 GM LAN 的工作电压正常说明低速网络线没有对正负极短路和线间短路的情况。

根据 DBDT 软件的检测结果，结合低速网络电路图（图 5-42），再次对故障进行解析。经过对电路图的分析和查看，发现隔离低速 GM LAN 网络上的模块都没有进行通信。为了验证故障，从 X84 插头（诊断接口）的 1 号端子跨接一根数据线到 JX203 集线器，此时出现了神奇的一幕：仪表的指针功能恢复，故障指示灯全部熄灭，音响娱乐系统的功能也得到恢

图 5-41 故障车低速网络数据流

复。由此，将问题锁定在串行数据网关模块和 JX203 插头之间。测量 K56 X1 插头的 15 号端子到 JX203 的电阻为 0.02Ω，属于正常范围。与试驾车互换网关模块（不用编程）后，故障现象出现了转移，至此，故障车的仪表故障基本解决，接下来重点排查前照灯的控制问题。该车前照灯电路图如图 5-43 所示。

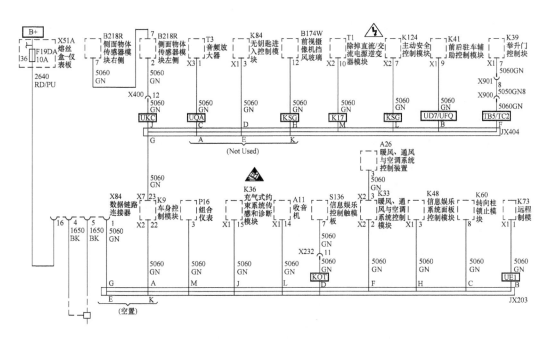

图 5-42 故障车低速网络电路图

在操作前照灯开关时，将开关打到关闭位置，此时的数据流显示自动前照灯停用开关"不活动"。

故障排除 前照灯开关的数据没有输入给 BCM，断开前照灯控制开关，用带熔丝的专用跨接线，跨接前照灯开关插头的 5 号和 6 号端子，前照灯功能恢复。更换 K56 网关模块和前照灯开关后，该车的两个故障被彻底排除。

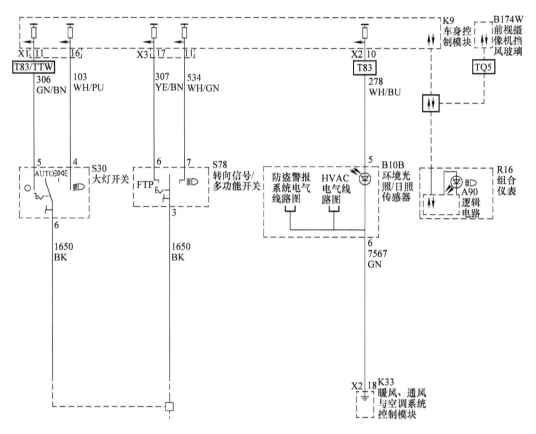

图 5-43 故障车前照灯电路图

技巧点拨 仪表故障是由于网关模块内部故障造成的,前照灯故障是由于前照灯开关故障引起的。K56 串行数据网关模块用于处理多个 GM LAN 总线之间的通信,并用作隔离安全网络与不安全网络的网关。该模块的功能是缓解总线负载,以支持网络安全和新的主动式/增强型安全功能,例如有限能力的自动驾驶和增强的碰撞避免。

K56 串行数据网关模块被用作所有功能信息的帧到帧网关。K56 串行数据网关模块用作主高速 GM LAN 总线、网关扩展高速 GM LAN 总线、网关隔离高速 GM LAN 总线和底盘高速 GM LAN 总线之间的网关。K56 串行数据网关模块还用作主低速 GM LAN 总线和网关隔离低速 GM LAN 总线之间的网关。K56 串行数据网关模块和故障诊断仪之间的通信通过主高速 GM LAN 总线完成。

前照灯故障是由于前照灯开关故障造成的,在检测时要通过数据流、电路图和车载网络诊断工具进行综合诊断分析,才能快速准确地找到故障根源。

第六章

汽车底盘控制系统维修技能与技巧点拨

第一节 自动变速器维修技能与技巧点拨

一、奔驰 GL350 车辆加速无力且手动换档拨片不能用

故障现象 一辆奔驰 GL350，配置 OM642.826 发动机、722.903 变速器，VIN：4JG1668241A×××××，行驶里程：90240km。驾驶人反映，发动机故障灯亮，车辆加速无力，手动换档拨片用不了。手动换档拨片如图 6-1 所示。

图 6-1 手动换档拨片

故障诊断 接到车辆后，根据描述检查车辆功能，通过路试发现车辆加速无力，感觉动力不足。操作换档拨片时车辆没有任何反应。接着维修人员连接奔驰专用诊断仪，读取相关的故障码，故障码信息是：①涡轮增压器上游的温度传感器 B19/11 信号不可信；②微粒过滤器：炭黑含量高；③与"变速器内发动机油泵"的控制单元存在通信功能故障。

根据故障现象和故障码，维修人员首先检查涡轮增压器上游的温度传感器。查找涡轮增压器上游的温度传感器的电路图，进行测量检测，检查传感器到发动机控制单元的线路，无断路，无短路，正常。用同样的方法测量 B19/11 的 2 号端子到 B19/7 的 2 号端子线路也正常，如图 6-2 所示。接着拆下涡轮增压器上游的温度传感器，测量其电阻，发现电阻是无穷

大，说明传感器内部断路。进一步查阅 WIS 资料显示，涡轮增压器上游的温度传感器会引发微粒过滤器的相关故障。确定发动机故障灯报警由涡轮增压器上游的温度传感器损坏引起。更换新的涡轮增压器上游的温度传感器后，清除全车故障码，接着进行路试，故障灯不再点亮。但是车辆无力的故障和换档拨片不能用的故障依旧存在。

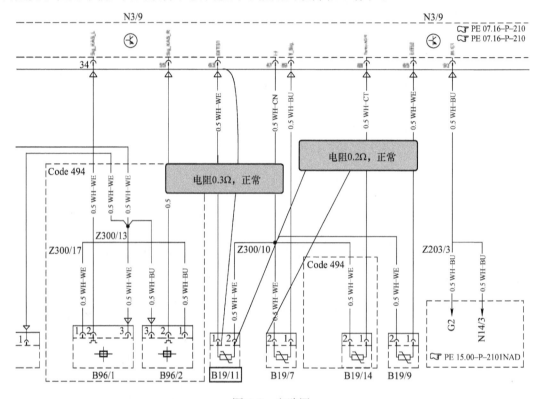

图 6-2　电路图

B19/14—排气再循环温度传感器　B19/11—涡轮增压器上游的温度传感器　B19/7—催化转换器上游的温度传感器　B19/9—柴油微粒滤清器上游的温度传感器　B96/1—左侧进气道关闭霍尔式传感器　B96/2—右侧进气道关闭霍尔式传感器　Code 494—美国版本　G2—发电机　N14/3—预热输出级　N3/9—共轨柴油喷射（CDI）控制单元　Z203/3—局域互联网（LIN）信号发电机节点　Z300/10—传感器节点　Z300/13—传感器节点　Z300/17—传感器节点

然后维修人员举升车辆，检查没有发现漏油、碰撞的痕迹，但是发现此车没有配置"变速器辅助电动油泵"，怀疑车辆加速无力是受变速器模块的编程设码数据的影响，接着对变速器及换档模块进行编程设码及初始化。编程设码后，故障码信息"与变速器内电动机油油泵"通信功能故障不再出现。然而，接着进行路试发现车辆无力的故障和换档拨片不能用的故障依旧存在。

此时需要静下心来好好分析一下了，此车为柴油发动机，没有故障码，加速无力。那么应该多读取发动机数据流实际值，然后维修人员查看涡轮增压压力实际值，发现了问题。无论是怠速，还是路试急加速，涡轮增压压力传感器一直显示为 200kPa。拆下涡轮增压压力传感器检查，传感器上有很多油污，没有发现其他异常，线路也正常。清理干净后，试车故障依旧。油污从哪里来的呢？会不会是涡轮增压器损坏造成的呢？果然，在检查涡轮增压器时，发现涡轮同心轴间隙过大，涡轮增压器损坏。

故障排除　更换新的涡轮增压器，并对发动机控制单元编程设码后，车辆加速无力，手动换档拨片不能用的故障消失了。一个月后打回访电话，反馈得知再没有出现过以前的故障。至此，故障得到排除。

技巧点拨　从故障现象来看，与变速器工作存在一定的关系，最后故障点却集中在涡轮增压器，这就是故障现象与故障点不一致的情况，应引起广大维修人员注意。

二、2015 款奔驰 GLE400 变速器模式调节器故障

故障现象　一辆 2015 款奔驰 GLE400，4MATIC，行驶里程：4 万 km，发动机故障灯常亮。

故障诊断　接车后，起动车辆，发现仪表台上的发动机故障灯常亮，且与车辆状态和冷热车等车况无关，发动机运转平稳，无异响等异常情况。询问得知该故障现象是在正常行驶中突然出现的，之前在其他 4S 店检修过该故障，并保修了阀体，但故障未解决。

用奔驰专用诊断仪（XENTRY）对车辆进行快速测试，结果发动机控制单元（ME）无故障码，但在变速器控制单元（Y3/8n4）中发现了两个故障码（图 6-3）：U113800 ——与“变速器内电动机油泵”控制单元的通信存在功能故障，当前并且已存储；U002800 ——与传动系统 CAN 总线的通信存在功能故障，已存储。

N3/10 - Motor electronics 'MED177V6LA' for combustion engine 'M276 Turbocharger' (ME)　- ✓ -

MB object number for hardware	275 901 61 00	MB object number for software	000 904 10 00
MB object number for software	276 902 77 00	MB object number for software	276 903 12 03
Diagnosis identifier	022452	Hardware version	12/14 00
Software version	12/26 00	Software version	15/45 00
Software version	17/19 00	Boot software version	12/26 00
Hardware supplier	Bosch	Software supplier	Bosch
Software supplier	Bosch	Software supplier	Bosch
Control unit variant	M276LA_VC16		

Y3/8n4 - Fully integrated transmission control (VGS)　- F -

MB object number for hardware	000 901 71 00	MB object number for software	000 000 00 00
MB object number for software	000 902 20 27	MB object number for software	000 000 00 00
Diagnosis identifier	000805	Hardware version	13/08 01
Software version	10/44 01	Software version	15/23 00
Software version	04/82 00	Boot software version	11/10 00
Hardware supplier	Continental	Software supplier	Continental
Software supplier	MB	Software supplier	MB
Control unit variant	VGS40_000805b		

Fault	Text	Status
U113800	Communication with control unit "Electric oil pump in transmission" has a malfunction. _	A+S
U002800	Communication with the drivetrain CAN bus has a malfunction. _	S

S=STORED, A+S=CURRENT and STORED

图 6-3　故障车快速测试结果

Y3/8n4 报故障码为何会导致发动机故障灯亮？为理解相互之间的关系，在 WIS 中查找网络图（图 6-4）。

通过分析图 6-4 所示 CAN 示意图，可获知如下信息：

1）CAN 总线传输具有双向性，即各控制单元可传送信息至 CAN 网络，同时又可从网络中接收信息。

2）N73 是网络的中央网关，对于不同 CAN 网络之间的通信，需要通过 N73 来确定信号的传输优先权和转换 CAN 信号类型，即 N73 是不同 CAN 总线的数据交换接口。

3）故障车的 CAN C 网络由 Y3/8n4、N118、A80、N89 构成，ME 是该网络的网关（可理解为子网关），即 CAN C 网络需要通过 ME 才能与其他 CAN 网络进行数据交换，这样，

ME 将 Y3/8n4 的故障传送至仪表，仪表据此点亮发动机故障灯，从而警示驾驶人。

根据上述分析，结合故障码，检查方向应该从 Y3/8n4 的通信入手，而任何一个控制单元能够与外界通信的前提条件为：控制单元自身、CAN 线、供电和接地均正常。为此，着手进行下述检查及分析：

1) 故障码是当前存在的，而在此情况下 Y3/8n4 能顺利被 XENTRY 测试到，说明其供电、接地、CAN 线均正常。

2) 执行故障码的引导测试，检查 Y3/8n4 的线路和插头，结果正常，进一步验证了上述判断。

3) 对 ME 和 Y3/8n4 进行软件升级，结果均无新软件，排除软件因素。这样，故障原因只剩下 Y3/8n4 自身硬件的可能。

4) 鉴于故障车除了发动机故障灯常亮外，没有其他异常，在行驶过程中换档、加速等功能均正常，结合实际经验，判断此 Y3/8n4 是正常的，而且之前也更换过阀体，检查思路应进一步延伸。

5) 尝试在 WIS 中查找变速器控制系统的原理图（图 6-5），然后逐一分析图中的信号，结果大多数信号在车上是正常的，但对信号 24（变速器模式调节器状态）有疑义，操作该模式调节器，结果在仪表中没有显示变速器模式。

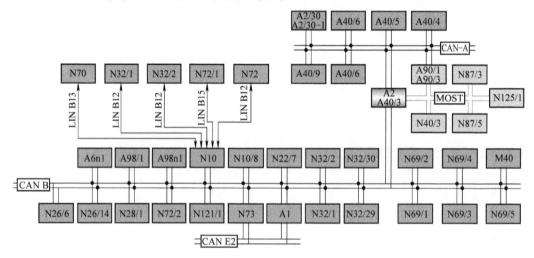

图 6-4 故障车 CAN 示意图

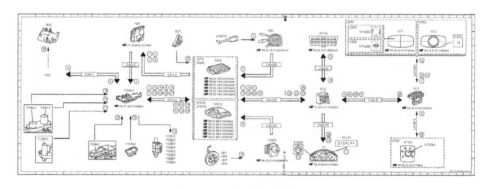

图 6-5 变速器控制原理

再次查看快速测试记录（图6-6），结果发现在 N10 控制单元中有故障码 U11A787 ——与下部控制板 2 的通信存在故障，信息缺失，当前并且已存储，且刚好与信号 24 相对应。

图 6-6 故障车 N10 控制单元快速测试结果

变速器模式调节器（图6-7）安装在中控台上，鉴于以往的经验，此类开关容易进水，询问有无饮料或水倒在中控台上，表示之前不慎将可乐倒在中控台和座椅之间。至此，诊断方向已经很明确。

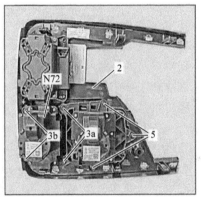

图 6-7 变速器模式调节器位置及构造
2—护盖 3a、3b、5—螺栓 N72—下部控制面板控制单元

故障排除 拆开变速器模式调节器，表面有明显的腐蚀痕迹，解体后发现调节器内部电子芯片已存在烧蚀的痕迹。更换新的变速器模式调节器，该车故障被彻底排除。

技巧点拨 进水问题是在维修过程中经常遇到的问题，进水初期可能不会出现故障，但是过一段时间，引起内部相应金属腐蚀到一定程度，导致接触不良或短路，此时就会出现相应故障现象，导致某些功能缺失。

三、2012 款宝马 740Li 行驶中档位跳空档

故障现象 一辆 2012 款宝马 740Li，车型 F02，配置 N54 发动机，行驶里程：400km。驾驶人反映，车辆行驶中过颠簸路面或有时转向盘向一侧打"死"时，档位会自动跳到空档，并且档位跳档之前发动机故障灯短暂地亮一下，之后车辆又可以换档前进。

故障诊断 接车后连接 ISID 进行诊断检测，读取故障内容见表 6-1。

表 6-1　读取故障内容

故障码	故　障　信　息
D02D58	信号（电机 1 车轮转矩，41.3.4）无效，DME/DDE 发射器
D01557	信息（电机 1 车轮转矩，41.3.4）缺失，接收器 ICM，发射器 DME/DDE
D01558	信息（电机 2 车轮转矩，41.3.4）缺失，接收器 ICM，发射器 DME/DDE
D0156D	信息（电机 3 车轮转矩，61.3.4）缺失，接收器 ICM，发射器 DME/DDE
D01570	信息（电机 4 车轮转矩，40.3.4）缺失，接收器 ICM，发射器 DME/DDE
D01B3F	信息（电机 5 车轮转矩，40.3.4）缺失，接收器 ICM，发射器 DME/DDE
D01A08	信息（电机 6 车轮转矩，61.3.4）缺失，接收器 ICM，发射器 DME/DDE
D01646	信息（加速踏板拉杆角度，40.1.4）缺失，接收器 ICM，发射器 DME/DDE
D018E1	信息（曲轴 1 转矩，40.1.4）缺失，接收器 ICM，发射器 DME/DDE
D76F02	信号（车轮标准转矩，40.3.4）无效，DME/DDE 发射器

清除故障后进行路试，试车的过程当中过一段减速带时，发动机故障灯突然点亮，然后发动机转速突然升得很高，档位又跳到空档了。再次连接 ISID 进行诊断检测，读取的故障内容和表 6-1 一致。

执行检测计划，把上述故障内容分为两大类。①CAN/Flex Ray 的总线系统分析：信息丢失；②CAN/Flex Ray 的总线系统分析：接口故障信息"信号无效"。

当接收控制模块未接收到发送控制模块发送的信息时，接收控制模块就记录"信息丢失"故障，此类故障主要在参与的控制模块之间的物理连接受到干扰时出现，可能的原因：①总线导线接地短路；②总线导线对供电电压短路；③总线导线之间短路；④断路（导线断裂）；⑤损坏、腐蚀、脏污的触点接头；⑥控制模块故障（例如插头连接损坏，极少数情况）；⑦加装不正确（总线连接）。

计算信息缺失最有可能的故障原因，检测步骤将通过对故障记录的自动分析把故障限定在确定的范围以内（概率计算）。检测计划显示如下：发射器缺失的信息 DME－－－＊＊＊－－－－－（8/16）。

从可能性最高的控制模块区域开始查找故障。如有必要，继续在可能性第二高的控制模块区域查找故障。出现故障的可能性与显示的星号（＊）的数量相对应。＊＊＊＊＊代表高可能性；＊代表低可能性。

另外，在括号中显示所存储的故障以及最大可能的故障数量。例如"5/46"，说明对于相应的控制模块总共有 46 个可能的故障，其中存储了 5 个故障。在大多数情况下，有许多信息故障的控制模块并未将所有可能的故障都列出，因为信息故障与相应的车辆功能相连接。对于不同的控制模块、车辆型号和特殊装备，最大可能的故障数量各不相同。当相应的控制模块存在很少信息故障时，以括号形式表达的值特别有意义，例如"2/2"。如果另一个控制模块的故障份额概括显示为"23/65"，则应该在查找故障时专注于前一个控制模块区域。

在特殊情况下，一个接收控制模块可能会记录不同电台的信息故障，尽管该接收控制模块本身不会在（故障）概况中出现，因为其他控制模块根本不需要该接收控制模块的信息。

例如，如果在概述中有多个故障出现可能性低的控制模块，则应该额外检查故障数据。如果此处一直被称为相同的接收器，则继续在该控制模块范围内的故障查询。

故障存储都和 DME 有关联，检测计划分析也认为 DME 的故障可能性要高于其他控制模块，接下来检查 DME 的供电、接地和端子连接情况，检查结果正常，因此分析认为是 DME 内部有故障。车辆行驶中遇到颠簸的路面或方向左右极限转动时，DME 突然不能向总线上正常传输发动机的转矩输出信息，变速器控制模块得不到信息后就立刻自动跳转到空档。

故障排除　更换 DME 控制模块，对车辆进行编程码码，反复进行路试，故障现象没有再次出现，故障排除。

> **技巧点拨**　针对缺失信息的系统分析涉及偶尔发生的故障。如果存在持续的系统故障，则应该在车辆测试时就识别到该故障（执行供电测试）。

四、2016 年宝马 X3 多个系统故障灯点亮报警、无法换档行驶

故障现象　一辆 2016 年宝马 X3，车型：F25，行驶里程：5 万 km。驾驶人反映，车辆停放后再次起动时，车辆多个系统故障灯点亮报警，并且无法换档行驶。

故障诊断　接车后发现车辆的故障报警现象当前存在，仪表中变速器故障报警灯、DSC 故障报警灯、RPA 故障报警灯、EMF 故障报警灯、PDC 故障报警灯点亮报警，中央信息显示屏提示"变速器控制系统失效、动态稳定控制系统失效"，车辆可以正常起动着车，却无法换入档位，仪表中没有档位显示，排档杆 GWS 背景灯可以点亮。验证车辆虽然显示驻车制动系统 EMF、自动距离报警系统 PDC 失效，但实际测试功能使用正常。连接 ISID 诊断，存储有 EGS 不能通信和 EGS 总线故障（PT－CAN 和 PT－CAN2）及多个信息缺失等故障码，且 EGS/PT－CAN 通信故障当前存在。

根据诊断的故障码和现象来看初步判断为：①变速器阀体故障；②PT－CAN 线路故障；③变速器供电、接地问题；④GWS/ZGM 等相关模块通信故障。执行检测计划调出变速器控制单元 EGS 的控制电路图，如图 6-8 所示，目测检查 EGS 插头没有松脱现象。

首先进行基础检查，测量自动变速器控制系统的供电 Y21*1 的端子 13 为 12.45V，正常；测量自动变速器控制系统唤醒电压 Y21*1 的端子 9 为 12.05V，正常；测量自动变速器控制系统接地 Y21*1 的端子 14 对地导通良好。接下来测量总线的信号电压，具体如下：①PT－CAN H 信号电压为 2.60V；②PT－CAN L 信号电压为 2.40V；③PT－CAN2 H 信号电压为 2.64V；④PT－CAN2 L 信号电压为 2.39V。

波形测量，总线的信号电压都在正常范围之内。进行进一步检查 PT－CAN 总线线束，线束表面未见破损的现象，检查车身及变速器区域的接地线束良好。故障分析排查至此，自动变速器得到的供电、接地、总线均显示正常，最后可能存在故障点的就是自动变速器的控制单元 EGS 了。

更换 EGS 控制单元后试车，故障还是出现。寻求厂家的技术支持，回复检查自动变速器的供电。继续检查供电，自动变速器的控制单元供电由前部接线盒控制单元提供。由于特殊的工作条件（在这些条件下使用不同的系统功能），在车内安装了多个配电器。从而确保在所有工作范围内都能有足够的供电。熔丝位于在前部配电器中。除了熔丝之外，还有一些继电器插在或钎焊在电路板上。如果有一个钎焊的继电器损坏，则必须更换整个前部配电器。根据车型系列和车辆装备，前部配电器的线路板上装有不同的继电器。另外，熔丝布

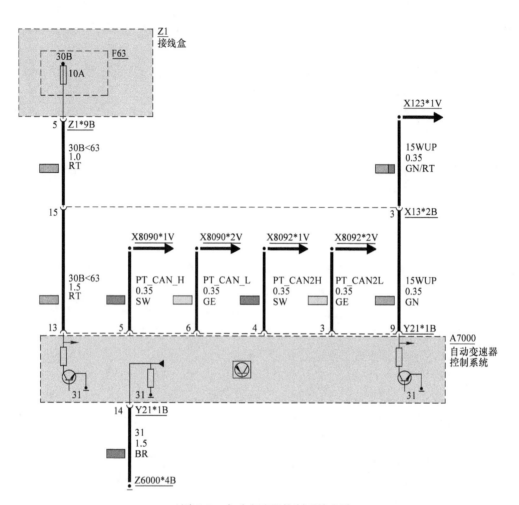

图 6-8 自动变速器控制系统电路

置也取决于车型系列和车辆装备。在前部配电器中实现了接线盒电子装置（JBE）的内部插头连接。在组装后的状态下，配电器和接线盒电子装置组成一个单元，称为接线盒。

直接测量自动变速器控制系统的供电熔丝 F63 的供电，电压为车载电压 12V，正常。但是在检查自动变速器控制系统的 F63 时，却发现 F63 熔丝插孔和其他几个熔丝插孔上还连接有其他外部导线，很显然不是原车设计的，属于非原厂加装，如图 6-9 所示。

故障排除 直接断开加装的导线，还原安装并拆卸相关部件，试车测试，故障现象消失。彻底拆除加装的导线，

图 6-9 接线盒

故障排除。

> **技巧点拨** 分析可能是加装的部件在工作过程中对自动变速器控制系统造成了干扰，引起了车辆的相关系统的报警，造成变速器系统不能换档行驶。

五、2014 年一汽奥迪 A6L 正面撞击引起的变速器故障

故障现象 一辆 2014 年一汽奥迪 A6L（C7），该车搭载 2.8L 发动机，匹配第二代新款 DL501 型（0B5）7 档湿式双离合变速器。

因为是一起事故引起的故障，事故后车辆出现前进档和倒档均不能行驶的故障现象。由于驾驶人过度紧张因此前后描述的事故过程不一致。一开始说他的车正在向前行驶时车速并不快，对面一辆大货车迎面相撞且推行十多米远才停下来，然后又说他本来是在停车状态，对面大货车直接撞击且推行十多米远后才停下来（车辆维修后才把真正的事故经过恢复原状，因为不同的经过会对变速器产生不同的伤害，所以经过变速器故障的维修及驾驶人后来状态的变化，才真正得到这样的事故经过：车辆的行驶速度并不快，正常以前进档行驶过程当中，被对面行驶过来的大货车形成正面撞击且推行十几米距离才停下来。驾驶人在慌乱中不仅踩制动踏板，还把换档杆换入了 P 档，即使这样也未能阻止车辆被推行数米远）。

故障诊断 接车并走完碰撞保险定损流程后开始检查变速器的问题，经诊断仪检测电控系统记录两个故障码（图 6-10），清除故障码后试车时得到的实际故障现象是换前进档有接合感觉但车辆不能行驶，踩加速踏板也不能前进，换倒档后可以行驶一点距离但要使劲踩加速踏板才能动，此时两个故障码还会出现，这个

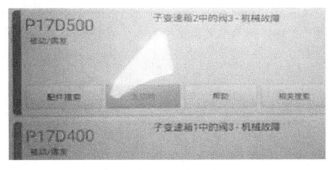

图 6-10 两个故障码

时候所有档都不能行驶了。举升车辆进行变速器外围检查，车辆在撞击过程当中仅仅是前面保险杠、散热器等部件受到伤害，而变速器一点都没伤着，那为什么前进档有接合感觉却一动都不动呢？变速器控制单元为什么总是报这两个故障码呢？

P17D500——子变速器 2 中的阀 3 机械故障，P17D400——子变速器 1 中的阀 3 机械故障，子变速器 2 是指偶数档部分，而阀 3 则是指 N439 控制 K2 离合器；子变速器 1 是指奇数档部分，而阀 3 则是指 N435 控制 K1 离合器。难怪两个故障码同时出现时前进档和倒档都不能行驶呢！删除故障码后，倒档表现得也不好，是因为控制单元一旦记录这两个故障码后直接切断的离合器供油，但又是什么原因让控制单元同时记录这两个故障码？对 0B5 变速器来说，离合器的轻微烧蚀通过观察润滑油颜色可以说几乎看不出来，它不像传统自动变速器一旦烧片，ATF 颜色立即发生变化，同时气味也非常明显。当把变速器拆下来分解双离合器后发现两组摩擦片均有不同程度上的烧蚀情况（图 6-11 和图 6-12），而且 K2 离合器烧蚀得要稍微严重一些。很显然是因为离合器烧蚀而导致变速器控制单元记录故障码后起动了应

急切断功能，切断了两个离合器的供油最终导致车辆不能行驶。

图 6-11　烧蚀的 K1 离合器摩擦片

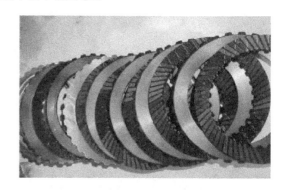

图 6-12　烧蚀的 K2 离合器摩擦片

既然变速器都拆下来了，还是要彻底解体检查一下，因为毕竟在试车时还发现变速器内部有异响。继续分解变速器确实又有了新的发现，那就是 P 档驻车机构发生损坏（图 6-13），再细心检查其他部件时并未发现异常情况，看来车辆不能行驶且报电磁阀机械故障的故障码原因是离合器摩擦片烧了，而异响问题应该就是驻车机构损坏带来的。

图 6-13　驻车机构损坏情况

故障排除　更换全新的双离合器总成，同时更换了驻车机构的损坏部件，装车后经过重新匹配学习，故障彻底排除。

技巧点拨　该车案例值得我们思考的是对故障形成的分析，首先车辆在正面撞击过程对于双离合变速器来说，能够对变速器哪些部件会带来伤害，其次就是在撞击过程中车辆在推行过程中如果换入 P 档，又会对哪些部件带来损伤。由于是正面撞击，车辆选择的又是前进档，因此推行过程当中受伤的一定是离合器，推行力矩大于车辆前行力矩时，摩擦片自然因过度摩擦而在短时间内烧蚀，从该变速器实际情况看开始撞击时应该是偶数档，然后又降至奇数档，否则不会导致两组离合器都存在烧蚀。同时车辆在被推行过程当中，如果挂档杆由前进档位置换入 P 档位置时，由于车辆在移动而非静止状态，所以驻车机构受到强有力的驱动，本身来说是通过驻车机构使车辆保持停止状态，但推行力矩过大从而导致驻车机构部分机械元件损坏。

还有一个值得我们思考的地方是对故障码的分析，不能盲目以为是撞击引起的故障，就认为是机电单元的故障，当车辆发生剧烈碰撞事故时，有可能会导致控制单元电子部件损坏。同时，对于故障码的解释及所涉及的范围，大家应该认真对待，特别是针对控制离合器的电磁阀的机械故障，一定不排除跟离合器本身有关。两个故障码所涉及的电子液控制如图 6-14 所示。

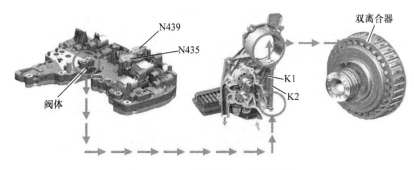

图 6-14　双离合器电子液压控制

六、2013 年一汽奥迪 A4L 行驶中变速器故障灯点亮

故障现象　一辆 2013 年一汽奥迪 A4L，配置 2.0T 发动机（CDZ）和 0AW 变速器，行驶里程：86241km，VIN：LFV3A28K6D3××××××。该车在 4S 店因事故更换过后车门、下边臂及轮辋后，在第二天行驶过程中变速器故障灯点亮。

故障诊断　使用诊断仪检查 02 变速器内有故障码：P070600——行驶档位传感器信号不可信，被动/偶发（图 6-15）。0AW 变速器内所有传感器和控制单元集成为一体（图 6-16）。从原理上分析该故障最大可能是变速器控制单元故障，因其行驶档位开关 F125 集成在变速器控制单元上。

在拆下变速器控制单元准备更换时，为提高一次修复率，同时检查了位于换档轴上的多功能行程开关 F125 的信号磁铁（图 6-17）。

故障排除　检查发现该磁铁有一个明显的裂痕（图 6-18），更换换档轴总成后故障排除。

技巧点拨　对于装配 0AW 这款变速器其行程开关的电磁铁开裂在售后维修中是一个常见故障，在维修相关故障时一定要检查该磁铁是否开裂。避免小病大修，提高一次修复率。

图 6-15　变速器控制单元内的故障码

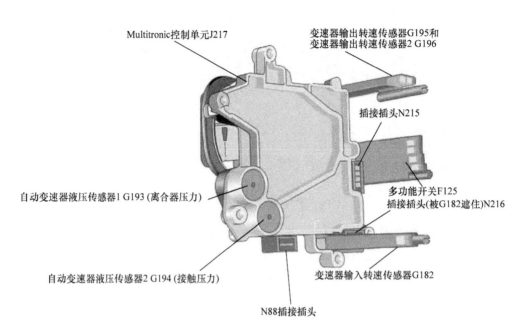

图 6-16　变速器控制单元 J217

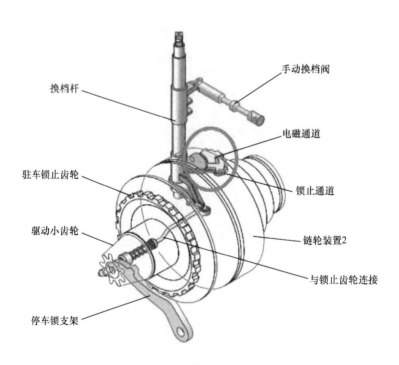

图 6-17　位于换档轴上的信号磁铁

图 6-18　档位行程传感器磁铁开裂

第二节　ABS 维修技能与技巧点拨

一、奔驰 R320 车 ABS、ESP 故障灯异常点亮

故障现象　一辆奔驰 R320 车，驾驶人反映，该车 ABS、ESP 故障灯异常点亮，不久前因同样故障在其他 4S 店更换了相关配件，一切正常，但行驶了 5 天后，故障现象重现。

故障诊断　接车后对该车故障进行了验证，确认故障现象属实。利用故障检测仪读取故障码，发现"故障码：5151——横向偏摆率传感器信号错误"（图 6-19）。

Control unit: ESP3				
Code	Text		No.	Status
5151	B24/15(Micromechanical yaw rate sensor AY pickup):Signal fault(Lateral acceleration)	☼	0	STORED

Name	Current values(first/last)	Unit
Frequency counter(This counter indicates the frequency of the fault since the last time the fault memory was erased.)	2	
Kilometer reading(The mileage reading is only updated approximately every 16 km.)	4388 | 4408	km
Vehicle speed	61 | 10	km/h

图 6-19　读取的故障码

但是根据维修记录，该车已在其他 4S 店更换过该传感器，难道该传感器再次损坏？带着疑问，查阅了横向偏摆率传感器的功能。

造成该车故障的可能原因有：横向偏摆率传感器本身故障（信号采集错误）、相关传输信号线故障、ESP 控制单元故障。

查阅横向偏摆率传感器电路得知，该传感器有 4 根导线，其中 2 根为供电线，另外 2 根为 CAN 线，直接连接至 ESP 控制单元。如果通信线路存在故障，不会只报横向加速信号错误，而会报线路短路、断路故障或未收任何到信号。况且测量所有的相关线路也未发现有断路或短路现象。据此，拆除横向偏摆率传感器（横向偏摆率传感器安装在前排乘客侧地毯下方）的相关附件，初步检查并未发现异常。

进一步拆横向偏摆率传感器时发现，该传感器可以有 2 种安装位置，怀疑横向偏摆率传感器安装位置错误导致监测信号不对。查阅相关维修资料，明确标注该传感器的安装位置，即横向偏摆率传感器标签上的箭头必须朝前。但是该车型的横向偏摆率传感器上并未标注箭头或安装方向，发现线束插接器上有一个固定卡，横向偏摆率传感器的安装位置如图 6-20 所示。

故障排除 按图 6-21 所示，重新装复横向偏摆率传感器，并初始化该传感器后反复试车未见故障灯再亮起，交付驾驶人使用半个月后电话回访驾驶人，一切正常。

技巧点拨 横向偏摆率传感器主要检测车辆绕垂直轴的转动角度及车辆在转弯或急转弯运动时的横向加速度，并将以上信号转换为电信号后，通过 CAN 总线发送至 ESP 控制单元（N47 -5）。

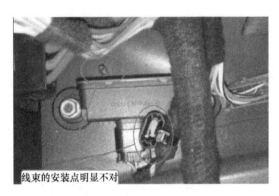

图 6-20 横向偏摆率传感器错误的安装位置

图 6-21 横向偏摆率传感器正确的安装位置

二、奔驰 SL300 发动机故障灯亮、ESP 报警

故障现象 一辆奔驰 SL300，配备 272 发动机、722.9 变速器，行驶里程：29628km。行驶在烂路上时，发动机故障灯突然点亮，ESP 报警，发动机前部噪声大。

故障诊断 接车后确认故障现象，果然如驾驶人所述，起动发动机，电子风扇一直运转，发动机故障灯点亮，ESP 报警，如图 6-22 所示。

图 6-22 仪表显示

在没有起动时，打开门时仪表有制动系统报警，如图 6-23 所示。接着连接诊断仪对电控系统进行快速测试，有相关故障码。进行电控测试后发现了很多的故障码，有当前的，有存储的。首先，要结合驾驶人的投诉来分析。发动机故障灯亮，一看故障码就是由于失火引起的，属于 272 发动机惯有毛病，它主要是由于进气系统有了积炭，冷车起动时由于积炭具有吸附性，吸收燃油后造成混合气过稀，从而导致发动机失火。解决办法是，只需要对进气支管进行积炭的清洗就行了。但这不是这个诊断的重点，还有一个当前的故障码，就是风扇功率要求不可信，这个故障码才是解决问题的关键。对风扇功率要求不可信，意思就是说对风扇转速输出不正常。通过功能原理分析，对风扇转速输出要求的有发动机和空调控制模块，这里发动机温度正常，再结合空调控制模块系统里有当前的故障码，应该指的就是空调。

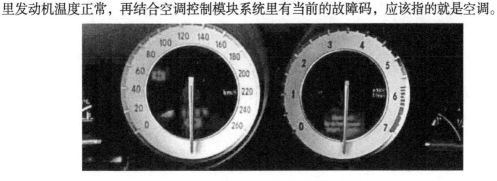

图 6-23　制动系统报警

再进一步分析仪表上的报警，发动机故障灯点亮分析清楚后，再进一步分析 ESP 灯点亮。故障码显示为车载电网故障，进行导向测试让检查发电机、车载蓄电池功能。现在车辆能起动，并且没有亏电的情况。既然是存储的故障码，那么就先不用管。

驾驶人说一上车仪表就报警，就出现红色的指示灯点亮，红色的指示灯点亮应该是指制动系统。再进一步分析整个故障码，发现贯穿整个故障码有两个特点：一是有很多控制模块报电压低；二是有关空调控制模块的故障都是当前的故障码，并且空调控制系统不能进去。难道这二者之间又有什么千丝万缕的联系吗？

既然找不到问题的突破口，那就只一步一步地来了，首先从小处入手，找到空调控制模块的供电和搭铁，检查一切正常。既然外围的数据一切正常，那就只有拆开瞧瞧了，在这里得到了一个很有价值的驾驶人信息，驾驶人说吃早餐时一不小心把豆浆打翻在前面的水杯架处。瞧了瞧水杯架的位置，发现空调控制模块就在水杯架的下面，难道豆浆进入空调控制模块了？拆开空调控制模块，果然，空调控制模块里面全是豆浆，如图 6-24 所示。

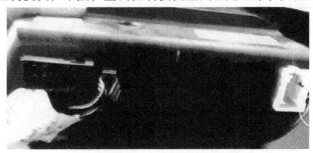

图 6-24　空调控制模块

在这里找到了发动机里面的当前故障码的答案了，由于空调控制模块里面进入豆浆导致对风扇的不合理功率要求，从而导致了电子风扇狂转。在分析了空调控制模块的供电，有了新的发现，空调控制模块的供电是30Z，是个常供电，由于空调控制模块进入豆浆，会不会导致空调控制模块在发动机熄火或者锁车的情况下乱控制呢？熄火锁车，不一会儿，就听到空调鼓风机一直运转，由于一直运转而导致了车载电网的缺电，这时制动灯就报警，所以ESP控制模块存储了车载电网的故障码。

故障排除 最后订购空调控制模块，更换后故障排除。

> **技巧点拨** 车辆越来越智能化，排除车辆故障时，要从整个车辆的控制功能入手，不能单一的看一个控制模块，各控制模块是存在着千丝万缕联系的。要宏观把握，把原理吃透。

三、迈腾 B7L 车仪表板上的 ESP 警告灯常亮

故障现象 一辆迈腾 B7L 轿车，仪表板上的 ESP 警告灯常亮，仪表板显示屏显示"故障 ESP"。

故障诊断 正常情况下，发动机运转后，ESP 警告灯应熄灭，ESP 自动启用。在发动机运行时，如果仪表板上的 ESP 警告灯常亮，则说明 ESP 已停用，此时，ESP 将不能稳定车身，车辆在某些行驶状况下可能出现打滑的风险。

使用 5052A 检测，在制动器电子系统中有 2 个静态故障码（图 6-25）："00642——右前 EDL 转换阀 – N166 损坏 静态"；"00003——控制单元损坏 静态"。检查 ESP 控制单元线束的连接状况，良好。根据故障码提示，"前 EDL 转换阀 – N166 损坏"与"控制单元损坏"均发生在 ABS 泵总成（图 6-26，ABS 泵、阀体、ESP 控制单元集成于一体）内部，怀疑该总成内部损坏，ESP 控制单元激活仪表板上的 ESP 警告灯报警。

故障排除 更换 ABS 泵总成后试车，ESP 警告灯熄灭，故障排除。

> **技巧点拨** ESP 作为 ABS 一项重要的安全扩展功能，为保持其运行稳定性，需要定期检查和维护，尤其是其中的工作介质，一定要选择符合车辆运行要求的制动液，并建议每 2 年或 4 万 km 检查并更换制动液。

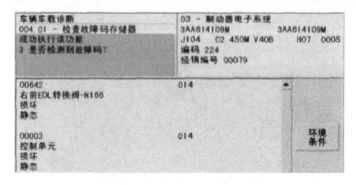

图 6-25 读取的故障码

图 6-26　ABS 泵总成

第三节　巡航系统维修技能与技巧点拨

一、2015 年别克昂科威巡航无法使用

故障现象　一辆 2015 年别克昂科威，VIN：LSGXE83L4GD2×××××，行驶里程：90701km。驾驶人反映，巡航无法使用，仪表信息中心显示"维修驾驶辅助系统"，如图 6-27 所示。

故障诊断　根据驾驶人所述，在检查确认蓄电池电压正常的情况下试车，故障现象存在，驾驶人反映属实。

仪表信息显示中心显示需维修驾驶辅助系统（如果主动安全模块使用作为输入的模块内设置DTC，则主动安全模块将发送维修驾驶辅助信息至组合仪表）。维修人员经厂外试车，确认巡航无

图 6-27　仪表显示

法使用。同时根据维修信息查询提示，需更换主动安全模块，并在线进行软件刷新。因此维修人员先更换了主动安全模块（图 6-28），随后做了在线软件刷新，刷新后试车，故障仍未排除。连接诊断仪，读取故障码显示为 U0159、B1325（图 6-29）。进一步读取数值，远程雷达传感器模块未对齐（偏向上），说明存在故障，如图 6-30 所示。

昂科威在自适应巡航行驶中，全程使用前视摄像头和前长距雷达进行探测。如果探测到前方车辆，自适应巡航可能会施加加速或制动，以保持跟车间距，系统可以在跟随车辆之后进行自动减速直到停车。在距离达到设定的范围时，仪表台会"哔哔"鸣叫和闪烁，主驾座椅发出振动。

根据维修手册查询，结合相关通信及数据显示，维修人员认为前长距雷达可能存在水平误差或相应模块、线路存在问题。认为主要还是水平调节不当，造成故障的可能性偏大。造成此故障的原因，可能是在之前拆装过模块或支架时导致雷达模块内部天线上仰或下倾超出

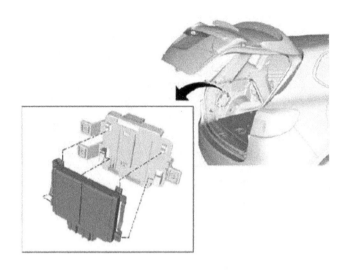

图 6-28　主动安全模块位置

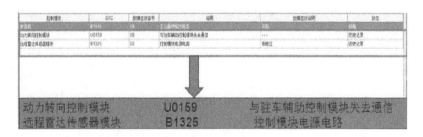

图 6-29　故障码

图 6-30　数据流

要求的 ±3°，从而对前方目标车辆的探测产生偏差，影响自适应巡航功能的正常运行。

随后维修人员按程序测试数据，结果与数据显示数值一致（前长距雷达模块偏向上），与正常数据有偏差。于是拆下前保险杠，对前长距雷达模块进行调节，并用水平测试仪检测，直到调整到水平数值正常后再装复前保险杠试车。

前长距雷达模块对准程序如下：

1）清除其他 DTC。

2）驾驶车辆前，确保雷达前部表面清洁。

第六章 汽车底盘控制系统维修技能与技巧点拨

3）准备故障诊断仪以适应远程雷达校准，在校准期间，需保持连接。

4）发动机运行。

5）使用诊断仪开始校准。

6）以高于 56km/h 的速度驾驶，最小化弯路，避免突然加速与减速，跟随一个车辆（跟随期间车距为 30～50m 最佳），在路旁有固定物体的环境中行驶。

7）正常行驶 10～30min 后，观察确认是否校准正确。

注意：数字量角器的精度必须是 ±0.5°，前方雷达模块的垂直位置是 90°±3°。

故障排除 维修人员按照标准校准程序成功校正，然后进行外出路试校准，直至仪表对话框显示绿色小车图案（图6-31），故障排除。

> **技巧点拨** 此案例的故障症状是由于前长距雷达模块水平调节不正确，从而导致主动安全系统都无法正常使用，如巡航无法使用，跟车距不报警与座椅无法产生振动及仪表信息中心显示维修驾驶辅助系统等。针对此类新技术的维修与排查，在判断与分析上一定会有其设计上的独到之处。故障表现与检测手段的运用，乃至维修中的校准标准和规定程序，需维修人员善于学习，善于结合原理去分析，掌握要领并运用到实际中去。

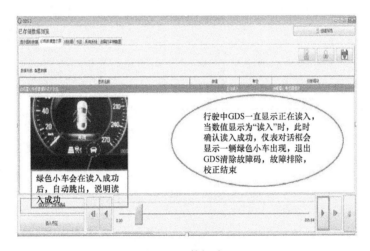

图 6-31 数据读入

二、2013 年上汽通用别克英朗巡航有时无法使用

故障现象 一辆 2013 年上汽通用别克英朗，VIN：LSGPB54E4DD×××××，行驶里程：25762km。驾驶人反映，在行驶中开启巡航系统，有时无法使用。

故障诊断 维修人员首先验证驾驶人所说故障，并进行路试。确实发现巡航无法使用，但熄火后重起有时又可以使用。连接故障诊断仪 GDS 检测故障码（图6-32）：P0562 00——系统电压过低；C0800 03——控制模块电源电路低电压；U0184 00——与收音机失去通信。

根据故障码读取动态数据，蓄电池电压（图6-33）：11.6V，正常电压应为13.6V。诊断仪数据显示系统电压低，而蓄电池检测仪检测电压正常（图6-34），发电机发电量正常。

根据故障现象分析，可能存在巡航设定与调节开关损坏、系统相应模块故障、线路故障

图 6-32 故障码

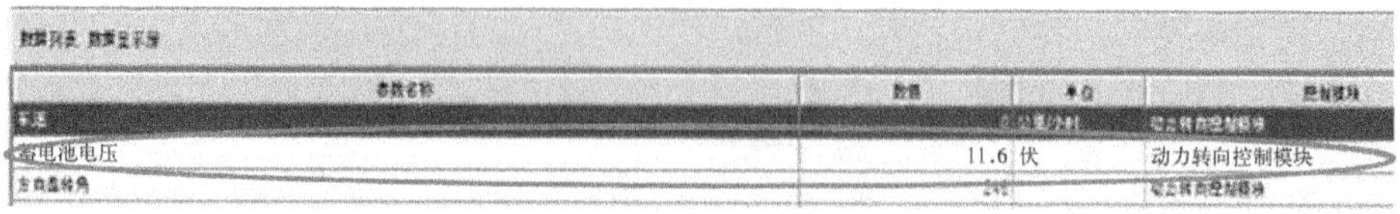

图 6-33 数据流

几方面。维修手册对巡航控制系统的描述：巡航系统是一个速度控制系统，它在正常行驶条件下保持特定的期望车速，但陡坡可能会引起所选择车速的变化。

车身控制模块监测转向盘上的巡航控制开关的信号电路。车身控制模块通过串行数据电路，将巡航控制开关状态发送到发动机控制模块，发动机控制模块根据巡航控制开关的状态来确定达到和保持车速的时间。发动机控制模块同时监测车速信号电路，以确定需要的车速。巡航控制系统组成部件包括加速踏板、停车灯开关、车身控制模块、巡航控制开关、发动机控制模块、节气门执行器和车速传感器。

巡航控制被禁用的条件是当存在下述任何情况时，发动机控制模块将禁用巡航控制系统：

1）在本次点火循环中，发动机控制模块未检测到车身控制模块激活制动踏板。

图 6-34 蓄电池检测

2）巡航控制系统故障码已设置。

3）车速低于 38.6km/h。

4）车速过高。

5）车辆挂驻车档、倒档、空档或 1 档。

6）发动机转速过低。

7）发动机转速过高。

8）系统电压不在 9～16V 之间。

9）防抱死制动系统（ABS）/牵引力控制系统（TCS）激活 0.5s 以上。

维修人员测量了通过蓄电池 B+ 与接地点的电压都正常，发动机舱内熔丝盒与蓄电池上面小熔丝做了对换试验，故障现象仍存在。查阅电路图如图 6-35 所示。测量车身控制模块、发电机、熔丝与接地点的电压，为 12.4V，正常。测量 G104 接地点，万用表电压数值显示不稳定，测得电压为 9.98V，如图 6-36 所示。根据这个现象，基本认为 G104 接地点接触不良,可维修人员打磨过此接线及桩头,故障现象仍未排除。

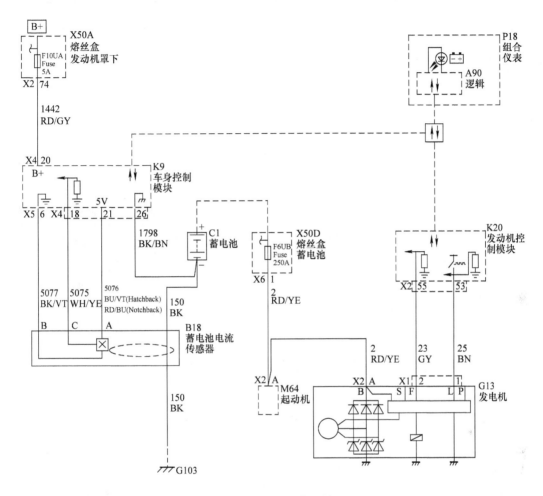

图 6-35 G103 控制电路

故障排除 为什么 G104 搭铁点经过修理后故障仍未排除呢?再一次用电阻档测量 G103 与 G104(图 6-37)导通性时,发现 G103 测量阻值偏大且数值波动。肯定有问题,那就拆 G103 看看究竟。拧去螺母后,G103 明显存在接触不良现象,痕迹比较明显。打磨后复位测量,测得电压为 13.4V。路试时,巡航工作正常,故障排除。

技巧点拨 本次巡航系统无法使用的案例在检测数据中,由于没有确切的故障码,系统内部只有历史性系统电压低的故障现象,极易被误导,因为一般在车辆缺电的情况下都会生成此故障码。

实际维修中维修人员通过诊断仪与相应电压的数值,确认此车辆电压不稳定,最后确诊出线路的接地点不良。历史故障的特征往往不能忽视,它有助于我们制订维修方案,对排除故障起到很重要的作用。

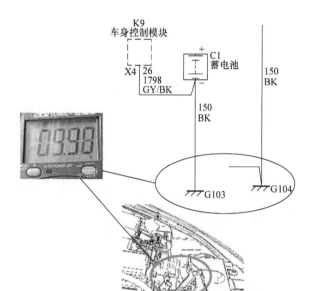

图 6-36　G104 搭铁点测量

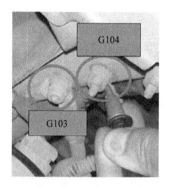

图 6-37　G103 和 G104 位置

第四节　电控悬架系统维修技能与技巧点拨

一、2007 年奔驰 S500 车右前悬架太低、无法升高

故障现象　一辆 2007 年奔驰 S500 车，VIN：WDDNG86X07A159×××，行驶里程：16.5 万 km。驾驶人反映，该车右前悬架太低，无法升高，以致车辆无法正常行驶。

故障诊断　接车后试车，发现该车采用 AIRmatic 空气悬架，右前悬架无法升高。根据该车使用年限及里程数初步判断右前减振器橡胶老化、内部磨损，导致气囊漏气。将车辆举升起来进行检查，发现右前减振器保护套破损。更换右前减振器后起动发动机，右前悬架可以升高了，但路试发现 AIRmatic 空气悬架故障灯点亮。用故障检测仪检测，在 AIRmatic 空气悬架控制单元中读得故障码——5110 检查部件 Y36/6b1（AIRmatic 空气悬架系统压力传感器）；读取中央蓄压器内的压力数据，为 34.9bar（1bar=100kPa），异常，正常情况下该压力应为 13~16bar。

由图 6-38 可知，AIRmatic 空气悬架系统压力传感器（b1）集成在分配阀单元（Y36/6）上，且压力信号直接传输给 AIRmatic 空气悬架控制单元（N51）。诊断至此，推断可能的故障原因有：AIRmatic 空气悬架系统压力传感器损坏；AIRmatic 空气悬架控制单元损坏；相关线路故障。

接通点火开关，在未脱开分配阀单元导线插接器的情况下，用万用表测量分配阀单元导线插接器端子 10（AIRmatic 空气悬架系统压力传感器供电端子）与端子 7（AIRmatic 空气悬架系统压力传感器搭铁端子）间电压，为 5V，正常；测量导线插接器端子 9（AIRmatic 空气悬架系统压力传感器输出信号端子）与端子 7 的电压，也为 5V，异常。脱开分配阀单

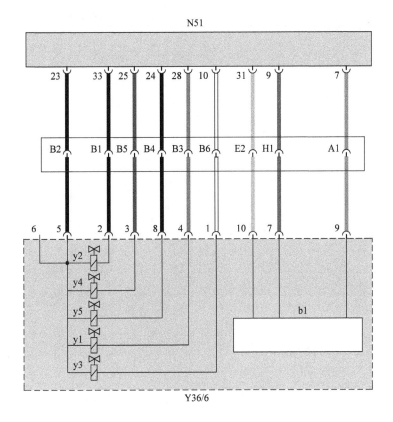

图 6-38 AIRmatic 空气悬架系统压力传感器电路

N51—AIRmatic 空气悬架控制单元　Y36/6—分配阀单元　b1—AIRmatic 空气悬架系统压力传感器
y1—左前水平高度控制阀　y2—右前水平高度控制阀　y3—左后水平高度控制阀　y4—右后水平高度控制阀
y5—中央蓄压器控制阀

元导线插接器及 AIRmatic 空气悬架控制单元导线插接器，测量 AIRmatic 空气悬架系统压力传感器供电线与信号线之间的导通性，不存在短路故障，且供电线、信号线及搭铁线各自的导通性均正常。由此推断 AIRmatic 空气悬架系统压力传感器损坏，而 AIRmatic 空气悬架系统压力传感器集成在分配阀单元上，只能更换分配阀单元。

故障排除　更换分配阀单元后试车，AIRmatic 空气悬架故障灯熄灭，且各悬架高度能正常调节，故障排除。

> **技巧点拨**　对于电控悬架的相关故障，要从根本上进行分析，找出问题所在，有针对性地更换相关系统部件。

二、2011 年奔驰 S350 车仪表提示"车身升降故障"

故障现象　一辆 2011 年奔驰 S350 车，底盘号：WDD221156，装配 M272 发动机，配置空气悬架，行驶里程：9.6 万 km，仪表板上提示"车身升降故障"。

故障诊断　接车后试车验证故障，发动机顺利起动，仪表板上立即出现"车身升降故障"的报警提示信息。除此报警信息外，仪表板上的其他显示信息均正常。观察车身高度，发现车身高度较低，已经影响到了车辆的正常转向功能。查看该车的维修记录，发现车辆曾因事故维修过前悬架。

连接故障检测仪对车辆进行快速测试，读取到的相关故障码含义为：左后水平高度控制阀（Y36/6y3）对正极短路或断路。故障码状态显示为当前故障码。进一步测试发现空气压缩机的气动测试正常，但无法通过故障检测仪对车身高度进行调节。

根据上述检查结果，结合故障码进行分析，判断故障原因可能有：Y36/6y3故障、空气悬架控制单元（N51）故障、相关线路故障等。

查阅相关资料得知，Y36/6y3和其他3个减振器的控制阀及系统压力传感器都集成在水平高度控制阀单元（Y36/6）内，而且每个控制阀都直接由N51控制其打开和关闭的。于是首先检查Y36/6的外观，未见异常。根据电路图（图6-39），测量Y36/6的导线插接器端子1与搭铁之间的电压，为0V，标准电压应为5.0V左右，说明Y36/6y3的供电电压缺失。顺着线路检查，测量Y36/6y3与N51之间导线（Y36/6的导线插接器端子1与N51导线插接器端子35）的电阻，结果为∞，异常（正常应小于1.0Ω），说明导线存在断路。分段检查这段导线（导线经过转接插接器X222），发现导线插接器X222与Y36/6的导线插接器之间的线路存在断路。

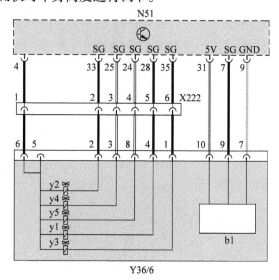

图6-39 水平高度控制阀单元相关电路

N51—空气悬架控制单元　Y36/6—水平高度控制阀单元
Y36/6b1—空气悬架系统压力传感器　Y36/6y1—左前水平高度控制阀
Y36/6y2—右前水平高度控制阀　Y36/6y3—左后水平高度控制阀
Y36/6y4—右后水平高度控制阀　Y36/6y5—中央储气罐进气阀

检查X222与Y36/6y3之间导线的外观，缠有胶带，并未见异常；剥开胶带检查，发现在靠近Y36/6导线插接器处的导线断了，断面有腐蚀现象。

故障排除　对破损的线路进行处理后试车，故障排除。

技巧点拨　怀疑该导线在之前事故时破损，只是当时还未完全断裂，随着时间推移，导线切口处氧化，最终彻底断裂。

第五节　电控动力转向系统维修技能与技巧点拨

一、2009年宝马730Li转向无助力、故障灯点亮

故障现象　一辆2009年宝马730Li，车型：F02，搭载N54发动机，行驶里程：17万km。驾驶人反映，该车转向无助力，故障灯点亮。

故障诊断 维修人员初步检查发现，该车行驶稳定控制系统 DSC 报警。快速检测，发现有 DSC 无通信的故障提示。测量 DSC 控制单元的电源电压，发现为 0V。

检查电源熔丝，发现 F2 熔断。测量熔丝的输出端，未发现对搭铁短路的现象，但是既然熔丝已经熔断，说明问题肯定存在。更换熔丝后反复试车，故障始终不能重现，只好让驾驶人把车先开走。

几天后，驾驶人反映故障出现了，而且还提供了一个重要线索，就是车上乘客多时故障就会出现。维修人员接车后立即检查，果然发现熔丝再次熔断。更换熔丝后，满员时反复在颠簸路段试车，并不时采取紧急制动，但是故障还是无法重现。

试车回来后，对照电路图检查，发现熔丝 F2 除了给 DSC 供电外，还有一个分路，在电路图中只是一个箭头而已（图 6-40）。扩大电路图的查找范围，发现此处的电源是送给 4 个门外拉手的。联想到驾驶人提到乘客多时故障容易出现，推测问题应该与多个车门被打开有关。

将车门逐个打开，当开到左后车门时，熔丝熔断。将左后门外拉手保持在拉开位置，测量熔丝的输出端，发现其对搭铁短路，拉手松开后短路立刻消失，原来问题出在这里。

故障排除 更换左后车门外拉手，故障排除。

技巧点拨 对于熔丝熔断的现象，一定要找到熔丝熔断的根源，否则这种现象会持续出现。

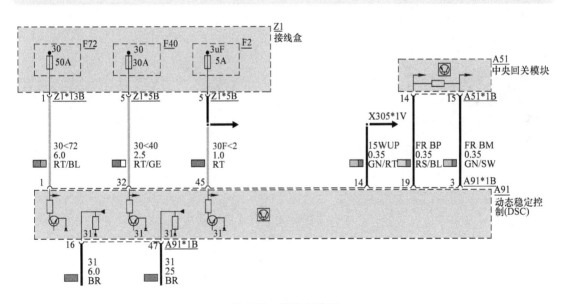

图 6-40 相关电路图

二、2012 款奥迪 A4L 车助力转向系统故障

故障现象 一辆 2012 款奥迪 A4L 车，转向沉重，组合仪表提示助力转向系统有故障，且红色助力转向系统报警灯点亮。

故障诊断 用故障检测仪 VAS5054 检测，在 44—助力转向系统中读得故障码："C10F129——转向力矩传感器 2 不可信信号 主动/静态"，尝试清除故障码，发现故障码无法清除。推断可能的故障原因有：转向力矩传感器及其线路故障；助力转向控制单元损坏。

拆检转向力矩传感器（图6-41），其线路无异常；拆解转向力矩传感器，经测量得知其电路板上各端子的含义如图6-42所示，中间红色曲线将线路板分成2个部分，左侧为转向力矩传感器1电路，右侧为转向力矩传感器2电路。进一步测量得知，转向力矩传感器2的5V供电线路断路，怀疑断路位置在电路板背面。

拆下转向力矩传感器电路板的固定螺栓，用电热风焊枪吹焊电路板，取出电路板（拆焊时一定要小心，否则会损坏转向力矩传感器霍尔元件的端子），发现电路板背面进水腐蚀，且转向力矩传感器2的5V供电电路腐蚀断路（图6-43）。为什么转向力矩传感器会进水呢？检查发现转向力矩传感器密封盖上有裂缝，推断车辆涉水较深时，水由此处渗入。

故障排除 焊接转向力矩传感器2的5V供电电路，并在转向力矩传感器密封盖上涂抹密封胶后试车，转向助力恢复正常，且助力转向系统报警灯熄灭，故障排除。

技巧点拨 转向力矩传感器与助力转向电动机、助力转向控制单元及转向柱等集成为一体，无单独配件供应，若要更换转向器总成需要几万元，与驾驶人协商后决定对转向力矩传感器进行修复。

图6-41 转向力矩传感器

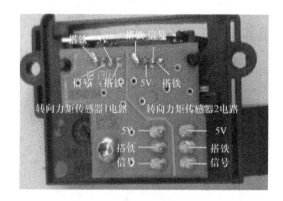

图6-42 转向力矩传感器电路板

图6-43 转向力矩传感器2的5V供电电路腐蚀断路

第七章

新能源汽车维修技能与技巧点拨

第一节 纯电动汽车维修技能与技巧

一、2017年吉利帝豪EV300无法充电

故障现象 一辆2017年吉利帝豪EV300，配备95kW的永磁同步电机和41kW·h的水冷三元锂电池组，行驶里程：2万km。驾驶人反映，该车无法用便携式充电盒进行交流慢充充电。

故障诊断 该车配备了直流快充充电口和220V交流慢充充电口，并随车配备了便携式充电盒。维修人员试车发现，该车连接慢充充电枪后，充电插座上的红色充电指示灯常亮（图7-1），这表示存在充电故障。同时，组合仪表中的充电连接灯点亮，但充电指示灯并未点亮（图7-2），这表示充电枪已经连接好但充电系统并未充电。

图7-1 充电插座的红灯指示灯常亮

图7-2 故障车仪表显示

由于充电插座上的红色充电指示灯常亮，表明充电系统自检没有通过，这种情况下自诊断系统会记录相关故障码。维修人员使用专用诊断仪读取该车故障码，发现未连接充电枪时

故障码为“P10031B—OBC 充电过程中充电枪插座温度过高，当前”；当充电枪连接后，除 P10031B 故障码外，还新增了故障码“P10031E ——充电枪插座温度无效，当前”（图 7-3）。

帝豪>>帝豪EV300 >> 充电控制器（OBC） >> 读故障码

P10031B	OBC充电过程中充电枪插座温度过高	当前的
P10031E	充电枪插座温度无效	当前的

图 7-3　诊断仪读取到的故障码

由于故障码将故障指向了充电插座温度传感器，结合电路图进行检查（图 7-4）。从电

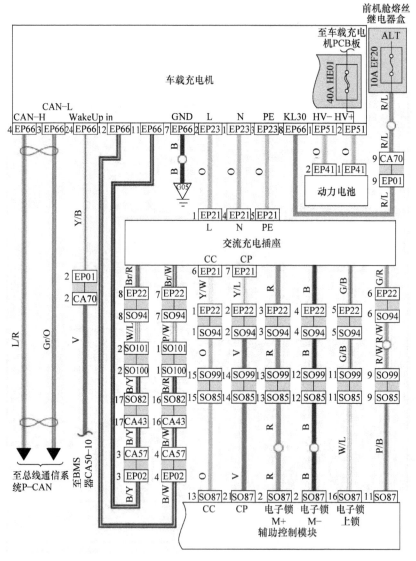

图 7-4　交流充电系统电路图

路图中可知,车载充电机上的 EP66 插接器的 11 号和 12 号端子与交流充电插座相连,正是充电插座温度传感器的信号线。维修人员将车载充电机上的 EP66 插接器断开,测量其 11 号与 12 号端子之间的电阻值,结果显示为 0.5Ω,而这实际上应该只是 2 条导线的内阻(图 7-5)。进一步拆下左后车轮罩,再断开交流充电插座的 EP22 插接器,测量其 7 号与 8 号端子之间的电阻,也就是温度传感器自身的电阻值,测量结果显示为 0Ω(图 7-6)。

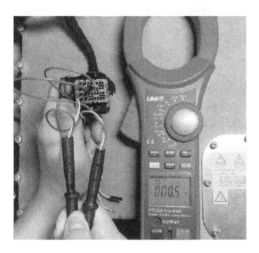 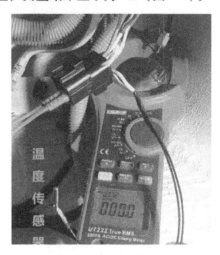

图 7-5　EP66 端测量结果　　　　　　　　图 7-6　EP22 端测量插结果

由测量结果分析,该车无法充电的故障正是由于温度传感器内部短路所引起。因为该温度传感器的核心元件是一个负温度系数电阻,其电阻值随着温度的上升而降低。当车载充电机检测到充电插座温度传感器的电阻为 0Ω 时,会误认为插座温度过高,进而出于热保护的原因而禁止通过交流充电插座进行充电,同时记录相应故障码并点亮红色的充电故障警告灯。

故障排除　更换交流充电插座(图 7-7),清除故障码后重新用便携式充电盒为车辆充电,连接充电枪后,充电插座上的绿色充电指示灯闪烁(图 7-8),代表充电系统正在充电,同时组合仪表上的充电连接灯和充电指示灯均点亮(图 7-9),交流充电系统运行正常,故障排除。

图 7-7　交流充电插座　　　　　　　　图 7-8　绿色充电指示灯闪烁

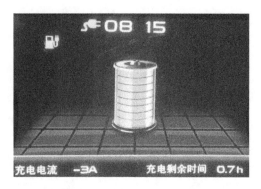

图 7-9 正常充电时的仪表显示

技巧点拨 根据该车型相关资料，车载充电机负责将交流充电桩或便携式充电盒输入的交流电转换为直流电，对电池组进行充电，同时对充电插座的充电温度进行监测，避免因温度过高而引起充电插座烧结。

二、2017 款比亚迪 E5 无法充电

故障现象 一辆 2017 款比亚迪 E5，断开电源开关（处于 OFF 档），打开前舱并连接便携式 220V 交流充电枪，组合仪表动力电池充电连接指示灯点亮，显示充电连接中，但无充电连接成功显示，交流充电无法完成，车辆无其他故障。

故障诊断 接车后首先验证故障现象，车辆可以正常起动完成高压上电，仪表 OK 灯点亮，并未见其他故障灯点亮。根据故障现象可以初步排除动力电池故障（电池处于可充电状态，SOC 为 46%）、高压互锁线路故障、高压系统漏电故障等。然后连接道通 MS908 解码器，扫描控制单元，无故障码；读取车载充电机模块相关数据流，也未见异常，这说明控制单元工作正常。分析认为故障应该出在交流充电系统上。

查询相关技术资料，比亚迪 E5 纯电动汽车充电系统工作原理如图 7-10 所示。

根据工作原理分析，当高压总成内充电枪触发单元通过与充电枪连接端子 CC 与端子 PE 检测到充电连接装置内的电阻 RC 后（确定充电连接装置额定容量），拉低充电连接信号，BMS 模块控制车辆低压供电线路 IG3 继电器吸合给相关部件提供电源，当 BMS 得电后执行充电程序并拉低仪表充电指示灯信号，仪表充电连接指示灯点亮。因此，测量充电枪端子 CC 与端子 PE 之间的电阻，为 681Ω，正常，因为仪表充电连接指示灯可正常点亮，据此分析端子 CC 与端子 PE 的连接信号正常。由于比亚迪 E5 纯电动汽车带有预约充电功能，预约充电服务器集成在仪表控制单元内，在充电连接过程中，车载充电机需要通过 CAN 总线接收到仪表控制单元发来的确认充电报文信息，在确认当前无预约充电设置后，才能执行实时充电动作，充电成功后组合仪表才会显示正在充电中的信息。分析认为，如果预约充电功能误触发也有可能对充电造成影响。对仪表控制单元进行恢复默认设置操作，并查看预约充电功能状态，为关闭状态，然后对车辆进行重新充电，故障现象依旧。

根据充电系统工作原理分析，认为故障很可能为交流充电控制导引电路存在连接线路故障、供电控制装置故障或车辆充电控制装置故障。查阅 GB/T 18487.1—2015《电动汽车传

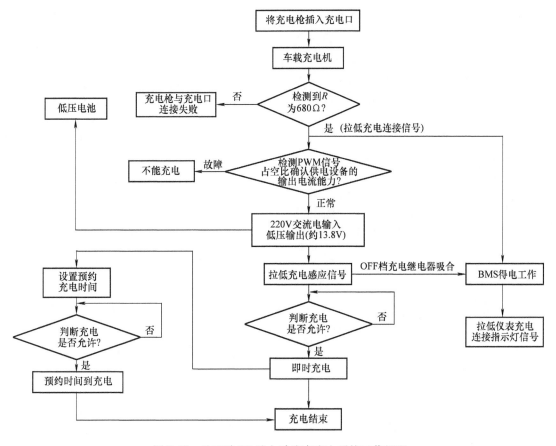

图 7-10 比亚迪 E5 纯电动汽车充电系统工作原理

导充电系统》，该标准中给出的交流充电控制导引电路原理如图 7-11 所示，其工作原理为：当充电接口已完全连接，则开关从 +12V 连接状态切换至 PWM（脉冲宽度调制）信号，供电控制装置通过测量检测点 1 的电压变化来判断充电连接装置是否完全连接，车辆控制装置通过测量检测点 2 位置的 PWM 信号来判断供电设备的供电能力，确认充电连接装置已完全连接。

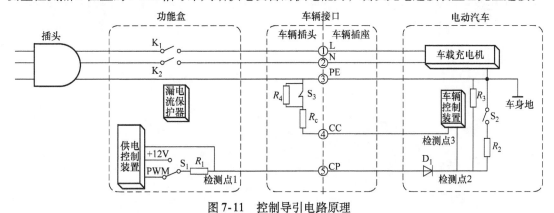

图 7-11 控制导引电路原理

用万用表测量充电枪端子 PE 与端子 CP 之间的电压为 12V，端子 L 与端子 N 之间的电压为 0V，初步判断供电设备正常；查阅维修手册，找到交流充电电路（图 7-12），用万用表测量交流充电口线束端导线插接器 B53（B）端子 1 与高压电控总成导线插接器 B28（A）端子 47 之间的导通情况，发现 CP 连接线束断路；在前舱位置找到导线插接器 BJB01（A），发现端子 12 退缩，从而导致 CP 信号在充电连接过程中断，出现无法充电的故障。

故障排除 处理导线插接器 BJB01（A）端子 12，测量导线插接器 B53（B）端子 1 与 B28（A）端子 47 之间的电阻，为 0.2Ω，正常。再次对车辆进行充电，仪表显示正在充电的信息，有充电功率和预计充电时间显示，充电正常，故障排除。

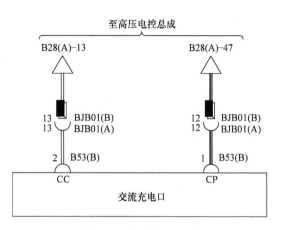

图 7-12 交流充电电路

技巧点拨 车辆连接充电枪后仪表充电连接指示灯点亮，但并未听见前舱高压总成内部车载充电机散热风扇运行的声音（正常工作时应伴有车载充电机散热风扇声），仪表屏幕一直显示充电连接中，未显示充电成功信息，这表明车辆并没有进行充电。

三、江淮同悦 IEV 无法充电

故障现象 一辆江淮同悦 IEV 第 3 代车，行驶里程：25000km，驾驶人通过电话求援车辆无法充电。

故障诊断 该驾驶人安装了简易充电桩，采用 220V 供电为 IEV 充电。现场取出随车配置的普通型充电线缆，将电源插头插入简易充电桩插座内，再打开车辆充电插头的防护盖，将充电插头插入车辆充电口，充电线缆连接完成后，观察车辆仪表板上的指示灯，充电线连接指示灯和电池组充电灯均未亮起，表明车辆未进入充电状态。

仔细检查驾驶人自备的简易充电桩，检测到充电桩标准插座的上端两个信号端子（图 7-13）之间电压为直流 12V；进一步检测有无交流 220V 电压，此车自备的充电桩插座无 220V 指示，判断充电桩功能失效。

图 7-13 简易充电桩功能性检查

故障排除 打开简易充电桩后盖，检查发现内部继电器已经烧毁，更换新的继电器后（图7-14），充电功能恢复正常。

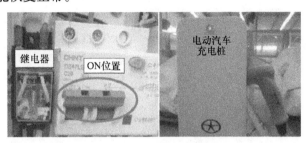

图7-14 充电桩继电器更换与检查

电动车充电桩安装及故障检查方法因为涉及强电检查操作，不具备电工知识的驾驶人禁示操作。接通充电桩外部总电源后，此时如果用电动车充电线缆插头插入充电桩，充电桩上的指示灯亮，就表明充电桩功能正常，可以使用；如果充电桩上的指示灯不亮，则需要检查充电桩内部继电器或保护开关是否失效。交流充电桩控制原理如图7-15所示。

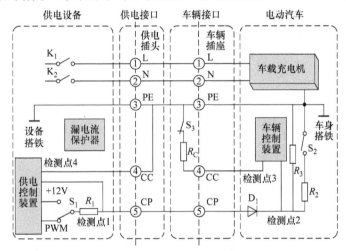

图7-15 交流充电桩控制原理图

技巧点拨 如果标准插头的信号端子没有12V，则先断开简易充电桩外部总电源，打开简易充电桩后盒盖，检查漏电保护开关是否在ON位置，或检查充电桩继电器是否损坏，来判断充电桩的供电接口与供电设备是否存在故障。

四、2018款威马EX5转向助力异常

故障现象 一辆2018款威马EX5，行驶里程：770km，因车辆后部发生事故碰撞进行维修，事故修复后发现车辆无转向助力，且组合仪表上的ESC灯、牵引力控制灯及陡坡缓降指示灯异常点亮（图7-16）。按下电源开关，发现车辆电源无法切断。尝试多次按压电源开关，车辆电源才能勉强切断。

故障诊断 用故障检测仪进行快速检测，在自动泊车模块（APA）内存储有故障码

U012887——与电子驻车控制器失去通信/当前码；U013187——与电子转向助力控制器失去通信/当前码；U012287——与电子稳定控制器失去通信/当前码；U015187——与安全气囊控制器失去通信/当前码（图7-17），同时从诊断网络拓扑（图7-18）可以看到整个底盘高速网络上只有网关模块（CGW）与APA能够通信，其他模块均处于灰色不通信状态。

图7-16　故障车的组合仪表

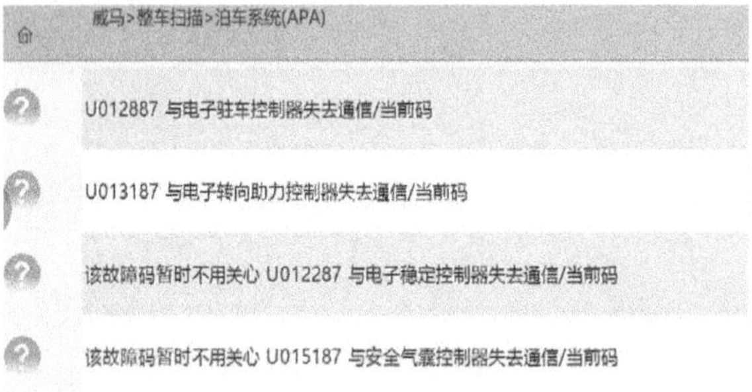

图7-17　读得的故障码

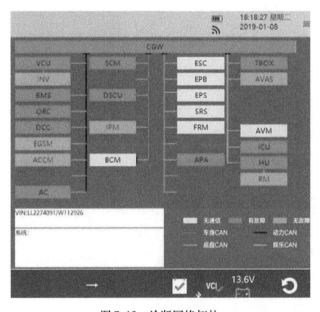

图7-18　诊断网络拓扑

查阅底盘高速网络电路（图7-19），得知底盘高速网络上的2个终端电阻分别位于CGW与安全气囊模块（ACU）内部。断开车身稳定模块（ESC）导线插接器ER21，测量ESC导线插接器ER21端子26与端子14之间的电阻，约为121.3Ω，异常，由此判定底盘高速网络存在断路故障。为了尽快能够找到底盘高速网络上断路的故障部位，接着断开底盘高速网络上ACU（底盘高速网络上其中一个带终端电阻的模块）导线插接器IP60，测量ESC导线插接器ER21端子26与端子14之间的电阻，为∞，异常，由此说明断路的部位位于CGW与ESC之间的CAN总线上。继续断开电子驻车制动模块（EPB）导线插接器BD99，测量EPB导线插接器BD99端子16与端子17之间的电阻，为∞，说明断路的部位位于CGW与EPB之间的CAN总线上。断开CGW导线插接器BD48，测量CGW与EPB之间CAN-L线（EPB导线插接器BD99端子17与CGW导线插接器BD48端子12之间的线路）的导通情况，导通正常；测量CGW与EPB之间CAN-H线（EPB导线插接器BD99端子16与CGW导线插接器BD48端子2之间的线路）的导通情况，不导通，由此判定底盘高速网络的断路部位位于CGW与EPB之间的CAN-H线上。

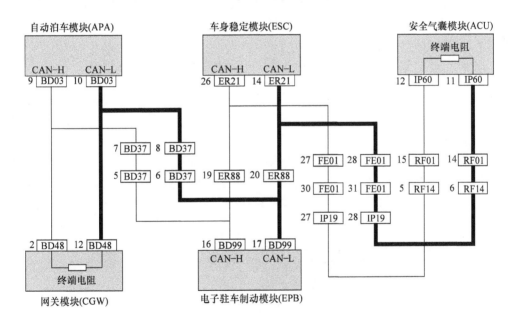

图7-19 底盘高速网络电路

由图7-19可知，CGW与EPB之间的CAN总线上存在1个转接插接器BD37。查阅维修手册，在车辆后部找到转接插接器BD37（图7-20）并脱开，测量转接插接器BD37端子5与EPB导线插接器BD99端子16之间线路的导通情况，导通正常；测量转接插接器BD37端子7与CGW导线插接器BD48端子2之间线路的导通情况，导通正常。仔细检查该转接插接器，发现转接插接器BD37端子5因事故碰撞造成退缩现象，由此判断上述通信故障是由该处接触不良所导致的。

故障排除 修复退缩的转接插接器BD37端子5后试车，上述故障现象不再出现，故障排除。

> **技巧点拨**　汽车插接器虚接的问题在日常维修中出现概率较大，其往往造成的故障现象多种多样，不易排除，对于一些故障点较多、故障现象怪异的情况，应首先考虑电路是否存在虚接的情况。

图 7-20　转接插接器 BD37

五、2018 款云度 π1 pro 乐派型车无法上高压电

故障现象　一辆 2018 款云度 π1 pro 乐派型车，行驶里程：889km。驾驶人反映，车辆刚充完电，行驶约 3km，组合仪表突然提示"整车系统故障"，立即靠路边停车，并关闭电源开关。等待几分钟后，重新按下电源开关，发现车辆无法上高压电。

故障诊断　车辆进厂后，用云度专用故障检测仪进行检测，在整车控制器（VCU）内存有故障码：P0A4500——VCU 附件高压互锁回路接收状态故障；P2A5500——VCU 附件高压互锁回路驱动状态故障（图 7-21）。根据故障码的提示，初步判断故障出在附件高压互锁电路上。

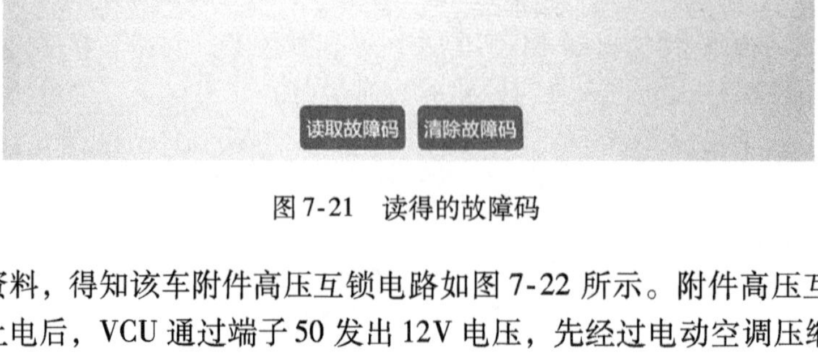

图 7-21　读得的故障码

查阅相关资料，得知该车附件高压互锁电路如图 7-22 所示。附件高压互锁电路的工作原理为：车辆上电后，VCU 通过端子 50 发出 12V 电压，先经过电动空调压缩机端子 3 和端

子 2，再经过车载充电器端子 21 和 22，最后回到 VCU 端子 45，由 VCU 进行检测。

断开 VCU 导线插接器 JC36，用万用表电阻档测量 VCU 导线插接器 JC36 端子 45 与端子 50 之间的导通情况，导通正常；测量 VCU 端子 45 与端子 50 之间的导通情况，导通正常，说明附件高压互锁电路无故障。

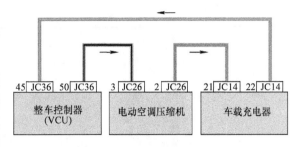

图 7-22　附件高压互锁电路

诊断至此，维修彻底陷入了僵局，决定还是从附件高压互锁回路接收端着手检查。按照上述修理指导意见，断开车载充电器导线插接器 JC14，测量车载充电器导线插接器 JC14 端子 22 与 VCU 导线插接器 JC36 端子 45 之间线路的导通情况，导通正常。仔细检查车载充电器导线插接器 JC14 端子 22 和 VCU 导线插接器 JC36 端子 45，发现车载充电器导线插接器 JC14 端子 22 的孔径扩大（图 7-23），且孔径内侧一周附着有微粒杂质，推测此处接触不良，进而引起上述故障现象。

故障排除　更换车载充电器导线插接器 JC14 端子 22 后试车，故障现象不再出现，故障排除。

> **技巧点拨**　在检测附件高压互锁回路故障时，只需要测量附件高压互锁回路是否导通即可，而对于控制单元的检查，则可通过测量控制单元互锁信号输入端与输出端之间是否导通来判断。

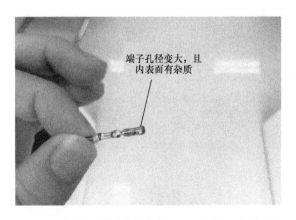

图 7-23　车载充电器导线插接器 JC14 端子 22 的孔径扩大

六、2017 款知豆 D2S 车无法进入 READY 状态

故障现象　一辆 2017 款知豆 D2S 车，驾驶人反映，该车无法进入 READY 状态，请求救援。

故障诊断　接车后试车，踩下制动踏板，发现一键起动开关背景灯呈绿色（图 7-24），说明车辆钥匙匹配正确且制动信号有效；按下一键起动开关，上电至 ON 档，5s 后仪表显示系统故障灯，READY 灯不点亮，车辆无法行驶。

图 7-24　一键起动开关背景灯呈绿色

在空档状态下，如图 7-25 所示，按下一键起动开关（SSB），一键起动控制器（PEPS）接收到 ACC 档起动信号后，通过低频天线寻找车内是否存在智能钥匙（KEY）；在确认智能钥匙有效后，PEPS 通过 CAN 总线向车身控制模块（BCM）发送电子转向盘锁（ESCL）解锁指令，PEPS 与 ESCL 通过 LIN 线认证并反馈 ESCL 状态；ESCL 解锁成功后，PEPS 控制 ACC 继电器吸合，车辆从 OFF 档上电至 ACC 档。上电至 ACC 档后，各控制模块上电自检，并向动力 CAN 总线反馈自检结果（图 7-26），电池管理系统（BMS）检测动力电池和各控制模块有无 4 级故障。若无 4 级故障，BMS 控制 KS 继电器吸合，高压电输出至高压分线盒。

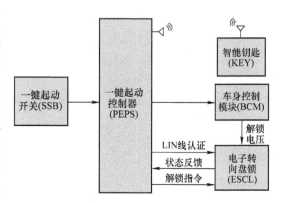

图 7-25　ESCL 解锁

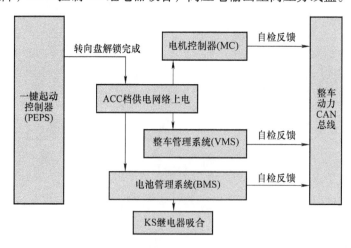

图 7-26　系统自检

如图 7-27 所示，踩下制动踏板，再次按下 SSB 开关，PEPS 接收到 ON 档起动信号，且制动信号有效，PEPS 便通过低频天线寻找车内是否存在智能钥匙；确认智能钥匙有效后，PEPS 控制 ON 继电器吸合；PEPS 与整车管理系统（VMS）通过 CAN 总线进行防盗认证，VMS 与电机控制器（MC）通过动力 CAN 总线进行车型匹配；防盗认证和车型匹配通过后，车载终端（GPRS）通过 CAN 总线发出解锁指令，VMS 通过动力 CAN 总线向 MC 发出允许起动指令。MC 控制 KP 预充继电器吸合，开始高压预充电过程，MC 实时检测直流母线端电压，并与 BMS 检测的动力电池总电压进行比对，当直流母线端电压达到动力电池总电压 90% 时，闭合 KM 继电器（此比对过程在一直持续，只要直流母线端电压低于动力电池总电压 90%，MC 将切断 KM 继电器）。如图 7-28 所示，高压预充电过程完成后，MC 控制 KP 预充继电器断开，高压上电过程完成，VMS 通过信息 CAN 向仪表总成（ICU）发送 READY 点亮指令。

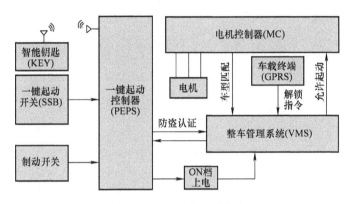

图 7-27 MC 接收起动指令

连接故障检测仪，进入 MC，发现故障码 P401B——预充电故障。读取电机系统当前数据流，结合上述起动流程分析，进一步确定故障范围为高压预充系统。根据实车线束及整车电路图将高压预充系统抽象成系统排故简图（图 7-29），由此推断可能的故障原因有：KP 预充继电器及其控制线路故障；预充电阻断路；MC 硬件故障（无法正常输出 12V——预充继电器控制电压）。

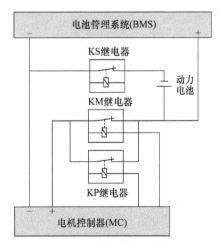

图 7-28 高压上电完成

基于上述分析，本着由简入繁、由表及里、先低压后高压的诊断原则，执行诊断流程，发现 MC 的端子 9（KP 预充继电器控制线）的供电异常。拔下 MC 插接件，发现有锈蚀现象。与驾驶人沟通得知，该车属于泡水车，未更换全车线束。

故障排除 经和驾驶人沟通，更换机舱相关线束后试车，车辆能正常进入 READY 状态，故障排除。

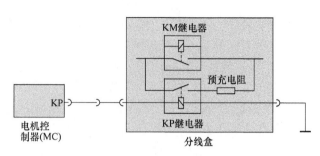

图 7-29 KP 预充继电器控制电路

技巧点拨 不建议简单处理锈蚀端子，因为这样容易再次造成接触不良，存在安全隐患，在高速行车过程中动力突然中断非常危险。

第二节 高端混合动力汽车维修技能与技巧

一、2012 年奔驰 S400 混合动力车发动机无法起动

故障现象 一辆 2012 年奔驰 S400 混合动力车，装配 272.974 发动机及 722.950 变速器，行驶里程：8.58 万 km，发动机无法起动。

故障诊断 混合动力系统发动机无法起动的可能原因有：节气门驱动机构机械损坏；缺少发动机转速信号；在点火顺序中有碰撞信号；蓄电池电量不足；燃油压力过低；发动机基本正时错位；起动机及其线路故障；驾驶认可系统 3（DAS3）不允许起动；保护开关（A100s1）未施加开启电压。

接车后尝试起动发动机，多次起动均没有任何反应；检查低压车载电网电压，约为 11.7V，检查高压车载电网电压，约为 127.7V，这表明高压蓄电池的 SOC 电量充足；用燃油压力表检查燃油压力，燃油压力为 400kPa，正常。连接 STAR – DAS 进行故障诊断，在发动机电子设备（ME）控制单元（N3/10）中读到 2 个故障码，故障码：U011000——与电动机 A 控制单元的通信存在功能故障（当前），U011081——与电动机 A 控制单元的通信存在功能故障，接收到错误的数据（当前）；在 SG – EM 功率电子装置控制单元（N129/1）中存储有故障码：P0A1E00——功率电子装置控制单元（N129/1）部件存在故障（当前）；在 SG – DDW 直流/直流（DC/DC）转换器控制单元（N83/1）中存储有 2 个故障码：P0A0E00——高压车载电网的联锁回路存在偶发性功能故障（已存储），U010000——与发动机电子设备（ME）控制单元的通信存在功能故障（当前）；在 SG – BMS 蓄电池管理系统控制单元（N82/2）中存储有故障码：C11000——与电动机 A 控制单元的通信存在功能故障（当前）。虽然在发动机电子设备（ME）控制单元（N3/10）中没有存储与电子风扇有关的故障码，该车的电子风扇却一直常转，可能是接收到错误的数据所致。根据故障引导检查控制单元的通信，检测结果显示"与控制单元 HSG 的通信是成功的"，说明该车控制单元的通信正常。由以上初步检查结果分析，该车的故障可能会出现在以下几个方面：相关线路故障（首要排除）；功率电子装置控制单元（N129/1）故障；SG – BMS 蓄电池管理系统控制单元（N82/2）故障；发动机电子设备（ME）控制单元（N3/10）故障；混合动力控制器区域网

络（CAN）电位分配器插接器（X30/44）损坏。

查阅混合动力系统相关资料，结合以往对此车的了解及经验，先对各控制单元的供电熔丝、搭铁点及各控制单元高低 CAN 线的电压信号进行测量，均未发现异常；检测混合动力控制器区域网络（CAN）电位分配器插接器 X30/44（图 7-30，位于前部带熔丝和继电器模块的 SAM 模块 N10/1 之后）端子 1 与端子 2 之间的电阻，为 59.5Ω（标准值为 55~65Ω），正常；故障诊断仪引导提示检测控制单元电阻，按照图 7-31 所示的电路进行控制单元电阻的检测，实测 DC/DC 变

图 7-30　混合动力控制器区域网络（CAN）电位分配器插接器 X30/44

换器控制单元（N83/1）的电阻约为 48.5kΩ，蓄电池管理系统控制单元（N82/2）的电阻约为 49kΩ，发动机电子设备（ME）控制单元（N3/10）的电阻为 51kΩ，电动制冷压缩机（A9/5）的电阻为 24kΩ~26kΩ，功率电子装置控制单元（N129/1）的电阻约为 48kΩ，从检测结果数据看，电动制冷压缩机（A9/5）的内部阻值过低，很可能是电动制冷压缩机（A9/5）损坏，但是因为该车空调系统制冷功能正常，单凭该数据并不能确定电动制冷压缩机（A9/5）损坏，只能找到相同型号电动制冷压缩机（A9/5）进行互换进行验证。正好车间有一辆在修的奔驰 S400，于是测量数据进行对比，测量结果与原车一样，说明该原车的电动制冷压缩机（A9/5）正常。

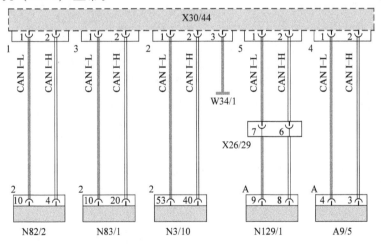

图 7-31　电位分配器插接器（X30/44）与控制单元的电路连接

A9/5—电动制冷压缩机　N3/10—发动机电子设备（ME）控制单元　N82/2—蓄电池管理系统控制单元　N83/1—DC/DC 变换器控制单元　N129/1—功率电子装置控制单元　W34/1—电器装置搭铁点（左侧脚坑）　X26/29—发动机线束/发动机舱导线插接器　X30/44—混合动力控制器区域网络（CAN）电位分配器插接器

考虑到该车 CAN 通信故障和无法起动故障很有可能是同一个故障原因造成的。于是，就先对故障码 P0A0E00 进行引导检测，读取到 DC/DC 变换器控制单元（N83/1）中高压车载电网电压的实际值为 9.2V，电压却为低压安全电压，因此怀疑是蓄电池或蓄电池的连接有问题，于是决定检查部件 A100（高压蓄电池模块）上的导线插接器是否安装到位，拔下 A100（高压蓄电池模块）上的导线插接器观察，未发现异常，重新插回 A100（高压蓄电池模块）导线插接器（注意：不允许导线插接器歪斜，否则导线插接器无法完全插上，可能导致互锁回路断路）后试车，故障依旧。

接着对故障码 P0A1E00 进行引导检测，检查功率电子装置控制单元（N129/1）内的软件（SW）版本，为 12.04.00，无需升级；用故障检测仪检测功率电子装置控制单元（N129/1）中记录的"总电容量的初始值"，为 1037μF，正常，接着评估功率电子装置控制单元（N129/1）中记录的"总电容量的平均值"，为 0μF，小于 800μF，则必须更换功率电子装置控制单元（N129/1）。

从以上分析判断，是由于功率电子装置控制单元（N129/1）出现故障导致整个高压车载电网电压都降至低压安全电压。因此需要更换功率电子装置控制单元（N129/1）后再进行后续故障诊断。更换功率电子装置控制单元（N129/1）后，连接故障检测仪进行在线编程。编程完成后重新读取 DC/DC 变换器控制单元（N83/1）中高压车载电网的电压，为 122V（正常为 48～150V），说明高压车载电网的电压恢复正常。重新读取故障码，所有控制单元内均无故障码存储，电子风扇也不再常转。尝试起动车辆，但发现该车还是无法起动，在起动过程中，起动前仪表板上显示的 SOC 为 57%，但在按下起动按键后仪表板上显示的 SOC 迅速下降至 0%。难道高压蓄电池的电量不足？于是外接充电机进行充电，大约充电 20min 后试车，故障现象还是和之前一样。那么会不会是高压蓄电池损坏呢？如果高压蓄电池损坏那又是什么原因造成的呢？电动机运转会不会受干扰或受阻碍呢？用力矩扳手尝试转动曲轴，却发现曲轴无论是顺时针还是逆时针根本转不动，这说明该车发动机的机械部分存在故障，于是决定解体发动机进行检查。

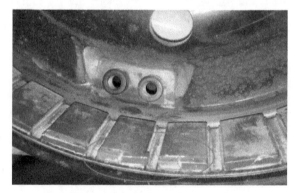

图 7-32 起动发电机的磁铁绝缘块脱落

在解体发动机的过程中，发现起动发电机的磁铁绝缘块脱落（图 7-32）后卡在线圈上，将线圈卡死，从而导致发动机无法运转，由于发动机机械卡死，起动阻力过大，瞬间耗尽高压蓄电池电量，从而导致上述故障的产生。

故障排除 更换起动发电机和功率电子装置控制单元（N129/1）后，连接故障检测仪进行在线编程后，对高压车载电网进行初始化，激活车载高压电系统后试车，发动机顺利起动，故障彻底排除。

> **技巧点拨** 在一些诊断数据拿不准的情况下，采用实车对比数据的方法是一个比较快捷准确的方法，在快速确定故障部位、快速排除故障方面事半功倍。

二、新款奔驰 S400 混合动力纯电动功能不能使用

故障现象　一辆新款奔驰 S400，配置 276.9 自然吸气缸内直喷发动机、722.9 七档变速器，行驶里程：10 万 km。驾驶人投诉车辆行驶过程中，纯电动功能不能使用。

故障诊断　接车后，路试车辆，车辆确实不能使用纯电动功能。仪表没有其他的报警，车辆的其他功能正常，高压蓄电池也能正常充电，制动系统也能进行制动能量回收。

连接诊断仪对电控系统进行快速测试，遗憾的是高压系统的控制单元并没有相关故障码，如图 7-33 所示。

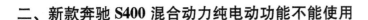

图 7-33　故障检测

新款 S400 的混合动力相对于老款的 221 的 S400 最大的不同点就是应用了最新的 P2 系统，P2 系统的基本特征是电动机位于变矩器与变速器之间。通过这种布置，可以对电动机的转速与发动机的转速分别进行控制，这样就能实现车辆的纯电动行驶，并且当电动机出现问题时，车辆照样能起动，发动机有自己的电动机，而老款的 221 S400 电动机位于发动机和变速器之间，这样就不能实现纯电动行驶，并且在电动机出现问题时。车辆不能正常的起动和行驶，也不能实现纯电动行驶。新款 S400 还有一个特点就是它的 AC/DC 和 DC/DC 整合在了一起，位置也发生了变化，位于发动机舱的右前侧，高压蓄电池位于行李舱处。

对混合动力的大致结构和原理有了了解后，再进行诊断就显得有的放矢了。没有故障码那就看实际值了，按照以往经验诊断混合动力的故障，一般从高压蓄电池的实际值、互锁回路和绝缘电阻入手，在出现故障时的数据流如图 7-34 ~ 图 7-36 所示。

图 7-34　数据流 1

图 7-35 数据流 2

图 7-36 数据流 3

从数据流来看，一切正常，高压互锁回路和绝缘电阻都正常，高压蓄电池里面的单体电池也正常，看来这个故障相当隐蔽。查阅相关的技术文件，没有直接的指引，对蓄电池管理系统控制单元和 AC/DC 控制单元进行了升级，对发动机和传动系统控制单元也进行了升级，故障依旧。

如图 7-37 所示，分析混合动力是准备好了的，但是纯电功能用不了。奔驰的技术资料中并没有专门讲纯电动行驶需要什么具体的条件，只是说高压蓄电池的充电量和选择的操作模式决定是否以纯电动方式行驶。在 S 模式时纯电功能是不能使用的，并没有具体说明高压蓄电池要有一个什么具体的充电量。没有故障码，高压系统实际值正常，看来这个问题不易解决。

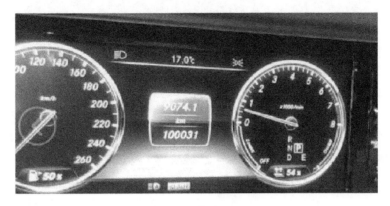

图 7-37　仪表显示

再进一步整理诊断思路，在试车过程中，还发现一个问题，此车的 ECO 功能不能使用。转念一想，它们之间会不会有什么内在的联系呢？诊断思路又转移到 ECO 功能不能使用上来。

ECO 功能不能使用往往也是没有故障码的，只有看相关实际值，前 SAM 是整车低压电网的控制单元，里面有相关 ECO 的实际值，相关实际值如图 7-38所示。

故障排除　通过上面的实际值可以看出，发动机不能使用 ECO 功能的一个条件就是车载电网已经激活，这样导致了 ECO 功能不能使用，这说明车载电网有问题。按照以往的诊断经验分析，车载电网有问题一般指向低压蓄电池，用奔驰专用蓄电池测试仪，测试低压蓄电池提示更换，果断更换低压蓄电池。低压蓄电池和高压蓄电池实际位置如图 7-39 所示。

ECO起动/停止功能

实际值

编号	姓名	实际值
869	部件'F33k2 （ECO 启动/停止功能附加蓄电池继电器）'状态	接通
142	部件'F33k1 （退耦继电器）'状态	关闭
344	输入信号的状态'S62/42 （右侧发动机罩接触开关）'	发动机罩已关闭
238	部件'通过ECO启动/停止功能请求发动机起动'状态	关闭
295	发动机停止预防 ： 诊断	未激活
426	发动机停止预防 ： 车载电网	未激活
206	发动机停止预防 ： 蓄电池	已激活
305	发动机停止预防 ： 环境条件	未激活
598	发动机停止预防 ： 局域互联网（LIN）故障	未激活

信息

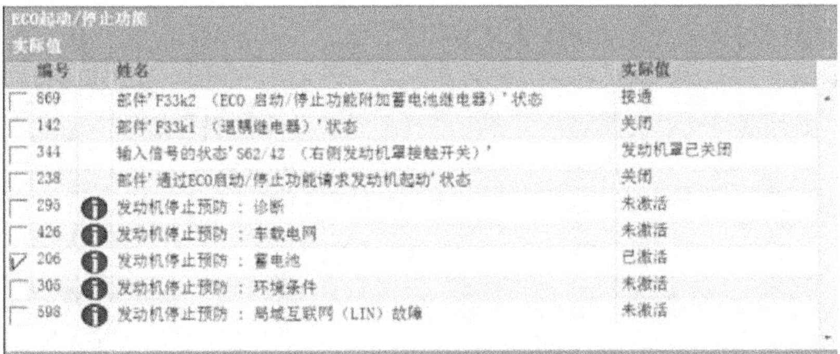

图 7-38　ECO 起动/停止功能实际值

左边是低压蓄电池，右边是高压蓄电池。更换低压蓄电池后，车辆的 ECO 功能可以使用了，并且车辆的纯电动功能也可以使用了。

看来它们二者之间是有必然联系的，整理二者的共同点，纯电动功能就是发动机不运转，只是靠电动机运行，而 ECO 功能有个特点就是，发动机也要停止运转，ECO 才能使用。

图 7-39 蓄电池位置

技巧点拨 遇到一个隐蔽的故障时，诊断思路一定要发散，一个故障点往往连带了很多的故障现象，而多个故障现象之间是有必然联系的。

三、2013 款奥迪 A8 混合动力高压蓄电池故障

故障现象 一辆 2013 款 A8 混合动力汽车，发动机型号：CHJA，2.0TFSi，功率：180kW，行驶里程：36430km。该车为事故车，前后被撞，尤其后部损坏严重。

故障诊断 连接大众诊断仪 VAS6160，读取故障码为：P0A1B00——电力电子装置控制单元，电驱动装置，主动/静态；P0A1F00——蓄电池能量管理控制单元，主动/静态；P0AB900——混合动力组件系统故障，被动/偶发；P160900——碰撞切断已触发，主动/静态。

诊断仪"引导型故障查询"中有一个用于判断高压蓄电池的检测程序。该检测程序根据外观和热标准评判高压蓄电池状态是否达到临界值。

外观：①检查是否有燃烧痕迹；②检查是否变形/形损；③检查是否潮湿/有无水分。

热标准：①高电压蓄电池受热；②蓄电池壳体变色；③塑料变形。

根据蓄电池评判该高压蓄电池状态是否已达到临界值危险，从外观看没有发现什么问题，从热态看也正常。从以上故障码可以看出，发动机、变速器、蓄电池管理系统都报了故障。

按照 ELSA 高压电安全要求规定及 VAS6160 引导性功能一步一步开始检测维修。开始在高压系统上作业前必须切断高压系统的电压，只能通过引导型故障查询切断高压，然后将高压蓄电池从车上拆下（图 7-40），以便于钣金维修。

拆卸高压蓄电池必须做到以下 4 点：

1）在修理汽车时，要选择好临时存放高压蓄电池的地方。

2）高压蓄电池不允许临时存放在露天和直接的工作范围内。

3）必须保护高压蓄电池免受机械作用和热作用，应避免潮湿。

4）未经批准的维修车间技师或驾驶人及保险公司理赔员不允许靠近临时存放高压蓄电池的地方。

图 7-40　高压电池位置

经过一段时期修复，为了节约成本，原车高压蓄电池外部没有损坏，决定启用，可装复以后始终无法起动。

诊断报告如下：蓄电池调节单元 J840 报有故障码 P160900——碰撞切断已触发，故障类型为主动/静态。

根据故障码提示，尽管高压蓄电池内部存有电量，但是由于其内部高压触点已被切断，电能无法输出。高压蓄电池 A38 由两个串联的电池组组成，如图 7-41 所示。这两个电池组通过保养插头 TW 彼此相连。每个电池组由两个电池模块组成，每个电池模块由 18 个锂离子电池格组成，额定电压是 66.5V。一个电流传感器用于在蓄电池充电和放电时侦测电流，工作情况由蓄电池调节控制单元 J840 来监控。

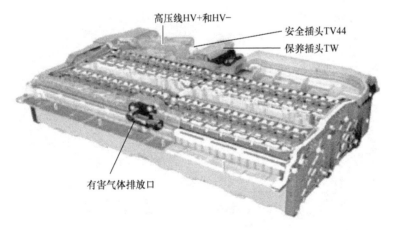

图 7-41　高压蓄电池电池组

蓄电池调节控制单元 J840 是集成在混合动力蓄电池单元 AX1 内的一个组件，在壳体内的左侧。蓄电池调节控制单元 J840 负责的工作有：①评估和确定蓄电池电压；②评估和确定各个单格的电压；③识别高压蓄电池的温度；④借助于蓄电池冷却模块来调节高压蓄电池的温度。该控制单元通过与混合动力 CAN 总线和驱动 CAN 总线以及 12V 车载供电网相连，就能与其他控制单元和部件进行通信了。

在混合动力蓄电池单元 AX1 内部，共有 3 个高压触点，它们也叫作"接触器"，如图 7-42 所示。每个接触器类似一个继电器，只是通过电流的能力更大（电功率更大）。如果这些高压触点接合，那么高压蓄电池就与其他高压部件连接上了，就会有电流流过。一个是正极高压触点，一个是负极高压触点，还有一个正极触点且在其中集成有一个 10Ω 的电阻，该高压触点被称为预加载触点。

一旦 15 号线接通，蓄电池调节控制单元 J840 会先接通负极高压触点和预加载触点。一个很小的电流会流过该电阻，该电流会给电驱动装置的功率和控制电子系统 JX1 内的中间电路电容器 1-C25 充电。只有当这个中间电路电容器 1 充好了电，控制单元 J840 才会让正极高压触点接通。在下述情况下，高压触点由蓄电池调节控制单元 J840 来给断开：①15 号线已断开；②安全线已切断；③安全气囊控制单元 J234 识别出碰撞信号；④给蓄电池调节控制单元 J840 供电的 12V 蓄电池电网断开了。该 A8 混合动力汽车前部/尾部被撞，车身安全气囊引爆，在混合动力蓄电池调节单元 J840 经过驱动 CAN 总线碰撞信息传递，操控其高压触点切断，以期保证乘员生命安全。

故障排除 更换高压蓄电池（日本三洋牌），故障码变为偶发，清除故障码。恢复高电压系统只能通过引导型故障查询重新投入运行，上路试车，经过较长距离及各种工况试车，一切正常。

> **技巧点拨** 高压蓄电池外部经过目视没有问题，但该车经过碰撞，其内部高压触点已经切断。由于刚开始对混合动力车修理，还没有经验，所以对故障码的解读还没有真正理解，认识程度不够。

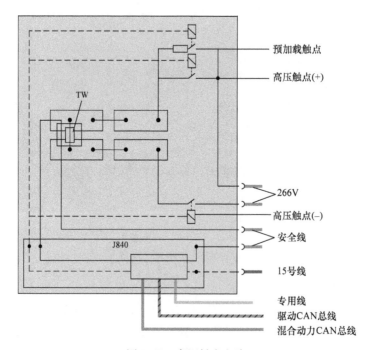

图 7-42 高压触点电路

四、2014 款奥迪 A8 混合动力车无法起动

故障现象 一辆 2014 款奥迪 A8 混合动力车，搭载 CHJA 发动机，行驶里程：8.5 万 km。车主打来电话反映，车辆行驶过程中，组合仪表上的混合动力系统故障灯突然点亮，于是靠路边停车，并将车辆熄火，再次按下起动按钮，发现车辆无法进入 Hybrid Ready（混合动力已准备完毕）模式。

故障诊断 接到车主的求救电话，维修人员迅速赶到现场。按下起动按钮，组合仪表无显示，怀疑是低压蓄电池亏电，对车辆进行帮电操作，发现车辆能够进入 Hybrid Ready 模式，但行驶一段距离后故障现象再次出现，于是建议车主将车辆拖至维修厂检修。由于车辆到厂时间较晚，将车辆临时放置了一晚。第二天早上，维修人员试着按下起动按钮，车辆又能够进入 Hybrid Ready 模式，但组合仪表始终显示高压蓄电池不充电（图 7-43）。连接故障检测

图 7-43 组合仪表显示高压蓄电池不充电

仪（VAS6150B）读取故障码，在电驱动控制单元（J841）内存储有故障码"POCEB00 低温循环冷却液泵对搭铁短路"，在发动机控制单元（J623）内存储有故障码"P0A9400 DC/DC 变换器丢失电源"。根据故障码"P0A9400"进行引导型故障查询，要求检查低温循环冷却液泵（V468）。

查阅奥迪 A8 混合动力车冷却液循环系统工作原理图（图 7-44），得知冷却液循环系统分为高温循环和低温循环。高温循环部分组件包括暖风热交换器、冷却液截止阀（N82）、电驱动装置电机（V141）、高温循环冷却液泵（V467）、冷却液泵、废气涡轮增压器、发动机机油冷却器、冷却液温度传感器（G62）、发动机冷却系统节温器（F265）、冷却液续动泵（V51）、高温循环散热器、变速器机油冷却器；低温循环部分组件包括电驱动功率和控制电子装置（JX1）、低温循环冷却液泵、低温循环散热器。发动机不工作时，冷却液通过冷却液泵来循环。

查询相关资料得知，电驱动功率和控制电子装置由电驱动控制单元、交流电驱动装置、牵引电机逆变器、变压器、中间电容器组成。电驱动功率和控制电子装置上的温度传感器将温度信息传递给电驱动控制单元。由于低温循环管路是冷却液循环系统的一个组成部分，所以电驱动控制单元会将相应的信息传递给发动机控制单元，发动机控制单元就可以通过电驱动控制单元根据需要接通低温循环冷却液泵。

根据奥迪 A8 混合动力车冷却液循环系统工作原理，结合该车的故障现象分析，认为造成故障的可能原因有：低温循环冷却液泵故障；低温循环冷却液泵相关线路故障；电驱动控制单元故障；电驱动控制单元相关线路故障。

本着由简到繁的诊断原则，用故障检测仪对低温循环冷却液泵执行元件测试，发现低温循环冷却液泵 V468 不工作。断开低温循环冷却液泵 V468 导线插接器，发现低温循环冷却液泵端子处有大量冷却液渗出（图 7-45），由此判定低温循环冷却液泵损坏。

故障排除 更换低温循环冷却液泵 V468 后试车，上述故障现象不再出现。至此，故障彻底排除。

技巧点拨 由于低温循环冷却液泵 V468 故障，冷却液循环系统的低温循环部分无法正常散热，导致电驱动功率和控制电子装置 JX1 温度过高，电驱动控制单元出于安全考虑将会切断高压电，从而出现上述故障现象。

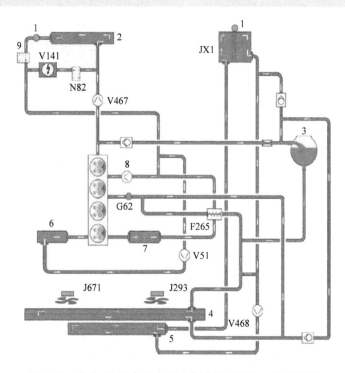

图 7-44 奥迪 A8 混合动力车冷却液循环系统工作原理图

1—放气螺塞 2—暖风热交换器 3—冷却液膨胀罐 4—高温循环散热器 5—低温循环散热器 6—涡轮增压器 7—机油冷却器 8—冷却泵 9—冷却液截止阀 F265—特性曲线控制的发动机冷却系统节温器 G62—冷却液温度传感器 J293—散热器风扇控制单元 J671—散热器风扇控制单元 2 N82—冷却液截止阀 V51—冷却液续动泵 V141—电驱动装置电机 V467—高温循环冷却液泵 V468—低温循环冷却液泵 JX1—电驱动功率和控制电子装置

图 7-45 低温循环冷却液泵处渗出大量的冷却液

第三节 丰田混合动力车维修技能与技巧

一、雷克萨斯 LS600hL 车无法进入 READY 状态

故障现象 一辆雷克萨斯 LS600hL 车，搭载 5.0L 2UR-FSE 发动机和混合动力驱动桥，行驶里程：5 万 km。驾驶人反映，早上车辆运行一切正常，但停放几个小时后再次使用，车辆便无法进入 READY 状态，且无法行驶，请求救援。

故障诊断 接车后试车，将电源模式切换至 IG ON 状态，组合仪表中央显示屏提示检查制动系统和混合动力系统，且黄色三角形的主警告灯点亮（图 7-46）；踩下制动踏板，起动按钮背景灯切换至绿色，此时按下起动按钮，READY 指示灯不点亮，异常。经过反复试车还发现，将电源模式切换至 IG ON 状态几秒后，散热风扇会持续高速运转，直到将电源模式切换至 OFF 状态才会停止。

图 7-46 组合仪表上的故障信息

连接故障检测仪，发现故障检测仪无法与车辆通信；再次将电源模式切换至 IG ON 状态，发现发动机故障灯不点亮。由此推断可能的故障原因有：发动机控制单元电源及搭铁线路故障；发动机控制单元损坏；CAN 通信线路故障；诊断插接器（DLC3）电源及搭铁线路故障。

根据图 7-47 测量发动机控制单元的电源及搭铁线路，均正常，无短路、断路及虚接等故障。测量诊断插接器的电源（端子 16 为供电端子）及搭铁（端子 5 和端子 4 为搭铁端子），均正常。断开辅助蓄电池负极接线，等待 90s 后测量诊断插接器端子 14（CAN-L 端子）与端子 6（CAN-H 端子）间的电阻，约为 60Ω，正常。诊断至此，怀疑发动机控制单元损坏。由于 LS600hL 车比较少见，没有条件通过对调发动机控制单元来确认故障。

重新整理维修思路，决定从散热风扇高速运转的异常现象寻找突破口。该车散热风扇在 IG ON 状态下高速运转的原因可能为，发动机控制单元接收不到或接收了错误的冷却液温度信号，从而进入了失效保护模式。由于故障检测仪无法与车辆通信，无法读取发动机冷却液温度，决定先检查发动机冷却液温度传感器线路。

脱开发动机冷却液温度传感器导线插接器，将电源模式切换至 IG ON 状态，测量发现

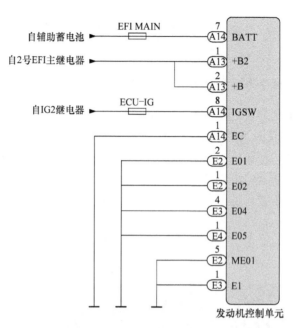

图 7-47　发动机控制单元的电源及搭铁电路

发动机冷却液温度传感器供电线上无电压,异常;测量发动机冷却液温度传感器供电线的导通性,正常。查看维修资料得知,节气门位置传感器、VVT 传感器、曲轴位置传感器、凸轮轴位置传感器、燃油压力传感器、发动机冷却液温度传感器和进气温度传感器等的 5V 电源在发动机控制单元内部为并联关系(图 7-48),怀疑其中 1 个传感器或其线路异常,导致发动机控制单元无法向各传感器提供 5V 供电。依次断开上述传感器的导线插接器,当断开凸轮轴位置传感器导线插接器时,发动机故障灯点亮;仔细检查凸轮轴位置传感器端子,端子发绿,且有进水痕迹。与驾驶人沟通得知,前不久驾驶人使用水枪清洗过发动机舱,怀疑凸轮轴位置传感器进水损坏,使其搭铁端子与供电端子短路,从而导致整个 5V 供电线路上无电压供应,且发动机控制单元工作异常,无法与故障检测仪通信。

故障排除　更换凸轮轴位置传感器后试车,踩下制动踏板,按下起动按钮,READY 指示灯点亮,车辆可以正常行驶,故障排除。

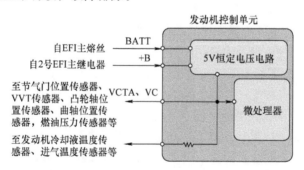

图 7-48　传感器 5V 供电电路

技巧点拨 洗车时,如果用高压水枪清洗发动机舱,对于发动机舱内的电子控制单元、电气线路与相关部件以及线束之间的插接器,是不可避免要进水的,进水、生锈、接触不良直至故障出现,这是一个长期的过程,洗车过程中要注意避免。

二、雷克萨斯 RX450h 车仪表提示"检查混合动力系统"

故障现象 一辆雷克萨斯 RX450h 车,行驶里程:14 万 km。驾驶人反映,该车在行驶过程中,组合仪表显示"检查混合动力系统"。

故障诊断 接车后试车,将电源模式切换至 ON 状态,组合仪表显示"检查混合动力系统",且黄色三角形的主警告灯点亮。用故障检测仪检测,在动力管理控制单元中读得故障码 P0A80-123——更换混合型蓄电池组。

该车 HV 蓄电池为镍氢蓄电池,无需外部充电,在行驶过程中,动力管理控制单元将 HV 蓄电池的 SOC(荷电状态)控制在恒定水平。如图 7-49 所示,HV 蓄电池由 30 个蓄电池模块组成,各模块包括 8 个串联的 1.2V 蓄电池单格。蓄电池智能单元在 15 个位置上监视蓄电池单元电压,各蓄电池单元由 2 个蓄电池模块组成。

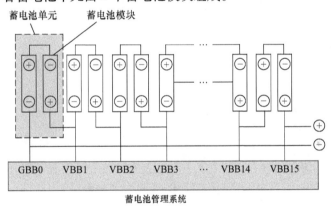

图 7-49 HV 蓄电池和蓄电池管理系统

查看维修资料得知,故障码 P0A80-123 的设置条件为:在规定的 8 对蓄电池单元的电压(表 7-1)中,有 1 对或多对的差大于 0.3V。产生故障码 P0A80-123 的原因可能有:HV 蓄电池损坏;蓄电池管理系统损坏。如果有 1 对或几对蓄电池单元的电压差大于 0.3V,说明 HV 蓄电池损坏;如果 8 对蓄电池单元间的电压差均大于 0.3V,说明蓄电池管理系统损坏。

表 7-1 规定的 8 对蓄电池的电压

第 1 对	蓄电池单元 1 的电压(V01)与蓄电池单元 2 的电压(V02)
第 2 对	蓄电池单元 3 的电压(V03)与蓄电池单元 4 的电压(V04)
第 3 对	蓄电池单元 5 的电压(V05)与蓄电池单元 6 的电压(V06)
第 4 对	蓄电池单元 7 的电压(V07)与蓄电池单元 8 的电压(V08)
第 5 对	蓄电池单元 9 的电压(V09)与蓄电池单元 10 的电压(V10)
第 6 对	蓄电池单元 11 的电压(V11)与蓄电池单元 12 的电压(V12)
第 7 对	蓄电池单元 13 的电压(V13)与蓄电池单元 14 的电压(V14)
第 8 对	蓄电池单元 15 的电压(V15)与蓄电池单元 12 的电压(V12)

查看故障码 P0A80-123 停帧数据中 V01~V15 的数值（图 7-50），发现故障发生时 V01 与 V02、V03 与 V04、V05 与 V06、V07 与 V08 及 V09 与 V10 的差值均小于 0.3V，而 V11 与 V12、V13 与 V14 及 V15 与 V12 的差值均大于 0.3V。由此推断 HV 蓄电池总成损坏。

故障排除 更换 HV 蓄电池后，故障现象消失，故障排除。

> **技巧点拨** 对于混合动力车辆来说，检测到 HV 蓄电池出现问题，是需要更换 HV 蓄电池的，而 HV 蓄电池没有维修价值，这对于驾驶人来说意味着一笔不小的开支。

定格数据
P0A80-123 更换混合型电池组

＊N/A = 不提供

参数	-3	-2	-1	0	1	单位
Temp of Batt TB1	39.6	39.6	39.6	39.6	39.6	C
Temp of Batt TB2	35.2	35.2	35.2	35.2	35.2	C
Temp of Batt TB3	33.0	33.0	33.0	33.0	33.0	C
Temp of Batt TB4	38.1	38.1	38.1	38.1	38.1	C
Temp of Batt TB5	35.0	35.0	35.0	35.0	35.0	C
Temp of Batt TB6	39.3	39.5	39.5	39.5	39.3	C
Battery Block Vol -V01	19.96	19.93	19.90	20.25	20.52	V
Battery Block Vol -V02	19.93	19.96	19.96	20.32	20.48	V
Battery Block Vol -V03	19.96	20.00	20.00	20.39	20.48	V
Battery Block Vol -V04	19.93	19.96	19.96	20.39	20.55	V
Battery Block Vol -V05	20.06	20.06	20.06	20.44	20.55	V
Battery Block Vol -V06	20.03	20.06	20.06	20.48	20.68	V
Battery Block Vol -V07	20.00	20.03	20.00	20.42	20.61	V
Battery Block Vol -V08	19.96	20.00	19.96	20.42	20.52	V
Battery Block Vol -V09	20.00	20.03	20.03	20.48	20.55	V
Battery Block Vol -V10	20.03	20.03	20.03	20.48	20.61	V
Battery Block Vol -V11	19.80	19.80	19.77	20.22	20.35	V
Battery Block Vol -V12	19.18	19.21	19.18	19.60	19.73	V
Battery Block Vol -V13	18.63	18.76	18.69	19.15	19.21	V
Battery Block Vol -V14	17.09	17.03	16.83	18.17	18.46	V
Battery Block Vol -V15	18.43	18.40	18.40	18.85	18.92	V
Snow Mode	OFF	OFF	OFF	OFF	OFF	
Sports Mode	OFF	OFF	OFF	OFF	OFF	
Detail Code 1	N/A.	N/A.	N/A.	123	N/A.	
Detail Code 2	N/A.	N/A.	N/A.	0	N/A.	
Detail Code 3	N/A.	N/A.	N/A.	0	N/A.	
Detail Code 4	N/A.	N/A.	N/A.	0	N/A.	
Detail Code 5	N/A.	N/A.	N/A.	N/A.	N/A.	

图 7-50　故障码 P0A80-123 停帧数据

三、雷克萨斯 ES300h 混合动力车无法起动

故障现象 一辆雷克萨斯 ES300h 混合动力车，搭载 2AR-FXE 发动机和混合动力系统，行驶里程：9 万 km，因车辆无法起动而进行维修。

故障诊断 因辅助蓄电池亏电，于是将辅助蓄电池拆下充电，慢充电 1~2h 后装复试车，发现组合仪表可以正常点亮，但踩下制动踏板并按下起动按钮时，READY 指示灯不点亮，且中央信息显示屏显示"检查混合动力系统"。用故障检测仪检查，在混合动力系统中读得故障码 P0A0D——高压系统互锁电路高电位，且无法清除。

该车高压系统共有 5 个互锁开关（图 7-51），其中 1 个在维修塞把手上，另外 4 个在带转换器的逆变器总成上，分别位于发电机/电动机（MG1）导线插接器、发电机/电动机（MG2）导线插接器、电动空调压缩机导线插接器及带转换器的逆变器总成盖中。

查看故障码 P0A0D 的停帧数据（图 7-52），发现详细代码 2（Detail Code 2）为 350，含义为车辆停止时操作任何安全装置，即互锁开关信号为 ON；查看互锁开关信号（Inter Lock Switch），确实为 ON。正常情况下，如果高压系统的线路连接完整，互锁开关信号应为

OFF，否则在起动车辆时，动力管理控制单元无法控制 3 个高压系统主继电器（SMRP、SMRB 和 SMRG）工作，混合动力蓄电池无法供应电压给带转换器的逆变器总成。由此确定该车高压系统互锁电路确实存在故障。

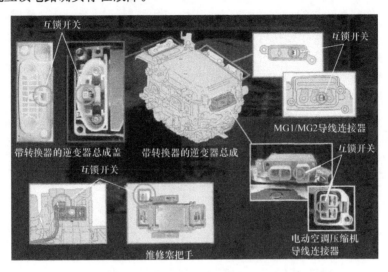

图 7-51　雷克萨斯 ES300h 混合动力车高压系统中的互锁开关

Engine Revolution	N/A.	N/A.	N/A.	0	0	rpm
Vehicle Spd	N/A.	N/A.	N/A.	0	0	km/h
Engine Run Time	N/A.	N/A.	N/A.	0	0	s
+B	N/A.	N/A.	N/A.	11.64	11.71	V
Accel Pedal Pos #1	N/A.	N/A.	N/A.	16.0	16.0	%
Accel Pedal Pos #2	N/A.	N/A.	N/A.	31.7	31.7	%
Ambient Temperature	N/A.	N/A.	N/A.	215	27	C
Power Resource VB	N/A.	N/A.	N/A.	0.0	264.0	V
Power Resource IB	N/A.	N/A.	N/A.	0.00	−0.27	A
VL−Voltage before Boosting	N/A.	N/A.	N/A.	0	0	V
VH−Voltage after Boosting	N/A.	N/A.	N/A.	0	0	V
Boost Ratio	N/A.	N/A.	N/A.	0.0	0.0	%
SOC after IG−ON	N/A.	N/A.	N/A.	47.5	47.5	%
Stop Light Switch	N/A.	N/A.	N/A.	OFF	OFF	
Auciliary Batt Temperature	N/A.	N/A.	N/A.	28	28	C
Collision Signal(Airbag)	N/A.	N/A.	N/A.	OFF	OFF	
TC Terminal	N/A.	N/A.	N/A.	OFF	OFF	
Inter Lock Switch	N/A.	N/A.	N/A.	OFF	OFF	
EV Switch	N/A.	N/A.	N/A.	OFF	OFF	
SMRP Status	N/A.	N/A.	N/A.	OFF	OFF	
SMRB Status	N/A.	N/A.	N/A.	OFF	OFF	
SMRG Status	N/A.	N/A.	N/A.	OFF	OFF	
Detail Code 1	N/A.	N/A.	N/A.	0	0	
Detail Code 2	N/A.	N/A.	N/A.	350	0	
Detail Code 3	N/A.	N/A.	N/A.	0	0	
Detail Code 4	N/A.	N/A.	N/A.	0	0	
Detail Code 5	N/A.	N/A.	N/A.	0	0	

图 7-52　故障码 P0A0D 的停帧数据

将电源模式切换至 OFF 状态；断开辅助蓄电池负极接线；佩戴绝缘手套，拆下维修塞把手并将其放入自己的口袋（防止在维修时，其他维修人员将其意外重新连接）；至少等待 10min，让带转换器的逆变器总成内的高压电容充分放电；用万用表电压档（量程要大于 750V）测量带转换器的逆变器总成高压正负极上的电压，确定电压为 0V 后再进行诊断作业。检查 5 个互锁开关的连接情况，均正常；根据图 7-53，脱开带转换器的逆变器总成导线插接器 A14，将电源模式切换至 IG ON 状态，测量端子 16 上的电压，为 12V，正常；测量带转换器的逆变器总成端子 16 与端子 5 之间的电阻，为 6.2Ω（正常情况下小于 10Ω），正常；安装维修塞把手，测量带转换器的逆变器总成导线插接器 A14 端子 5 与搭铁间的电阻，为∞，说明此段线路存在断路。进一步检查发现，带转换器的逆变器总成导线插接器 A14 端子 5 与维修塞把手导线插接器 G2 端子 1 之间的导通性正常，且维修塞把手导线插接器 G2 端子 2 与搭铁之间的导通性也正常，由此怀疑维修塞把手内的互锁开关损坏。拆下维修塞把手，仔细检查发现其互锁开关内的端子发生移位。

故障排除 重新调整维修塞把手内互锁开关端子后装复，查看混合动力系统数据流，互锁开关信号显示为 OFF；车辆能顺利起动，故障排除。

技巧点拨 动力管理控制单元检测到高压系统互锁电路异常时，将禁止混合动力系统运行，从而切断高压系统主继电器（SMR），让混合动力蓄电池无法供应电压给带转换器的逆变器总成，造成车辆无法起动。

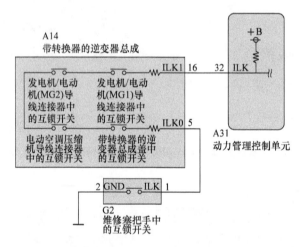

图 7-53　雷克萨斯 ES300h 混合动力车高压系统互锁电路

四、雷克萨斯 ES300h 混合动力车中央信息显示屏显示"检查混合动力系统"

故障现象 一辆雷克萨斯 ES300h 混合动力车，行驶里程：3000km，该车行驶中突然失去动力，且中央信息显示屏显示"检查混合动力系统"，重新起动车辆，无任何反应。

故障诊断 接车后试车，首先将电源模式切换至 IG ON 状态，组合仪表能正常点亮，且多个故障指示灯点亮，同时中央信息显示屏显示"检查混合动力系统"；踩下制动踏板并按下起动按钮，电源模式直接切换至 OFF 状态，而正常情况下此时组合仪表上的 READY 指示灯应点亮。用故障检测仪检查，在混合动力系统中读得故障码 P0A94——DC/DC 变换器性能，且无法清除。查看故障码 P0A94 的停帧数据（图 7-54），发现详细代码 1（Detail Code 1）为 127，含义为增压转换器过电压信号检测（由于系统故障引起的过电压）。

如图 7-55 所示，增压转换器将混合动力蓄电池 244.8V 的直流电压增压（≤650V），然后逆变器将增压后的直流电压转换为交流电压，用于驱动电动机/发电机（MG1 和 MG2）；当电动机/发电机作为发电机工作时，产生的交流电压通过逆变器转换成直流电压，然后增压转换器将该电压降至 244.8V 左右，用于对混合动力蓄电池充电。带转换器的逆变器总成使用内置于增压转换器中的电压传感器（VL）检测增压前的电压，使用内置于逆变器中的电压传感器（VH）检测增压后的电压，然后对比增压前后的电压，控制增压转换器将电压转换至目标电压。

定格数据

P0A94 DC/DC 变换器性能

*N/A=Not Available

参数	-3	-2	-1	0	1	单位
Engine Coolant Temp	86	86	86	86	86	C
Engine Revolution	2368	2368	2720	2880	2656	rpm
Vehicle Spd	66	67	69	68	67	km/h
Engine Run Time	84	85	86	86	86	s
+B	13.88	13.88	12.55	12.46	12.57	V
Accel Pedal Pos #1	33.7	33.3	33.3	33.7	34.1	%
Accel Pedal Pos #2	49.0	49.0	48.6	49.0	49.4	%
Ready Signal	ON	ON	ON	ON	ON	
Motor(MG2) Revolution	4876	4933	5057	4944	4956	rpm
Generator(MG1) Rev	3529	3397	4527	5211	4471	rpm
Power Resource VB	285.0	284.0	281.0	280.0	281.0	V
Power Resource IB	-10.50	-10.99	-0.24	-0.24	-0.24	A
VL-Voltage before Boosting	286	285	440	438	0	V
VH-Voltage after Boosting	500	500	549	549	107	V
Boost Ratio	43.0	43.0	15.0	15.5	0.0	%
Drive Condition ID	3	3	3	3	1	
Shift Sensor Shift Pos	D	D	D	D	D	
Shift Sensor SW - D	ON	ON	ON	ON	ON	
Overvoltage Input to Conv	OFF	OFF	ON	ON	OFF	
Overvoltage Input to Inv	OFF	OFF	OFF	OFF	OFF	
Emergency Shutdown	OFF	OFF	OFF	OFF	OFF	
MG1 Inverter Shutdown	OFF	OFF	ON	ON	OFF	
MG1 Inverter Fail	OFF	OFF	OFF	OFF	OFF	
MG2 Inverter Shutdown	OFF	OFF	ON	ON	OFF	
MG2 Inverter Fail	OFF	OFF	OFF	OFF	OFF	
Conv Shutdown	OFF	OFF	ON	ON	ON	
Converter Fail	OFF	OFF	OFF	OFF	OFF	
SMRP Status	OFF	OFF	OFF	OFF	OFF	
SMRB Status	ON	ON	ON	ON	ON	
SMRG Status	ON	ON	ON	ON	ON	
SMRP Control Status	OFF	OFF	OFF	OFF	OFF	
SMRB Control Status	ON	ON	ON	ON	ON	
SMRG Control Status	ON	ON	ON	ON	ON	
MG1 Gate Status	OFF	OFF	ON	ON	OFF	
MG2 Gate Status	OFF	OFF	ON	ON	OFF	
Converter Gate Status	OFF	OFF	ON	ON	ON	
Auxiliary Battery Vol	13.91	13.91	12.65	12.46	12.54	V
Detail Code 1	0	0	0	127	0	
Detail Code 2	0	0	0	0	0	
Detail Code 3	0	0	0	0	0	
Detail Code 4	0	0	0	0	0	
Detail Code 5	0	0	0	0	0	

图 7-54　故障码 P0A94 的停帧数据

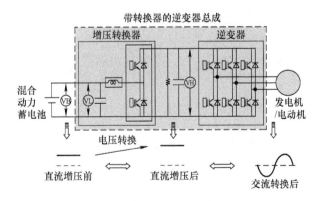

图 7-55　增压转换器及逆变器的工作过程

仔细分析故障码 P0A94 的停帧数据，可知故障发生时车速（Vehicle Spd）为 68km/h 左右，变速杆位置（Shift Sensor Shift Pos）处于 D 档，混合动力蓄电池电压（Power Resource VB）为 280V 左右，预充电主继电器状态（SMRP Status）为 OFF，混合动力蓄电池正极侧主继电器状态（SMRB Status）和混合动力蓄电池负极侧主继电器状态（SMRG Status）均为

ON，以上数据均无异常，但增压前的电压（VL – Voltage Before Boosting）由286V突然升高至440V，接着又再降低至0V，异常，正常情况下增压前的电压应与混合动力蓄电池电压基本相同。查看维修资料，得知可能的故障部位有混合动力蓄电池接线盒、带转换器的逆变器总成、维修塞把手、驱动桥、发电机/电动机线束及动力管理控制单元等。

将电源模式切换至OFF状态；断开辅助蓄电池负极接线；佩戴绝缘手套，拆下维修塞把手并将其放入自己的口袋（防止在维修时其他维修人员将其意外重新连接）；至少等待10min，让带转换器的逆变器总成内的高压电容充分放电；用万用表电压档（量程要大于750V）测量带转换器的逆变器总成高压正负极上的电压，确定电压为0V后再进行诊断作业。把电源模式切换至IG ON状态，查看混合动力系统数据流（图7-56），发现SMRG的状态为ON，异常，正常情况下此时3个高压系统主继电器（均安装在混合动力蓄电池接线盒上）的状态均应为OFF；根据图7-57测量动力管理控制单元端子2上的电压，为12V，异常，正常情况下应为0V；脱开动力管理控制单元导线插接器H1，测量其端子2与搭铁之间的电阻，为∞，异常，正常情况下应该为25~59Ω；脱开混合动力蓄电池接线盒导线插接器Q6，测量其端子3与搭铁之间的电阻，为32Ω，正常。诊断至此，可知动力管理控制单元导线插接器H1端子2与混合动力蓄电池接线盒导线插接器Q6端子3之间的线路断路。进一步检查发现，导线插接器HQ2端子7与混合动力蓄电池接线盒导线插接器Q6端子3之间的线路断路，分析认为，该导线断路是由维修人员在加装迎宾踏板时，为寻找门灯控制开关信号线破线检测引起的。

Engine Idling Request	No
Main Batt Charging Rqst	No
Aircon Request	No
Engine Warming Up Rqst	No
SMRP Status	OFF
SMRB Status	OFF
SMRG Status	ON
SMRP Control Status	OFF
SMRB Control Status	OFF
SMRG Control Status	OFF
MG1 Gate Status	ON
MG2 Gate Status	ON
Converter Gate Status	ON

图7-56 故障车混合动力系统数据流

故障排除 修复断路的导线后试车，车辆能顺利起动，故障排除。

技巧点拨 动力管理控制单元通过检测SMR控制线路上的电位来判断其状态，当电源模式为IG ON状态时，SMR控制线上为低电位（0V），此时3个继电器的状态均为OFF；当某个SMR控制线路断路或对电源短路时，SMR控制线上为高电位（12V），此时相应SMR的状态为ON；当某个SMR控制线路对搭铁短路时，在电源模式为IG ON状态时，SMR的状态为OFF，看不出异常，而一旦踩下制动踏板并按下起动按钮，此时动力管理控制单元输出高电位，检测到异常后停止供电，并存储相关故障码。

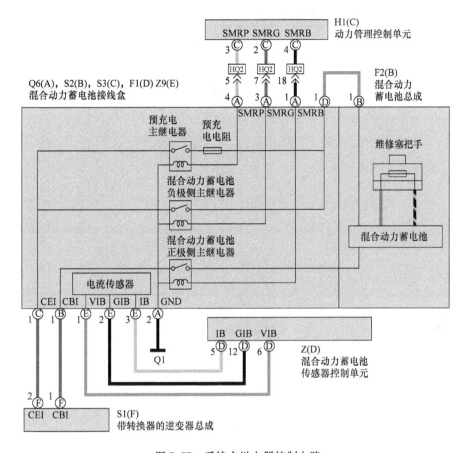

图 7-57 系统主继电器控制电路

五、2012 年丰田普锐斯车提示"检查混合动力系统"

故障现象 一辆 2012 年丰田普锐斯混合动力汽车，车型为 ZVW30L，行驶里程：16 万 km，搭载 1.8L 阿特金森循环发动机和 1 台 42kW 发电机（MG1）及 60kW 驱动电机（MG2）。该车在行驶过程中，仪表板上的主警告灯、发动机警告灯、充电指示灯突然点亮，多信息显示屏上提示"检查混合动力系统，请将车辆停在安全地点"。

故障诊断 用故障检测仪检测，读得故障码 P0A80-123——更换混合型电池组。查看故障码的定格数据（图 7-58~图 7-61），定格数据反映了故障码储存时的车辆工况和混合动力系统运行的异常参数。车辆工况处在 MG2 纯电动驱动模式，发动机运转驱动 MG1 发电供能。混合动力蓄电池（HV 蓄电池）的荷电状态（SOC）在电源开关接通后处于控制的下限范围，为 46%，而最大荷电状态为 46%，最小荷电状态下降到 24.5%。2 号 HV 蓄电池温度传感器检测到 HV 蓄电池组中间部位的最高工作温度为 41.8℃，而 1 号和 3 号 HV 蓄电池温度传感器检测到 HV 蓄电池组的两端工作温度分别为 37.1℃ 和 34.9℃，HV 蓄电池组两端与中间部位的最大温差达到 6.9℃，正常情况下应不超过 5℃。HV 蓄电池组冷却进气口环境温度为 21.5℃，HV 蓄电池组工作温度与进气口环境温度差超过了 9℃ 的控制范围。HV 蓄电池第 9 单元电压最小值为 12.64V，其他 HV 蓄电池单元电压为 14V 左右，说明 HV 蓄电池各单元电压不一致，与 HV 蓄电池单元正常电压（15～16V）有偏差。HV 蓄电池组冷却风扇处于 1 档低速运转模式。

定格数据

P0A80-123 更换混合型电池组

参数	单位	-3	-2	-1	0	1
Engine Coolant Temp	C	53	53	53	53	53
Engine Revolution 发动机转速	rpm	1280	1280	1280	1280	1280
Vehicle Spd 车速	km/h	26	27	27	27	28
Engine Run Time 发动机运行时间	s	20	20	21	21	21
+B	V	14.41	14.41	14.41	14.41	14.41
Accel Pedal Pos #1	%	30.9	31.7	31.3	31.3	30.9
Accel Pedal Pos #2	%	47.0	47.4	47.4	47.0	47.0
Anbient Temperature	C	10	10	10	10	10
Intake Air Temperature	C	36	36	35	35	35
DTC Clear Warm Up		61	61	61	61	61
DTC Clear Run Distance	km	4690	4690	4690	4690	4690
DTC Clear Min	min	7026	7026	7026	7026	7026
MAP	kPa(abs)	52	52	52	52	52
Atmosphere Pressure	kPa(abs)	102	102	102	102	102
Ready Signal		ON	ON	ON	ON	ON
Motor(MG2) Revolution MG2转速	rpm	2024	2059	2080	2093	2106
Motor(MG2) Torq MG2转矩	Nm	17.62	15.12	12.50	12.00	13.50
M(MG2) Trq Exec Val MG2转矩执行值	Nm	19.87	14.75	12.25	14.12	14.00
Generator(MG1) Rev MG1转速	rpm	2666	2669	2625	2607	2608
Generator(MG1) Torq MG1转矩	Nm	-3.63	-4.13	-3.88	-3.88	-4.00
G(MG1) Trq Exec Val MG1转矩执行值	Nm	-3.38	-3.75	-3.50	-3.63	-3.88
Regenerative Brake Torq	Nm	0.0	0.0	0.0	0.0	0.0

图 7-58　故障码 P0A80－123 的定格数据 1

定格数据

P0A80-123 更换混合型电池组

参数	单位	-3	-2	-1	0	1
Inv-T (MG2) aftr IG-ON	C	31	31	31	31	31
Mtr-T (MG2) aftr IG-ON	C	47	47	47	47	47
Conv-Tmp after IG-ON	C	32	32	32	32	32
SOC after IG-ON IG ON时HV蓄电池SOC值	%	46.0	46.0	46.0	46.0	46.0
Inv-Temp (MG1) Max	C	41	41	41	41	41
Inv-Temp (MG2) Max	C	40	40	40	40	40
Mtr-Temp (MG2) Max	C	48	48	48	48	48
Converter Temp Max	C	42	42	42	42	42
Status of Charge Max HV蓄电池最大充电状态	%	46.0	46.0	46.0	46.0	46.0
Status of Charge Min HV蓄电池最小充电状态	%	38.5	38.0	37.5	24.5	24.5
Stop Light Switch		OFF	OFF	OFF	OFF	OFF
Auxiliary Batt Temperature	C	13	13	13	13	13
Collision Signal (Airbag)		OFF	OFF	OFF	OFF	OFF
TC Terminal		OFF	OFF	OFF	OFF	OFF
Inter Lock Switch		OFF	OFF	OFF	OFF	OFF
EV Switch		OFF	OFF	OFF	OFF	OFF
Back Up Lamp Relay		OFF	OFF	OFF	OFF	OFF
ECO Mode		ON	ON	ON	ON	OFF
Generate Torque	Nm	-31.3	-31.4	-31.8	-32.0	-27.3
Prohibit Charge for P Pos		OFF	OFF	OFF	OFF	OFF
Vehicle Parking (T/M Ctrl)		OFF	OFF	OFF	OFF	OFF

图 7-59　故障码 P0A80－123 的定格数据 2

按照维修手册要求，保存上述故障码定格数据后，清除故障码，试车 10min，重新确认故障。试车中虽然故障灯没有点亮，但是从记录车辆混合动力系统运行的 HV 蓄电池系统数据流看，SOC 还是处于 44%，因此在车辆停下来后发动机仍然一直运转，驱动 MG1 为 HV 蓄电池充电。而 3 个 HV 蓄电池温度传感器检测到的 HV 蓄电池组工作温度差及 HV 蓄电池组工作温度与冷却进气口环境温度差仍然超出正常范围。HV 蓄电池第 9 单元电压为 13.06V，与其他单元电压相比偏差仍然很大。

既然车辆 HV 蓄电池系统运行数据流还是异常，且与故障码 P0A80－123 产生条件相符

定格数据

P0A80-123 更换混合型电池组

参数	单位	-3	-2	-1	0	1
SMRB Control Status		ON	ON	ON	ON	ON
SMRG Control Status		ON	ON	ON	ON	ON
MG1 Gate Status		OFF	OFF	OFF	OFF	OFF
MG2 Gate Status		OFF	OFF	OFF	OFF	OFF
Converter Gate Status		OFF	OFF	OFF	OFF	OFF
Aircon Gate Status		ON	ON	ON	ON	ON
Converter Carrier Freq	kHz	9.55	9.55	9.55	9.55	9.55
Delta SOC	%	0.0	0.0	0.0	8.0	8.0
Batt Pack Current Val	A	17.81	15.57	15.61	14.19	13.56
Inhaling Air Temp HV蓄电池冷却进风口温度	C	21.5	21.5	21.5	21.5	21.5
VMF Fan Motor Voltage1	V	1.3	1.4	1.4	1.3	1.3
Auxiliary Battery Vol	V	14.35	14.35	14.35	14.34	14.35
Charge Control Value	KW	-25.0	-25.0	-25.0	-25.0	-23.5
Discharge Control Value	KW	10.5	10.5	10.5	10.5	10.5
Cooling Fan Mode1 HV蓄电池冷却风扇运转模式		1	1	1	1	1
BCU Control Mode		0	0	0	0	0
Standby Blower Request		OFF	OFF	OFF	OFF	OFF
Temp of Batt TB1 HV蓄电池1号检测温度	C	37.1	37.1	37.1	37.1	37.1
Temp of Batt TB2 HV蓄电池2号检测温度	C	41.7	41.7	41.7	41.8	41.7
Temp of Batt TB3 HV蓄电池3号检测温度	C	34.9	34.9	34.9	34.9	34.9
Battery Block Vol -V01 HV蓄电池第1单元电压	V	14.89	14.84	14.84	14.87	14.84

图 7-60　故障码 P0A80－123 的定格数据 3

定格数据

P0A80-123 更换混合型电池组

参数	单位	-3	-2	-1	0	1
Battery Block Vol -V02 HV蓄电池第2单元电压	V	14.45	14.38	14.38	14.40	14.40
Battery Block Vol -V03 HV蓄电池第3单元电压	V	14.57	14.50	14.52	14.57	14.57
Battery Block Vol -V04 HV蓄电池第4单元电压	V	14.35	14.28	14.33	14.35	14.35
Battery Block Vol -V05 HV蓄电池第5单元电压	V	14.35	14.28	14.26	14.33	14.28
Battery Block Vol -V06 HV蓄电池第6单元电压	V	14.11	14.03	14.03	14.06	14.01
Battery Block Vol -V07 HV蓄电池第7单元电压	V	13.75	13.72	13.72	13.72	13.72
Battery Block Vol -V08 HV蓄电池第8单元电压	V	14.01	14.01	13.99	14.01	13.96
Battery Block Vol -V09 HV蓄电池第9单元电压	V	12.93	12.64	12.74	12.74	12.64
Battery Block Vol -V10 HV蓄电池第10单元电压	V	14.16	14.11	14.11	14.11	14.11
Battery Block Vol -V11 HV蓄电池第11单元电压	V	14.21	14.21	14.16	14.23	14.23
Battery Block Vol -V12 HV蓄电池第12单元电压	V	14.57	14.57	14.57	14.60	14.57
Battery Block Vol -V13 HV蓄电池第13单元电压	V	14.77	14.74	14.77	14.79	14.79
Battery Block Vol -V14 HV蓄电池第14单元电压	V	14.89	14.87	14.84	14.87	14.87
Pattern Switch (PWR/M)		OFF	OFF	OFF	OFF	OFF
Detail Code 1 详细信息故障代码		0	0	0	123	0

图 7-61　故障码 P0A80－123 的定格数据 4

合。P0A80—123 故障码生成条件是，HV 蓄电池管理系统（BMS）检测到 HV 蓄电池组各单元之间电压差大于 0.3V。需要说明的是，根据维修手册规定，当 BMS 内部出现故障时，所有蓄电池的偶/奇单元电压差也会大于 0.3V。因此接下来按照产生故障码 P0A80－123 的原因进行分析检查。

如图 7-62 所示，普锐斯采用的 HV 蓄电池为镍氢电池，由 28 个模块串联组成，每个模块由 6 个单体电池串联而成（1 个单格电池的标称电压是 1.2V），共计 168 个单体电池，标称电压为 201.6V，标称容量为 6.5A · h。BMS 在 14 个位置上监视蓄电池单元（1 个蓄电池单元由 2 个模块组成）的电压。HV 蓄电池组无需外部充电，车辆电源开关接通后，BMS 将 HV 蓄电池组工作的状况信息发送至混合动力 ECU，混合动力 ECU 通过 HV 蓄电池的累计容量来计算蓄电池的 SOC，然后将其控制在目标值。HV 蓄电池组的冷却系统（图 7-63）采用并行风道的冷却结构，进风口安装有空气过滤网，依靠冷却风扇强制冷却，保持HV蓄电池组在正常温度下工作。

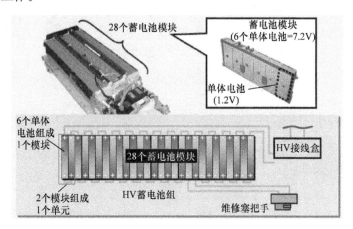

图7-62 HV蓄电池组

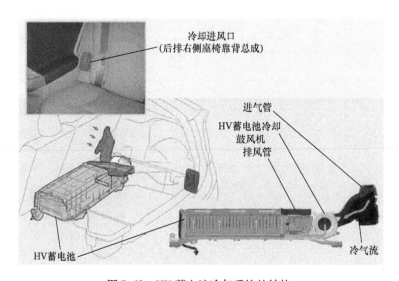

图7-63 HV蓄电池冷却系统的结构

从上述故障数据分析，HV蓄电池组第2个温度传感器检测到的温度过高和第9单元电压偏低，都发生在HV蓄电池组的中间局部位置，其可能的故障原因有：HV蓄电池串联连接线松动，接触电阻增大；电压偏低单元的电池内阻增大，产生热量大；HV蓄电池冷却风道受阻；冷却鼓风机故障；外围局部环境影响。

首先检查HV蓄电池组冷却鼓风机的运转状态。HV蓄电池冷却系统控制电路如图7-64所示，HV蓄电池冷却鼓风机受控于动力管理控制ECU，并通过BMS接收冷却鼓风机上的电压反馈，实现冷却鼓风机转速1～6档的调节（低、中、高速）；蓄电池组温度在35℃时，冷却鼓风机低速运转，到33℃时冷却鼓风机关闭；蓄电池组温度上升到41.5℃时冷却鼓风机中速运转，蓄电池组温度超过50℃时，冷却鼓风机高速运转。正常情况下蓄电池组在25℃时的工况循环温度控制良好。用故障检测仪（GTS）的主动测试功能测试蓄电池冷却鼓风机的运转状况，冷却鼓风机能正常运转。

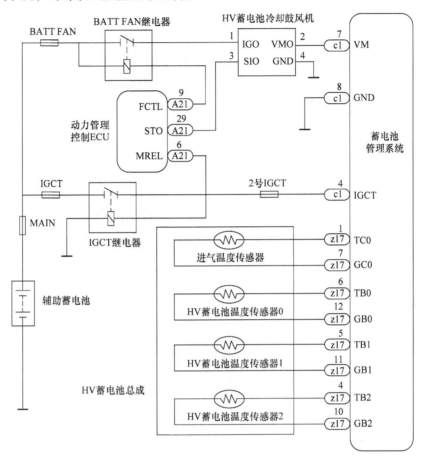

图7-64　HV蓄电池冷却系统控制电路

接着检查HV蓄电池温度传感器。HV蓄电池组采用3个温度传感器（分别置于蓄电池组的两端和中部）和1个冷却进风口环境温度传感器（置于蓄电池组冷却风道进风口）。温度传感器均采用负温度系数热敏电阻。BMS将温度传感器检测到的HV蓄电池温度和冷却进风口环境温度发送给动力管理控制ECU作对比，控制HV蓄电池冷却鼓风机风扇的起动和风速。检查蓄电池温度传感器属于高压电路检查，检查前佩戴好绝缘手套，拆下维修塞把手并放在维修人员自己口袋中，断开维修塞把手后，等待10min，使高压器件中的高压电容放电完成，才进行高压电路检查操作。根据HV蓄电池系统控制电路，找到BMS上蓄电池温度传感器插接器并进行温度传感器的电阻检测，检测结果，4个温度传感器的电阻均为10.87kΩ~11.14kΩ（HV蓄电池系统没有工作，冷却进风口环境温度为22℃时），电阻正常。

然后检查HV蓄电池单元电压。找到HV蓄电池组第9单元，检查HV蓄电池模块连接线无松动和腐蚀。测量其断路电压，为13.97V（图7-65），低于其他单元的电压。

最后检查HV蓄电池的冷却通风状况。拆下HV蓄电池冷却进风管道，检查进风口空气过滤网，发现滤网被灰尘堵塞，判断其可能就是造成HV蓄电池温度偏高的主要原因。

a) 第9单元电压　　　　　　　　b) 第8单元电压

图 7-65　HV 蓄电池单元的电压检测

故障排除　本车辆故障只是第 9 个蓄电池单元电压小于其他蓄电池单元电压，按要求应该更换 HV 蓄电池组总成，但是更换 HV 蓄电组总成价格很高，而如果采用对第 9 个蓄电池单元进行单独充电，能提高蓄电池第 9 单元的电压，恢复其容量，这样可以节约维修成本。如图 7-66 所示，把 HV 蓄电池组从车辆上拆下，用恒流快速充电模式（充电电压选用 24V 档位）对第 9 个蓄电池单元充电。镍氢蓄电池 1 个单体的充电终止电压根据充电倍率的不同可高达 1.3～1.5V，所以普锐斯车 HV 蓄电池 1 个单元的充电终止电压可高达 15.6～18V。通过电阻器调节充电电流为 0.5C（3A），并用温度表监控蓄电池充电温升，把蓄电池充电温度控制在 30℃左右。经过 3h 的充电，第 9 单元蓄电池电压上升到 16.96V 不再升高，并开始略有回落时停止充电。放置 1h，测量蓄电池电压回落至 16.05V。对其他 HV 蓄电池单元也采用相同方法进行充电均衡。

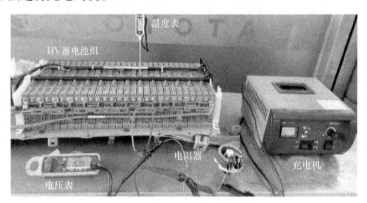

图 7-66　对 HV 蓄电池单元充电

拆下 HV 蓄电池冷却风管，用压缩空气吹净进风口空气过滤网，然后遵照 HV 蓄电池系统安装要求装复蓄电池组和控制系统。

接通电源开关，READY 灯点亮，62s 后发动机自动起动，驱动 MG1 运行发电，向 HV 蓄电池充电，当蓄电池组的 SOC 接近 60% 目标值时发动机熄火，发动机运转时间为 94s。再经过 10min 路试，HV 蓄电池组温度和各单元电压都在正常值范围内。车辆交付驾驶人使用后，故障未再出现，确认故障排除。

第七章　新能源汽车维修技能与技巧点拨

技巧点拨　镍氢蓄电池的热管理主要是针对高温充电效率问题。蓄电池在常温状态下充电，高温放电，对其容量和特性基本无影响。随着温度升高，蓄电池的充电接受能力逐渐下降，这是因为镍氢蓄电池充电过程中有析氧的副反应作用，所以镍氢蓄电池在混合动力汽车上使用，都进行了强制通风冷却设计。但是要使各蓄电池模块能得到可靠的冷却，就必须保证冷却风道的畅通无阻，否则 HV 蓄电池工作得不到散热，结果导致热失控，使蓄电池的充电效率和 SOC 迅速下降，影响蓄电池的循环寿命，甚至出现运行安全问题。

六、2017 年丰田卡罗拉混动版发动机故障灯常亮

故障现象　一辆 2017 年 1.8L 丰田卡罗拉混动版，VIN：LFMA180C4G001××××，发动机型号为 8ZR - FXE，行驶里程：3056km。驾驶人反映，需要两次操作才能起动发动机，且加速不良，发动机故障灯常亮。

故障诊断　接车后用诊断仪读取故障码，显示 U016487、U110787、B1244、B124B、U0120、U0164、P3190 等多个通信故障。清除发动机故障码，再次对车辆进行检查，路试后再次读出 P3190 发动机动力不足的故障码。

根据修理手册首先检查汽油质量及油压，均正常；检查进气系统，未见漏气及老化现象；检查空气流量计，静态数值为 0.35，起动发动机后数据正常，在故障未再现时，短期燃油修正为 5%，长期燃油修正为 3%，都在正常范围之内。

清除故障码后，故障灯熄灭，试车正常，没有故障表现。与驾驶人沟通发现，故障灯亮时，此车燃油量偏少，由此判断该车故障是燃油量偏少所致。故障灯熄灭后，驾驶人就取走了车辆。原以为该车故障被排除了，但一周后驾驶人再次送修，故障灯再次点亮，且燃油液位正常，看来该车故障与燃油量没有直接关系。接车后，再次用诊断仪读出的故障码，与上次一样，故障信息没有任何变化。

为保险起见，对该车进行了以下系统检查：

1）在试车过程中，故障偶尔会再现，再次起动车辆后，故障又消失。

2）用"倒件"的方式，替换了空气流量计，并检查各缸点火、缸压、火花塞，均显示正常。

3）拆下喷油嘴，用内窥镜检查气门积炭，未见异常，在故障重现时多次打起动机，气门背部未见燃油痕迹。

4）由于油压正常，怀疑喷油器线路或喷油器异常，于是测量发动机 ECU B26 插头的 10、20、30 和 40 号端子与喷油头之间的线束，一切正常，没有虚接，且供电正常，未发现任何异常。

5）连接好汽油压力表后，准备上路进行路试，但在车间移动的过程中偶然发现故障再现，此时燃油压力为 0kg/cm² （图 7-67）。

故障排除　通过上述检查，初步判断故障点应该在燃油泵相关电路上，于是开始重点检查燃油泵线路，最终发现燃油泵搭铁点 LF 存在虚接现象（图 7-68）。紧固搭铁点后，燃油压力正常，上路试车，故障彻底排除。

图 7-67　故障再现时故障车燃油压力为 0kg/cm² 　　　图 7-68　燃油泵搭铁点虚接

技巧点拨　该故障车为混合动力车型，进店维修量相对较少，故障原因在于搭铁螺栓未紧固到位，造车车辆行驶过程中燃油泵供电有时断路，从而引发故障。这种故障具有很强的偶发性，如果不细致检查，很难找到故障根源。

七、2016 款丰田卡罗拉混合动力车偶尔无法行驶

故障现象　一辆 2016 款丰田卡罗拉混合动力车，搭载 8ZR-FE 发动机，行驶里程：3.2 万 km。驾驶人反映，车辆偶尔出现无法行驶的故障，同时组合仪表上的主警告灯、发动机故障灯等多个故障指示灯点亮，且多功能显示屏提示"混合动力系统故障，换至 P 档"（图 7-69）。

故障诊断　接车后首先试车验证故障现象。踩下制动踏板，按下电源开关，组合仪表上的 READY 指示灯正常点亮，观察组合仪表，无任何故障指示灯点亮。将档位置于 D 档，车辆能够正常行驶。与驾驶人沟通得知，半年前车辆发生过一次碰撞事故，当时修理厂维修人员更换了前保险杠和左前翼子板，自从做过事故维修后，车辆经常会出现上述故障现象，且故障具有偶发性。

连接故障检测仪（GTS）读取故障码，无故障码。接着使用多种测试方法让故障现象重现，在使用高压水枪对车辆进行淋雨测试时，组合仪表上的多个故障指示灯点亮，并且车辆出现无法行驶的故障。用故障检测仪进行检测，读取的故障码为"P0A3F21——电动机'A'位置传感器信号振幅最小""P1CAD49——电动机'A'位置传感器内部电子故障"。查阅维修手册，得知 2 个故障码的设置条件及故障可能部位见表 7-2。分析表 7-2 可知，这 2 个故障码均与电动机解析器有关。查阅维修资料得知，带转换器的逆变器总成（MG ECU）将预定频率的交流电流输入励磁线圈，随着椭圆形转子的旋转，转子和定子间的间隙发生变化，就会在检测线圈 S 和检测线圈 C 上感应出相位差为 90°的正弦、余弦感应电流，MG ECU 根据检测线圈 S 和检测线圈 C 感应电流的波形相位、幅值及脉冲次数，计算出 MG1 和 MG2 永磁转子的磁极位置和转速信号，作为 MG ECU 对 MG1、MG2 矢量控制的基础信号。当转子从特定位置正向旋转 180°时，励磁线圈、检测线圈 S 和检测线圈 C 的输出波形如图 7-70 所示。

表 7-2 故障码 P0A3F21 和故障码 P1CAD49 的设置条件及故障部位

故障码	检测条件	故障部位
P0A3F21	电动机解析器电路断路或正弦和余弦相位特征存在偏差；电动机解析器信号超出标准范围（单程检测逻辑）	带转换器的逆变器总成；混合动力车辆传动桥总成；线束或导线插接器
P1CAD49	电动机解析器角度故障；控制解析器角度和估算解析器角度之间的差值超出允许极限（单程检测逻辑）	带转换器的逆变器总成；混合动力车辆传动桥总成；线束或导线插接器

根据上述解析器的工作原理，结合该车的故障现象分析，当 MG2 解析器输出信号错误时，MG ECU 无法识别 MG2 的具体位置和转速，使得 MG2 无法转动，车辆出现无法行驶的故障。鉴于车辆之前发生过碰撞事故，且为间歇性故障，综合分析，判断故障可能出在 MG2 解析器及其相关的线路上。

图 7-69 组合仪表多功能显示屏的信息提示

根据相关电路（图 7-71），拆下维修服务插销，等待 10min，断开蓄电池负极端子电缆，断开 MG ECU 导线插接器 B27，用万用表测量 MG ECU 导线插接器 B27 端子 5 与端子 6 之间的电阻（即 MG2 解析器励磁线圈的电阻），为 13Ω；测量端子 1 与端子 2（检测线圈 S）之间的电阻，为 20.5Ω；测量端子 4 与端子 3（检测线圈 C）之间的电阻，为 20.5Ω，与维修手册中的标准值基本相符。依次测量 MG ECU 导线插接器 B27 端子 1、端子 2、端子 3、端子 4、端子 5、端子 6 与车身搭铁之间的电阻，均大于 1MΩ，正常。

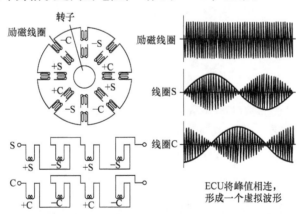

图 7-70 解析器内励磁线圈、检测线圈 S 和检测线圈 C 布局图及其输出波形

将导线插接器 B27 复位，连接蓄电池负极端子电缆，插上维修服务插销，按下电源开关，组合仪表上的多个故障指示灯熄灭，车辆又能够正常行驶。重新整理之前的维修思路，决定再次使用高压水枪对车辆进行淋雨测试，果然故障现象再次出现，立即使用气枪对发动机室部件、底盘部件上的水进行局部吹干，从而进行划分区域排查。在清理 MG2 解析器导线插接器上的水珠时，发现 MG2 解析器导线插接器内部渗水，仔细检查 MG2 解析器导线插接器，发现 MG2 解析器导线插接器防水胶塞已缺失，怀疑跟上次事故维修有关。推测在下

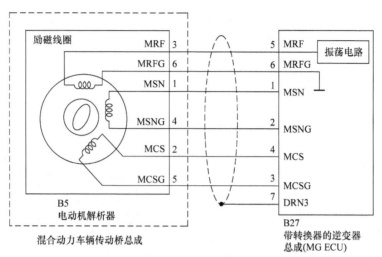

图 7-71 MG2 解析器相关电路

雨天，雨水顺着线束慢慢渗入到 MG2 解析器导线插接器内部，使得解析器信号线出现短路故障，导致车辆无法行驶。仔细检查 MG2 解析器端子（图 7-72），发现端子已经出现轻微的氧化腐蚀。

故障排除 使用除锈剂清理 MG2 解析器端子上的氧化物，并更换 MG2 解析器导线插接器，用故障检测仪清除故障码，再次使用高压水枪对车辆进行淋雨测试，故障现象不再出现，于是将车辆交还给驾驶人。1 个月后，对驾驶人进行电话回访，驾驶人反映车辆一切正常。至此，故障彻底排除。

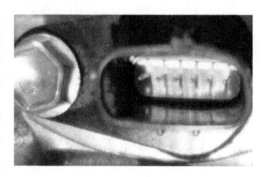

图 7-72 MG2 解析器端子

技巧点拨 卡罗拉混合动力车的混合动力驱动桥内安装了 2 个解析器（图 7-73），分别监测发电机（MG1）、电动机（MG2）转子磁极位置、转速和旋转方向。解析器的定子包括 3 种线圈：励磁线圈、检测线圈 S 和检测线圈 C。解析器的转子呈椭圆形，与 MG1、MG2 的永磁转子相连接，同步转动，椭圆形转子外圆曲线代表永磁转子磁极位置。

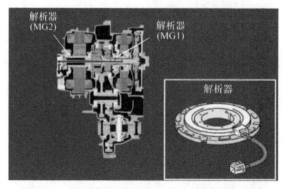

图 7-73 MG1 解析器和 MG2 解析器安装位置图

参 考 文 献

[1] 刘春晖. 汽车电工入门必会技能200问 [M]. 北京：机械工业出版社，2014.

[2] 严福瑞. 2015款奥迪A4L车发动机怠速抖动且多个故障灯点亮 [J]. 汽车维护与修理，2019（2A）：22-23.

[3] 曹守军. 2017款上汽大众途观车机油压力报警 [J]. 汽车维护与修理，2019（1A）：35.

[4] 李明诚. 最常用汽车检修操作与设置技巧 [M]. 北京：机械工业出版社，2014.

[5] 孙伟. 2015款奔驰R400车预防性安全系统故障 [J]. 汽车维护与修理，2016（3）：72-73.

[6] 刘春晖，王云辉. 2005年奔驰唯雅诺空调不制冷 [J]. 汽车维修与保养，2019（6）：40-42.

[7] 刘春晖，王云辉. 2007款雪佛兰景程空调不制冷 [J]. 汽车维修与保养，2019（7）：04-48.

[8] 杨明. 2014年宝马X4蓄电池漏电 [J]. 汽车维修技师，2018（4）：89-90.

[9] 靳星. 奔驰GLC200车无钥匙起动功能偶尔失效 [J]. 汽车维护与修理，2016（10）：36-37.

[10] 赵玉宾，张刘涛. 2016年宝马525Li开前雾灯时右前大灯闪烁 [J]. 汽车维修技师，2017：（5）：80-81.

[11] 通用老中医. 2017款昂科威新车前照灯不能关闭、故障灯全亮 [J]. 汽车维修与保养，2017：（9）：55-57.

[12] 孙程. 2012款奥迪A6L车空调突然不制冷且喇叭不响 [J]. 汽车维护与修理，2018（5A）：15-16.

[13] 王志力. 2015款奔驰E260车发动机故障灯异常点亮 [J]. 汽车维护与修理，2019（7A）：37-38.

[14] 冯超，牛英伟. 2015款新科鲁兹车身漏水导致无法启动 [J]. 汽车维修与保养，2017（8）：48-49.